上海文化活动国际影响力报告
(2017)

REPORT ON INTERNATIONAL INFLUENCES
OF CULTURAL EVENTS IN SHANGHAI (2017)

上海外国语大学中国国际舆情研究中心

主　编／陈沛芹
副主编／郭　可　吴　瑛

社会科学文献出版社
SOCIAL SCIENCES ACADEMIC PRESS (CHINA)

图书在版编目(CIP)数据

上海文化活动国际影响力报告.2017/陈沛芹主编
.--北京：社会科学文献出版社,2017.12
　ISBN 978-7-5201-1624-4

　Ⅰ.①上… Ⅱ.①陈… Ⅲ.①文化活动-研究报告-
上海-2017　Ⅳ.①G127.51

　中国版本图书馆CIP数据核字（2017）第257660号

上海文化活动国际影响力报告（2017）

主　　编/陈沛芹
副 主 编/郭　可　吴　瑛

出 版 人/谢寿光
项目统筹/谢　炜　刘　荣
责任编辑/赵怀英　赵　冉　陈红玉

出　　版/社会科学文献出版社·独立编辑工作室（010）59367011
　　　　　地址：北京市北三环中路甲29号院华龙大厦　邮编：100029
　　　　　网址：www.ssap.com.cn

发　　行/市场营销中心（010）59367081　59367018

印　　装/三河市尚艺印装有限公司

规　　格/开　本：787mm×1092mm　1/16
　　　　　印　张：15.25　字　数：230千字

版　　次/2017年12月第1版　2017年12月第1次印刷

书　　号/ISBN 978-7-5201-1624-4

定　　价/98.00元

本书如有印装质量问题，请与读者服务中心（010-59367028）联系

▲ 版权所有 翻印必究

本报告由2014年度国家社科基金重大项目"多语种涉华国际舆情案例数据库建设研究"（14ZDB162）资助出版

《上海文化活动国际影响力报告（2017）》编辑委员会

委　　员（按姓氏笔画排序）

王　挺　邓晶琛　孙淑伟　吴孝明　吴　瑛
陈沛芹　严怡宁　张军芳　相德宝　郭　可
诸　廉　钱　进　童　颖

协编单位　上海市文化广播影视管理局重大活动办公室

主要编撰者简介

陈沛芹 上海外国语大学新闻传播学院教授、中国国际舆情研究中心副主任，上海市社调中心上外分中心副主任，入选上海市浦江人才计划。研究领域：新闻传播理论、国际舆情分析、国际新闻。出版专著《美国新闻业务导论》，译著《国际新闻与驻外记者》，为"当代英美新闻传播高级实务译丛"（9本）执行副总译审。在国内核心期刊上发表论文20余篇，在国外发表英文论文5篇，另有20余篇资政报告被国家部门采纳。教授上海市全英语示范课程"当代新闻事业"、教育部品牌课程"新闻传播理论"。主持上海市政府政策咨询研究课题、国家社科基金重大项目子课题、校级重大项目等多项国家级和省部级课题。

郭　可 上海外国语大学新闻传播学院教授、新闻传播学院院长、中国国际舆情研究中心主任兼国际关系博士点博导，教育部新闻传播学科教育指导委员会委员，复旦大学发展研究院兼职研究员。研究领域：国际传播、国际舆情、对外传播、国际新闻报道、国际新闻教育。出版了3部专著（《国际传播学导论》、《对外传播概念》、《青少年媒体使用调查》）、50余篇学术论文（包括6篇英语论文）和5部译著，担任新华出版社出版的《西方新闻传播学经典文库》（共28本）和《全球传媒报告》的副主编。主持国家社科基金重大项目"多语种涉华国际舆情案例数据库建设研究"和国家社科一般项目《中国媒体中的世界图景》，参与上海市发改委多语种信息化项目"多语种全球媒体信息文本监测和分析平台建设"，研究重点国际舆情生成机制和多语种语料库和专题数据库建设。

吴　瑛　上海外国语大学新闻传播学院教授、中国国际舆情研究中心副主任。研究领域：国际传播、国际舆情。为上海市"曙光学者"、入选上海市浦江人才计划。出版专著 4 本，发表 CSSCI 期刊论文 40 余篇，另有 20 余篇资政报告被国家部门采纳。主持国家社科基金 2 项和省部级课题 10 余项。两次荣获上海市哲学社会科学优秀成果二等奖，荣获教育部霍英东教育基金奖"青年教师奖"、上海市优秀博士论文奖等奖项。

严怡宁　上海外国语大学新闻传播学院副教授、新闻传播学院副院长，中国国际舆情研究中心研究员。长期从事国际新闻教育和国际传播领域的研究。出版专著《国家利益与国际舆论——美国涉华舆论实证研究》、教材《广播电视新闻学》和《新闻传播专业英语》，在核心期刊发表论文 20 余篇，另有 20 余篇资政报告被国家部门采纳。主持上海市社科基金项目、上海市教委科研创新重点项目、国家民委民族问题研究项目、上海市外宣办研究项目以及其他校级科研项目。曾获国家民委民族问题研究成果二等奖、上海外国语大学学术研究成果一等奖、上海外国语大学教学科研奖励基金二等奖、上海外国语大学教学成果二等奖、"21 世纪报"杯全国高校英语报刊课程教案评比一等奖等。

诸　廉　英国拉夫堡大学社会科学院媒体与文化分析博士，上海外国语大学新闻传播学院副教授、新闻传播学院副院长、中国国际舆情研究中心研究员，曾获英国伯恩茅斯大学传媒学院终身教职。主要研究领域包括国际传播、传播政治经济学、新媒体等。

相德宝　清华大学新闻与传播学院、澳大利亚麦考瑞大学联合培养博士，上海外国语大学新闻传播学院副教授、中国国际舆情研究中心研究员，入选上海市浦江人才计划。美国北卡莱罗纳大学教堂山分校新闻传播学院访问学者。主要研究领域包括新媒体、国际传播、政治传播等。主持国家社科基金项目、教育部人文社科青年项目、教育部留学归国人员科研基金项目、上海市哲学社会科学规划课题、上海市教委科研创新项目等 10 余项国家级和省部级课题，出版专著《自媒体时代中国对外传播战略研究》和译著《媒介心理学》，发表专业论文 40 余篇。获上海市育才奖，中国新闻史学会舆论学学会"舆论学研究杰出青年奖"，中国外文局主办第二、三届全国对外传播理论研讨会优秀论文奖，教育部高等学校新闻学科教学指导委员会"全国新闻学青年学者优秀学术成果奖"，上海外国语大学优秀教学奖等奖项。

摘　要

随着我国经济实力的增强,增强文化软实力、提升国际传播能力正日益成为我国 21 世纪从大国走向强国过程中的重要目标。作为全球大都市的上海,其文化国际影响力是我国国家整体国际影响力和软实力的重要组成部分,同时增强文化国际影响力也是上海作为国际文化大都市未来发展的主要目标之一。

上海每年都举办大量文化活动,不仅有我国唯——个 A 类电影节——上海电影节这种具有较高国际影响力的文化活动,也有类似上海国际艺术节这样大规模的文化活动,还有一些影响力较大的国际性的专业舞蹈与音乐比赛。这些文化活动已经超越上海的都市区域,日益成为国际化的文化活动,具备了一定的国际影响力。

《上海文化活动国际影响力报告（2017）》由上海外国语大学中国国际舆情研究中心编撰。本报告聚焦上海的主要文化活动,通过分析中外媒体报道、社交媒体反馈,并结合对 2016 年上海市重大文化活动参与者与观众的深度访谈、问卷调查,运用多元数据,全方位考察 2016 年上海电视节、上海国际电影节、上海夏季音乐节、上海国际芭蕾舞比赛、首届上海艾萨克·斯特恩国际小提琴比赛以及中国上海国际艺术节六大主要文化活动,全面评估这些文化活动的国际影响力。

本书分为四个部分:总报告、电视电影篇、音乐艺术篇和音乐舞蹈比赛篇。总报告对上海市 2016 年的六大文化活动进行了总体分析,比较了活动的不同定位以及影响力。电视电影篇主要考察上海市电视电影节的国际影响力。音乐艺术篇聚焦上海市深受市民喜爱的音乐节和艺术节的影响力。音乐舞蹈比赛篇评估了上海市两大主要的专业比赛的国际传播力。

报告的分析维度包括报道总量、报道议题，以及对具体议程的报道，包括每一个活动的开幕式、闭幕式、评奖活动或其他重大事项、焦点人物、机构，监测媒体对活动报道的周期变化与规律，分析报道总体框架以及态度或倾向性。中文与英文问卷通过自媒体平台发放。共回收了中文问卷38183份，英文问卷184份。评估通过全程跟踪的方法，深度参与每一项活动，对每一项活动都设计了深度访谈问卷，进行了近200场深度访谈。

本报告发现，网络媒体、自媒体在上海国际性文化活动的信息传播中发挥了重要作用。本报告认为，上海市的主要文化活动对上海的国际关注度和国际形象都起到了良好的提升作用，展示了上海作为国际大都市的国际化水平和多元文化生活，增强了上海作为国际化都市的魅力，提升了上海的国际竞争软实力。上海国际电影节与上海电视节已经是亚洲一流、国内一流、具有一定影响力的国际性文化活动，具有较高的国际关注度和影响力。

关键词： 上海　城市文化　文化活动　国际影响力

目 录

Ⅰ 总报告

2016年上海文化活动国际影响力总报告
　　……………………………………… 陈沛芹　郭　可　吴　瑛 / 1

Ⅱ 电视电影篇

2016年第22届上海电视节国际影响力报告 ……………… 陈沛芹 / 14
2016年第19届上海国际电影节国际影响力报告 …………… 吴　瑛 / 40

Ⅲ 音乐艺术篇

2016年第7届上海夏季音乐节国际影响力报告 …………… 严怡宁 / 89
2016年第18届中国上海国际艺术节国际影响力报告
　　………………………………………………… 相德宝　刘玉瑶 / 127

Ⅳ 音乐舞蹈比赛篇

2016年首届上海艾萨克·斯特恩国际小提琴比赛国际影响力报告
.... 诸　廉／176
2016年第5届上海国际芭蕾舞比赛国际影响力报告 .... 诸　廉／199

Abstract ·· ／221
Contents ·· ／223

总 报 告

General Report

2016年上海文化活动国际影响力总报告[*]

陈沛芹 郭可 吴瑛[**]

摘　要： 本报告通过分析中外媒体报道、社交媒体舆情，结合对2016年上海市重大文化活动参与者与观众的深度访谈、问卷调查，运用多元数据，全方位考察了2016年上海市的6个主要文化活动，包括第22届上海电视节、第19届上海国际电影节、第7届上海夏季音乐节、第5届上海国际芭蕾舞比赛、首届上海艾萨克·斯特恩国际小提琴比赛以及第18届中国上海国际艺术节，对其国际影响力进行了全方

---

[*] 本报告为上海外国语大学中国国际舆情研究中心受上海市文化广播影视管理局重大活动办公室委托对2016年上海市主要文化活动国际影响力进行的评估。课题组成员包括陈沛芹、郭可、吴瑛、严怡宁、诸廉、相德宝。本报告的数据采集得到上海市文化广播影视管理局重大活动办公室童颖、邓晶琛的大力协助。中英文问卷调查数据通过"取走"自媒体合作平台现场扫码以及受众线上收集。

[**] 陈沛芹，上海外国语大学新闻传播学院教授、中国国际舆情研究中心副主任；郭可，上海外国语大学新闻传播学院教授、中国国际舆情研究中心主任；吴瑛，上海外国语大学新闻传播学院教授、中国国际舆情研究中心副主任。

位评估。

关键词： 文化活动　国际影响力　上海

一　概述

上海每年都举办大量文化活动，不仅有我国唯一一个 A 类电影节——上海电影节这种具有较高国际影响力的文化活动，也有类似上海国际艺术节这样大规模的文化活动，还有一些影响力较大的国际性的专业舞蹈与音乐比赛。本报告选取 2016 年上海市第 22 届上海电视节、第 19 届上海国际电影节、第 7 届上海夏季音乐节、第 5 届上海国际芭蕾舞比赛、首届上海艾萨克·斯特恩国际小提琴比赛以及第 18 届中国上海国际艺术节六大主要文化活动作为研究对象，通过考察中外媒体对活动的报道，结合社交媒体舆情以及参与者、观众等的问卷调查和深度访谈，对 2016 年上海市主要文化活动的国际影响力进行了分析评估。

具体而言，本报告得出八项主要结论。

（1）2016 年上海的六大主要文化活动在不同程度、不同范围内对上海城市的国际关注度以及国际形象都起到了良好的提升作用。经过评估，本报告发现这六大文化活动的影响力可分为两个层面。一是有国家层面重大意义与影响力的两项文化活动，即上海国际电影节和上海电视节。这两项活动的影响力最大，尤其是上海国际电影节，是六大活动中当之无愧的影响力最大的国家层面文化活动。二是上海层面彰显城市软实力、展现上海市独特魅力的高水准专业性比赛和具有国际水平的大众文化活动。上海国际芭蕾舞比赛和艾萨克·斯特恩国际小提琴比赛这两项活动为专业性比赛，较小众，但推广得当，对城市的影响力也具有较好的提升作用。如艾萨克·斯特恩国际小提琴比赛得益于艾萨克·斯特恩的影响力，吸引了诸如《纽约时报》等国际主流媒体的关注，并多次被转载。大众文化活动，即上海夏季音乐节和上海国际艺术节，深得观众喜爱，彰显了大都市独特的文化底蕴与魅力。上海国际芭蕾舞比赛虽是专业性比赛，但因其开放程度较高，也吸引了中外普通大众的关注。

（2）2016年上海的主要文化活动展示了上海作为国际大都市文化活动的国际水平和多元文化生活，增加了上海作为国际化城市的魅力，提升了上海的国际竞争软实力。本报告在对外国参与者的调查中发现，无论是从国外到上海参加文化活动的国外人士还是在沪的外国居民，都对上海的文化活动有较高的认可度，对上海夏季音乐节、上海国际芭蕾舞比赛、上海国际艺术节等都表现了强烈的参与意愿。中外观众参与后，对上述活动的评价都非常高，他们盛赞上海的国际文化活动体现了国际水平，彰显了上海作为国际大都市的文化魅力。

（3）上海国际电影节与上海电视节已经是亚洲一流、国内一流、具有一定影响力的国际性文化活动，具有较高的国际关注度和影响力。无论是境外媒体还是我国国内媒体，都把上海国际电影节与上海电视节视作国家层面的重大文化活动，是代表中国国家的大型国际文化活动。六大文化活动中，国际媒体主要关注的是上海国际电影节的开幕式和闭幕式，上海电视节的白玉兰奖。同样，国内对电影电视节报道最多的媒体集中在北京，反映了这两项活动在国家层面的影响力，而其他四项活动报道最多的媒体则集中在上海，反映了上海地域的特点。

（4）上海夏季音乐节、上海国际艺术节、上海国际芭蕾舞比赛是展现上海市独特魅力、较为普及的大众化国际文化活动，极大地提升了上海作为国际城市的吸引力和强大魅力。这些活动还有效提升了上海市民的国际文化素养，满足了市民对国际水准文化活动的需求。同时，上海的高水平文化活动对上海周边地区具有一定的辐射作用。上海周边城市居民借助发达的城际交通，也能参与到上海的文化活动中来。提高文化素养具有一定的辐射能力。在文化活动的受众调查中，受众普遍认为这些活动有益于提高市民的文化品位，提高城市精神文明的水平。中国社会的物质条件越来越丰富，市民对文化生活的要求越来越高，这些文化活动满足了市民对国际水平文化活动的日益增长的需求。

（5）名家名团，开幕式、闭幕式等重要活动吸引媒体眼球。在各项文化活动中，国内外媒体、自媒体普遍聚焦开幕式、闭幕式、颁奖仪式、知名人士的活动等。这些活动不仅是媒体的聚焦点，也是观众最为关注、参与热情最高的活动。

（6）网络媒体、自媒体在上海的国际性文化活动的信息传播中发挥重要作用。与传统媒体相比，上海的国际文化活动在自媒体平台上获得更多的曝光。同时，活动自身的国际自媒体账户在较大程度上提升了活动的国际传播效果。网络媒体的报道量普遍在传统媒体报道量的4倍以上，而上海国际电影节与上海电视节的网络报道量更是在传统媒体的10倍以上。除了网络媒体，微信在观众知晓上海市国际文化活动中起到了重要作用，几乎每项活动中，无论是国内参与者还是国际参与者，通过微信获得文化活动消息的都是排名在前三的信息来源。对于国外的参与者，通过微信的知晓率甚至超过了国外的社交媒体脸书（Facebook）与推特（Twitter）。

（7）2016年上海的主要文化活动的国内媒体关注较多，但相比国际知名文化活动，在国际媒体的曝光率方面还存在较大差距。除了上海国际电影节，其他文化活动的国际媒体报道量都不大。

（8）上海市主要文化活动在信息传播的国际化、活动组织、管理等方面与国际上其他一流城市相比还存在一定差距。在调研中，观众对活动提出了管理问题。活动安排应注重细节管理，在活动的语言、管理安排等方面提高国际化水平。

二 重要活动、奖项、名家名团吸引
国际媒体与国际自媒体

（一）国际媒体聚焦文化活动的开幕式、颁奖、闭幕式等标志性活动

在对上海2016年度的六大重大国际性文化活动的评估中，我们发现，

活动的开幕式、闭幕式、颁奖仪式等尤其吸引国际媒体的关注。而且，活动的影响力越大，其开幕式、闭幕式以及颁奖等活动越能吸引国际媒体。

上海国际电影节、上海电视节、上海艾萨克·斯特恩国际小提琴比赛的开幕式、闭幕式等尤其吸引国际媒体。上海国际电影节开幕、闭幕期间，无论是传统媒体还是自媒体，其关注度都非常高。从6月13日到19日，一周之内，国际媒体对上海国际电影节的报道量达到90篇。国际媒体对上海电视节的报道量共有28篇，每篇都无一例外地提到白玉兰奖项。上海艾萨克·斯特恩国际小提琴比赛吸引全球境外主流媒体报道量17篇，报道也是集中在开赛当天以及对决赛结果的发布。

（二）名家名团吸引国际媒体与自媒体

无论是国际媒体还是自媒体，在对上海市2016年度的重大活动进行报道时，关注点特别集中在涉及这些活动的国际知名人士、国际知名团体。比如，上海国际电影节的国际知名度被知名音乐人推广的力度相当大。日本X-Japan乐队的队长林佳树是金爵奖提名纪录片《我们是X》的主角。他的认证脸书粉丝数达到1478339。他在闭幕式前一天到达上海国际电影节的短视频以及将出席闭幕式的消息获点赞量3200次，评论数45次，分享数176次；其有关电影节结束后向中国告别的脸书获点赞数4000次，评论数36次，分享数87次；出席电影节活动时与粉丝的见面现场获点赞2900次，评论31次，分享110次。这种影响力，在一定程度上甚至超过了媒体的影响力。

另外，上海夏季音乐节的信息也因纽约爱乐乐团的脸书发布得到广泛传播。纽约爱乐乐团在脸书的官方账号上分享了沙哈姆与上海乐队学院学生一起排练的信息以及该乐团在上海城市音乐草坪的演出，演出的录像播放近6000次。

三 新媒体成为吸引国际关注的重要平台

通过搜索国际自媒体平台Facebook和Twitter，评估小组发现，与传统媒体相比，上海的国际文化活动在自媒体的平台上获得了比传统主流媒体更多的曝光量。同时，拥有自身国际自媒体账户以及国内英文媒体的国际自媒体账户在较大程度上提升了活动的国际传播效果。

在本报告所涉及的2016年的六大重大文化活动中，第19届上海国际电影节有未经认证的脸书专页，第5届上海国际芭蕾舞比赛以及首届上海艾萨克·斯特恩国际小提琴比赛在国际自媒体平台上有自己的账号，这些账号第一时间用英文对国际受众发布信息，对这些文化活动的国际影响力的提升具有较大作用。

与传统媒体相同，上海国际电影节在国际自媒体平台上关注度最高。在Facebook平台上，未经认证的上海国际电影节Facebook页面上有44363粉丝。同时，我国中央电视台、《中国日报》等在Facebook上大量刊登相关消息，仅开幕式一个消息，点赞就达到了22000次。一些名演员的账号发布的电影节消息，粉丝量更大。出席上海电视节的英国演员伊恩·麦克莱恩在Facebook上发布了自己的后台照，获得评论620次，分享272次，点赞37000次。

上海艾萨克·斯特恩国际小提琴比赛在Twitter上的官方账号@SISIVC2016从2016年1月加入Twitter账号以来，一共发布了72条消息，获得了1095个粉丝以及39个赞。尽管账号缺乏互动方案，消息的被转发次数还比较少，但也多次在各种相关消息中被提及。

没有官方账号的文化活动也因活动参与者或机构在自媒体平台上的发布获得了一定的关注。一些在上海电视节获奖的作品在自己的自媒体平台上发布获奖消息。日本动漫《一拳超人》在发布了获得上海电视白玉兰奖的消息后获得点赞953次，评论18次，分享34次。

上海国际艺术节也是以同样的方式在国际自媒体上传播。国际新媒体平台推特和脸书上有75条与上海国际艺术节相关的信息。信息发布者主要是媒体、艺术参与者、表演者、艺术家及艺术团体等。

上海夏季音乐节因与其合作的《纽约爱乐乐团》在其Facebook官方账号上分享了沙哈姆与上海乐队学院学生一起排练的信息，以及该乐团在上海城市音乐草坪的演出，演出的录像也被放入，一次就获得了近6000次播放，音乐节内容得到广泛传播。

四 六大文化活动国际影响力比较

1. 上海国际电影节与上海电视节最具国际影响力

本报告通过权威的国际媒体Factiva数据库对六大文化活动的国际传统媒体与网络媒体搜索，发现自6月1日到30日，去除中国国内英文媒体，上海国际电影节的境外媒体报道达400篇，其中，国际主流媒体，如《纽约时报》、《洛杉矶时报》、《好莱坞报告》等都对上海国际电影节进行了报道。这个报道数据远远超过了其他五个文化活动报道量的总和，使得上海国际电影节成为2016年上海市重大文化活动中当之无愧的最具影响力的活动。

上海电视节的中国境外传统媒体和网络媒体涉及电视节的报道量有28篇，位列第二。上海国际电影节与上海电视节无疑是上海最吸引国际关注的两个文化活动。各项活动国际报道量排名见表1。

表1 六项活动国际报道量排名

单位：篇

文化活动名称	报道量	国际媒体报道排名
第19届上海国际电影节	400	1
第22届上海电视节	28	2
首届上海艾萨克·斯特恩国际小提琴比赛	17	3
第7届上海夏季音乐节	6	4
第5届上海国际芭蕾舞比赛	3	5
第18届上海国际艺术节	2	6

在境外传统媒体与网络媒体的报道中，此次艾萨克·斯特恩国际小提琴比赛虽是专业比赛，较小众，却得益于艾萨克·斯特恩较高的影响力，吸引了国际主流媒体《纽约时报》的关注，并多次被转载。这使得这次比赛尽管是首次举办，却在境外媒体的曝光率方面表现较好，成为影响力仅次于上海电视节的文化活动。

2. 六大文化活动的影响力差异化定位

通过评估我们发现，六大文化活动在不同层面显示出不同的影响力与辐射力。上海国际电影节、上海电视节已经是亚洲一流的电影电视节，彰显出国家层面的国际影响力。

上海国际芭蕾舞比赛、上海艾萨克·斯特恩国际小提琴比赛虽然是专业性比赛，但在提升上海文化竞争力、文化软实力层面起到了十分重要的作用，体现了上海文化的国际水准。上海夏季音乐节和上海国际艺术节则体现了上海都市文化的大众化和国际化，极大地增强了上海的城市魅力。

从国际媒体的报道量来看，以上海国际电影节、上海电视节最多。同样，国内媒体对电影电视节的报道也比其他活动更多。其中，国内媒体对上海国际艺术节的报道超过了其他三项活动，显示出上海国际艺术节在国内的影响力。六大文化活动国内媒体报道量排名见表2。

表2 六大文化活动国内媒体报道量排名

单位：篇

文化活动名称	总量	传统媒体报道量	网站报道量	排名
第19届上海国际电影节	13465	1188	12277	1
第22届上海电视节	3841	301	3540	2
第18届上海国际艺术节	3576	637	2939	3
第5届上海国际芭蕾舞比赛	421	62	359	4
首届上海艾萨克·斯特恩国际小提琴比赛	323	56	267	5
第7届上海夏季音乐节	214	39	175	6

从报道媒体的地域来看，对上海国际电影节、上海电视节的国内媒体报道最多的地区是北京，其他的文化活动更多集中在上海。对于上海夏季音乐节、上海国际芭蕾舞比赛、上海国际艺术节、上海艾萨克·斯特恩国际小提琴比赛等都是以上海市的媒体传播最多，显示出上海国际电影节、上海电视节在国家层面的显著影响力，以及其他文化活动的上海地域特点。北京与上海媒体活动报道量比较见表3。

表3 北京与上海媒体活动报道量排名

单位：篇

活动名称	北京媒体	上海媒体
第19届上海国际电影节	6046	1035
第22届上海电视节	1791	223
第18届上海国际艺术节	1121	1472
首届上海艾萨克·斯特恩国际小提琴比赛	108	148
第7届上海夏季音乐节	70	111
第5届上海国际芭蕾舞比赛	13	41

由此可见，2016年上海市举办的六项文化活动的影响力定位有着较大的差别。上海国际电影节、上海电视节更多的是在我国全国和国际上的影响力，而其他活动，辐射的更多是在国内以及上海市的影响力。

3. 专业性比赛、高品位大众文化活动提升城市国际吸引力与竞争软实力

2016年上海的主要文化活动展示了上海作为国际大都市文化活动的国际水平和多元文化生活，极大地增加了上海的城市魅力，提升了城市的国际竞争软实力。

本评估在对外国参与者的调查中发现，无论是从国外到上海参加文化活动的国外人士还是在沪的外国居民，都对上海的文化活动具有较高的认可度。如果说上海国际电影节、上海电视节更多体现了上海城市在国际上以及我国国内的影响力，那么上海夏季音乐节、上海国际芭蕾舞比赛、上海艾萨克·斯特恩国际小提琴比赛、上海国际艺术节则更多体现了上海城市的独特之处，极大地增强了上海作为全球大都市文化生活的多元化、文化水平的国际化。

观众对上海夏季音乐节、上海国际芭蕾舞比赛、上海艾萨克·斯特恩国际小提琴比赛、上海国际艺术节等都表现了强烈的参与动力。中外观众一旦参与，其评价都较正面，这些观众盛赞上海的国际文化活动的高水平，显示出上海作为国际大都市的文化魅力。尤其是较为普及的文化活动，更是极大地提升了上海作为国际城市的吸引力和强大魅力。

在评估中我们发现两项专业性比赛上海国际芭蕾舞比赛、上海艾萨克·

斯特恩国际小提琴比赛吸引了国际高水平音乐家和舞蹈家。在深度访谈中，无论是观众还是参与者都认为这两场比赛是国际高水平比赛。

两项大众化文化活动上海夏季音乐节与上海国际艺术节内容丰富、高端、国际化，更多彰显了上海多元、国际化的文化大都市气质。在调查中，上海观众表示，上海夏季音乐节与上海国际艺术节让上海市民深感骄傲。艺术节不仅提高了上海市民的文化涵养，更体现了上海独特的都市文化。与上海国际艺术节相比，上海夏季音乐节的国际影响力更高。由于纽约爱乐乐团的加入，上海夏季音乐节的国际媒体曝光度，尤其是自媒体曝光度得到了极大的提高。在沪外国人对上海音乐节的知晓度以及参与度也都较高。我们通过同样的方式调查，上海夏季音乐节的调查问卷有93位外国人填写，上海国际艺术节只有39位外国人填写了问卷。

2016年上海的主要文化活动有效提升了上海市民的国际文化素养，满足了市民对国际水准文化活动的需求。同时，上海的高水平文化活动，对满足上海周边城市市民文化需求，提高文化素养具有一定的辐射能力。在文化活动的受众调查中，受众普遍认为，这些活动有益于提高市民的文化品位，提高了城市精神文明的水平。中国社会的物质条件越来越丰富，市民对文化生活的要求越来越高，这些文化活动满足了市民对国际水平文化活动的日益增长的需求。

五　政策建议

（一）充分运用新媒体，中英文同步发布信息，拓展媒体宣传的国际化路径

通过评估，我们发现，媒体宣传的国际化程度对活动的国际影响力的提升具有重大作用。因此，在媒体宣传方面，有三项建议。

1. 活动组织方尽早通过网络、新媒体等公布活动内容

在对重大活动影响力评估时发现，活动组织方尽早在中英文网站或新媒体平台上进行活动的预告，提供相关活动的详细信息、议程、购票信息等，

对活动在国际与国内的推广都具有重要作用。

2. 活动的英文内容与中文同步通过多平台发布

在评估中，我们发现组织方虽然在面向国际受众的宣传方面有一定的努力，外宣媒体如《上海日报》、《中国日报》等都突出了活动的报道。但活动组织方的英文网站的信息不够丰富、议程公布滞后、购票网站缺乏英文页面，这些都在一定程度上降低了国际受众获得信息的便捷性。很多外国观众是通过朋友介绍才得到相关信息的。

3. 充分发挥微信的国际传播力

我们在调查中发现，微信平台是中外观众了解文化活动信息位列前三的渠道之一。通过微信了解文化活动信息的外国观众甚至超过了 Twitter 与 Facebook。因此，加强微信在活动宣传中的作用无疑将对活动的推广起到极其重要的作用。

在评估中，通过比较发现，在自媒体平台上建立官方账号的三大活动第19届上海国际电影节、第5届上海国际芭蕾舞比赛以及上海艾萨克·斯特恩国际小提琴比赛，在较大程度上有效提升了活动的国际传播效果。在国际自媒体 Facebook、Twitter、Instagram、Youtube 等平台上建立官方账号，在微信平台上通过中文和英文发布，有助于活动的国际推广，扩大活动知晓的范围。

（二）注重细节管理，提高活动的国际化水平

2016年度上海市的六场主要文化活动的国际影响力有所不同，但所有的文化活动都有较多的国际知名人士参与，也有不少国外观众。

在调研中，观众几乎对所有的活动都提出了管理问题。有些国际观众提出了语言问题。比如，芭蕾舞比赛的选手提出不知道具体安排。对管理的问题，有些活动问题更多、更突出一些。对组织要求比较高的活动，如上海电视节、上海国际电影节、上海国际艺术节，组织管理的问题更加突出。而上海夏季音乐节以及小提琴比赛相对而言，由于规模小，场馆环境也较好，在管理上相对而言问题少些。对于上海艺术节，公众对票务、节目时间安排等

都提出了意见。在上海国际电影节的访谈中，受访者提出电影节官网的日程滞后，记者们抱怨在6月10日才拿到日程，没有足够的时间准备采访。对于上海电视节，有受访者认为会务的模式是传统模式，缺乏互联网思维，而且参展环境与其他国际电视节相比布置过于复杂，如同迷宫一样。

总体而言，2016年上海的主要文化活动，在不同层面、不同范围内，对上海的国际化都市形象的建构具有非常积极的意义。这些活动，不仅提高了上海市的国际形象，也培养了上海市民的文化素养，增强了上海市作为国际大都市的魅力，提高了上海的文化软实力。这些活动如能在活动宣传和细节安排上更多以国际化受众的现场感受为中心，进一步提高管理和服务的国际化水平，更新理念，运用互联网思维，随着时间的推移，将给上海城市带来更多的文化沉淀与更大的国际影响力。

六 评估方法说明

本评估共有一个总报告和六个分报告，对2016年上海市第22届上海电视节、第19届上海国际电影节、第7届上海夏季音乐节、第5届上海国际芭蕾舞比赛、首届上海艾萨克·斯特恩国际小提琴比赛以及第18届上海国际艺术节六个主要文化活动的国际影响力进行了全方位的评估。

本报告运用的方法如下。

1. 国际媒体与自媒体内容监测和分析

本报告全面监测国际主流媒体和自媒体对上海六大文化活动的报道，监测范围包括世界各国28个语种、15000多家的新闻机构以及国际社交媒体Facebook和Twitter。报告的分析维度包括报道总量、报道议题以及对具体议程的报道，包括每一个活动的开闭幕仪式、评奖活动或其他重大事项、焦点人物、机构，监测媒体对活动报道的周期变化与规律，分析报道总体框架以及态度或倾向性。

2. 中英文问卷的活动满意度调查

本评估通过新媒体公司"取走"的平台，对五项活动同时发放中文与英文问卷，进行问卷调查，调研受众对活动的满意度和反馈。其中，小提琴比赛的开放程度过低，无法进行受众调查。

受众调查的五项活动中，上海国际电影节回收中文问卷7696份，英文35份；上海电视节回收中文问卷4454份，回收的英文问卷为0份；上海国际艺术节回收了15789份中文问卷和48份英文问卷；上海夏季音乐节回收中文问卷5673份，英文93份；上海国际芭蕾舞比赛回收4571份中文问卷，8份英文问卷。

3. 深度访谈

本评估通过全程跟踪的方法，深度参与每一项活动，对每一项活动都设计了深度访谈问卷，面向活动组织方以及外国受众进行了大范围的深度访谈，了解他们对活动的评价和实际效果。访谈范围覆盖了中外参与者和受众，每次活动都安排了超过20场访谈，有些活动，如上海国际艺术节安排了97场访谈。

4. 评估小组

本评估依托上海外国语大学中国国际舆情研究中心实施。评估组包括中心主任郭可教授、评估项目负责人陈沛芹教授，评估项目实施小组成员包括吴瑛副教授、严怡宁副教授、诸廉副教授、相德宝副教授。项目设计、问卷设计、访谈提纲设计均由小组所有成员充分讨论定稿、实行。

本项目组织了新闻传播学院学生共同参与了大范围媒体监测和大规模深度访谈。参与的同学包括方婵娟、范正强、范子萌、马路遥、唐玮、崔妍、杨华伟、杨杜、黄彩虹、李思燕、马珺、景晓童、徐勤、黄野、毛雯丽、谭玉晓、王海蓉、王丹竹、李焱、刘玉瑶、张弛、吴帆、韦婉、乐文婉、王静君、孙珂、杨杜、田乃方、许文静、何雨薇、王子佳、武子毓、黄秋野、林欣瑶、陆瑶，同时还包括上海外国语大学多语种新闻班的贾荟玉、高心怡、陈星宇、文偲瑞、张雅倩、朱玉恒、殷佳琪、韩爱佳，共43位同学。

报告调研获得了上海市文化广播影视管理局重大活动办公室童颖、邓晶琛的指导和大力协助。

电视电影篇
TV and Film

2016年第22届上海电视节国际影响力报告[*]

陈沛芹[**]

摘　要： 本报告通过分析国内外媒体、自媒体的报道情况，同时运用受众调查以及深度访谈的方法，对2016年第22届上海电视节的国际传播影响力进行了评估。报告发现，随着中国经济的快速发展，中国的电视市场也吸引了世界的目光。第22届上海电视节已经成为国内业内人士眼中最有影响力的国内电视节，同时具有一定的国际影响力，但与其他国际电影节相比，国际影响力还有待提高。

---

[*] 本报告的数据采集受到上海市文化广播影视管理局重大活动办公室童颖、邓晶琛的大力协助。中英文问卷调查数据通过"取走"自媒体合作平台通过现场扫码以及受众线上收集。参与本报告的访谈以及媒体资料整理工作的有上海外国语大学新闻传播学院范子萌、马路遥、方婵娟、崔妍、唐玮、范正祥等研究生。

[**] 陈沛芹，上海外国语大学新闻传播学院教授、中国国际舆情研究中心副主任。

关键词： 上海电视节　国际影响力　白玉兰奖

一　概述

本报告通过考察中外媒体、自媒体的报道，结合上海电视节参与者以及专家的访谈、问卷调查，多层次考察 2016 年 6 月 6 日至 10 日举办的第 22 届上海电视节，运用多元数据，全方位考察电视节的国际影响力。

通过调研，我们发现上海电视节的白玉兰奖吸引了国际媒体、国内媒体以及国内自媒体的共同关注，成为上海电视节最具影响力的元素。国际媒体与国内媒体对上海电视节的关注焦点有所不同，国际媒体更多关注上海电视节作为商业平台的作用，国内媒体则更多聚焦明星八卦。上海电视节已经成为国内业内人士眼中最有影响力的国内电视节，同时已经具有一定的国际影响力，但与其他国际电影节相比，国际影响力还有待提高。鉴于中国经济的巨大支撑和庞大的电视市场，未来上海电视节的国际影响力有望增强。

评估的主要结论如下。

(1) 上海电视节的白玉兰奖初显影响力，成为电影电视剧的国际荣誉之一。电视节吸引了中国周边国家以及英美、欧洲、非洲媒体的目光。英国、美国、韩国、新加坡、德国、西班牙、日本、印度、泰国、南非等 17 个国家以及中国香港和中国台湾 23 家传统媒体、网络媒体以及自媒体，用英文、中文、德文、韩语、西班牙语 5 种语言在电视节期间发布相关报道。白玉兰奖的获奖信息主导境外媒体的报道，成为具有一定国际影响力的奖项。

(2) 上海电视节已经成为具有一定国际吸引力的媒体与媒介产业的商业交流的国际平台。国际媒介机构看好中国市场。境外媒体机构聚焦市场合作，在其机构的自媒体平台上展示其参与上海电视节的过程，将其展厅或产品在上海电视节受到欢迎作为一种国际影响力的证明。

(3) 网络媒体成为国内上海电视节报道的主流。从 2016 年 1 月到 7 月 31 日，中文报纸的报道量为 301 篇，中文网络媒体的报道量为 3540 篇，网络媒体的报道数量为中文媒体的11.8倍。

（4）上海市电视节的国内知晓度较高，上海媒体与自媒体是受众获得上海电视节信息的重要渠道。在被调查者中，超过80%的人知晓上海电视节。一半以上的被调查者从上海的媒体获知上海电视节的消息，28%的人从自媒体获得消息。电视节的关注群体主要为收入为3000~10000元、年龄为19~45岁的中青年人群。上海电视节官方微博具有较大影响力，对电视节在微博中的传播起到重要作用。电视节官方微博是转发最多的机构微博账号，也是单个账号被转发微博过百次数最多的账号。

（5）网络媒体与传统中文媒体报道主题存在差异。国内中文传统媒体报道以消息为主，聚焦对白玉兰奖结果的讨论；网络媒体的报道主题丰富多元，聚焦白玉兰奖奖项的报道，关注影视产业的新动向，也更偏向明星八卦，八卦信息的网络转载率高。

（6）电视节最吸引国内受众注意的活动是优秀电视节目展播，98%的被调查者认为优秀电视节目展播最吸引注意。78%的人认为国产电视剧最吸引关注，同时国产纪录片、国外电视剧、动画片也吸引了一半以上的受众的关注。

（7）上海电视节的国际影响力还有待进一步提高。关注第22届上海电视节的境外媒体中没有主流媒体，报道量也较少，只有23篇相关报道。相比较其他有影响力的国际电影节，上海电视节在国际国内的互动、理念与体系上的国际化、组织细节、互联网运营模式以及参赛作品质量、参赛国际作品的比例等方面需要加强，要提高上海电视节奖项的含金量，参赛作品的质量是关键，需要更多国际影片进入。

二 境外媒体中的上海电视节

上海电视节的举办吸引了中国周边国家以及英美、欧洲、非洲媒体的目光。英国、美国、韩国、新加坡、德国、西班牙、日本、印度、泰国、南非等17个国家以及中国香港和中国台湾的传统媒体、网络媒体以及自媒体，用英文、中文、德文、韩语、西班牙语5种语言在电视节期间发布了相关报道。

获奖信息主导境外媒体报道，白玉兰奖成为境外媒体关注热点。上海电视节的白玉兰奖与世界其他类似奖项并列，成为一项重要的国际荣誉。境外媒体的电视节报道，将白玉兰奖与国际上其他奖项如美国艾美奖、法国电视奖等并列，成为电影电视剧的国际荣誉之一。但境外媒体以及自媒体的关注总量不大，媒体共有28篇报道，其中多篇报道为重复转载，主流媒体关注度不高，自媒体也仅有20条相关信息，转发量也较小。

（一）境外媒体对上海电视节的关注度

1. 17个国家23家境外媒体用5种语言报道第22届上海电视节

通过国际媒体数据库的搜索发现，中国境外传统媒体和网络媒体涉及电视节的报道有28篇，来自12个国家，共有23家传统媒体和网络媒体，涉及三种语言：英语、德语和韩语。其中，英语语言报道数最多。报道主要集中在6月份电视节举办期间，为23篇。搜索国际自媒体，获得来自美国、马来西亚、西班牙、日本、泰国以及中国台湾、香港等国家或地区参与电视节的国际媒体、赞助商等发布的近20条信息或图片。

以"Shanghai and TV Festival"为关键词在全球媒体数据库Factivia中搜索，自2016年1月1日至7月31日，中国境外传统媒体和网络媒体涉及电视节的报道有28篇，来自12个国家，共有23家传统媒体和网络媒体，涉及三种语言，包括英语（21篇）、德语（5篇）和韩语（2篇）。其中，英语语言报道数最多。报道主要集中在6月份电视节举办期间，为23篇，4月份有2篇，7月份有3篇。

以"shanghai television festival"或"#shanghaitelevisionfestival"为关键词在Twitter和Facebook中搜索，获得来自美国、马来西亚、西班牙、日本、泰国以及中国台湾、香港等国家或地区参与电视节的国际媒体、赞助商等发布的近20条信息或图片。

2. 关注第22届上海电视节的境外媒体分布

传统媒体和网络媒体中，报道最多的是尼日利亚的 *PM News*，韩国、新西兰、新加坡、南非以及英国的21世纪传媒、德国美通社、奥地利新闻社等。报道媒体名称见表1。

表1 境外传统媒体与网络媒体报道情况

单位：篇

媒体名称	国家	报道数量
每日新闻（PM News）	尼日利亚	4
奥地利新闻社（Austria Presse Agentur）	奥地利	3
星期天独立报（Sunday Independent）	南非	1
南非好消息网（South Africa: The Good News）	南非	1
全非新闻（All Africa）	南非	1
信息更新（Publicity Update）	南非	1
媒体更新（Media Update）	南非	1
世界动画网（Animation World Network）	美国	1
动画杂志（Animation Magazine）	美国	1
医药选择（Pharmacy Choice）	美国	1
21世纪传媒（C21 Media）	英国	1
英国电视商业网（Television Business International）	英国	1
亚洲屏幕（OnScreen Asia）	新加坡	1
MSN新加坡（Xin MSN）	新加坡	1
外国事务（Foreign Affairs）	新西兰	1
亚洲经济中文网（AJU News）	韩国	1
韩国新闻（News Korea）	韩国	1
印度电视网（Indiantelevision.com）	印度	1
网站（Tayyar.org）	泰国	1
德国美通社（news aktuell OTS）	德国	2
德国（DWDL.de）	德国	1

（二）获奖信息主导境外媒体报道，白玉兰奖成为有影响力的国际影视荣誉之一

1. 获奖信息主导境外媒体报道，白玉兰奖成为境外媒体关注热点

以"Shanghai and TV Festival"为关键词在全球媒体数据库Factivia中搜索，自2016年1月1日至7月31日，中国境外传统媒体和网络媒体涉及电视节的报道有28篇，这28篇报道，几乎无一例外地提到白玉兰奖项。此

外，一些自媒体平台以及媒体机构也在自身的自媒体发布平台上发布上海电视节白玉兰奖得主消息。

新加坡网站（OnScreen Asia）2016年6月14日报道了《权力的游戏》在第22届上海电视节获得白玉兰奖的消息。

新加坡MSN新闻网（Xin MSN）2016年6月10日报道了第22届上海电视节闭幕式以及白玉兰奖颁奖仪式。报道滚动18幅明星照片，第一幅是钟汉良（Wallace Chung）、杨颖（Angelababy），第二幅是张国立。

奥地利新闻社2016年6月22日报道说由知名奥地利导演沃夫冈·玛姆博格于2011年执导的德语多元文化喜剧 *Kebab mit Alles*（直译：《啥调料都加的羊肉串》，羊肉串在这里指的是土耳其）不仅在奥地利深受电视观众的喜爱，在上海电视节上亦获得一致好评。

德国DWDL报道了第22届上海电视节中德国作品入围的消息。

南非的全非新闻社（All Africa）报道了《树枝人》（*Stick Man*）获得最佳动画奖的消息。

媒体机构的自媒体发布平台以及以自媒体为主的平台也发布了上海电视节白玉兰奖得主消息。

发布中国娱乐新闻资讯为主的中国底片（China Film Insider），粉丝数1354，发布了胡歌、孙俪摘得白玉兰奖最佳男女主角的消息。

西班牙电视公司Cinetica TV，粉丝数478，发推文称"很荣幸纪录片《迷雾之后（*After the Mist/ Despuésdela Niebla*）》代表西班牙角逐上海电视节白玉兰奖"。

2. 白玉兰奖初显影响力，成为一项重要的国际影视荣誉

上海电视节的白玉兰奖与世界其他类似奖项并列，成为一项重要的国际荣誉。境外媒体的电视节报道，将白玉兰奖与国际上其他奖项如美国艾美奖、法国电视奖等并列，成为电影电视剧的国际荣誉之一。

美国动画网站AWN（Animation World Network）2016年6月3日报道说《树枝人》（*Stick Man*）获得了BANFF世界媒体节的最佳动画片奖、上海电影电视节的最佳动画片奖以及两项英国的动画片奖（Best Animation at

19

both the BANFF World Media Festival and the Shanghai International Film and TV Festival, as well as two British Animation Awards)。

英国电视商业网（Television Business International）2016年7月7日报道了获得白玉兰奖提名的Netflix制作的《德国纳粹档案》（*NEU German History X*），报道说该剧在法国电视节上获奖，并获得上海电视节白玉兰奖提名（The series won the Bloggers Award at the French Series Mania event, and was nominated for the Magnolia Award at the Shanghai TV Festival）。在这篇报道中，上海的白玉兰奖提名与法国的电视剧奖（French Series Mania）相提并论，被认为是重要的国际荣誉。

新加坡网站（OnScreen Asia）2016年6月14日报道说，HBO的艾美金球奖获奖电视剧《权力的游戏》在第22届上海电视节上获得"最佳外国电视剧奖"（HBO's Emmy and Golden Globe winning hit series, *Game of Thrones*, took home the Magnolia Award for Best Foreign Series held this evening at the Shanghai Oriental Art Center, in conjunction with the 22nd Shanghai TV Festival）。在这篇报道中，上海电视节的白玉兰奖对于曾经获得艾美奖的电视剧也是有重要意义的。

3. 剧组、明星在自己的社交媒体上展示出席上海电视节

参与上海电视节的剧组、明星等在社交媒体上展示第22届上海电视节。

美国电视剧《吸血鬼日记》（*The Vampire Diaries*）第八季推特账号粉丝数为2637人，推特账号转发该剧饰演狼人的美国演员迈克尔·特维诺（Michael Trevino）出席上海电视节开幕式红毯的视频转发量为1次，点赞量为3次。

韩国《太阳的后裔》剧组也更新了自家演员金智媛参加上海电视节的情况。中国台湾女明星宋芸桦在Facebook上对自己参加电视节的信息进行了更新，获得了31条评论，14次分享。

（三）上海电视节成为国际媒体与媒体产业商业交流的平台

各国媒体机构积极参与上海电视节的论坛活动、市场活动，展示其产品，寻求投资与合作的机会。

1. 境外媒体聚焦中国电视剧市场投资合作

第22届上海电视节开幕之前,印度电视网(Indiantelevision.com)在当年4月26日便预先报道知名媒体研究机构Media Partners Asia(MPA)将在同年6月10日的上海电视节上合作共同举办论坛,为国内外媒体人士提供特别的交流和合作平台。报道说中国的电视和数字影像市场在亚洲太平洋地区处于领先地位,据MPA的预测,到2021年,中国的内容产业将达到750亿美元,内容的生产和销售将成为中国领先全球媒体和娱乐产业生态的核心部分。

英国21世纪传媒(C21 Media)报道了中国的银润传媒与优酷土豆以及一家加拿大Canada' Rhizome Group集团将合作拍摄50集电视剧《迷航昆仑墟》。报道说该剧改编自天下霸唱2010年的同名小说,合作拍摄是银润传媒将加拿大作为一个桥梁,将其节目的影响力辐射亚洲、进入西方的一个尝试。

韩国的亚洲经济中文网(AJU News)6月3日报道说,韩国文化体育观光部与韩国内容振兴院(KOCCA)在中国上海电视节(STVF)上开设韩国馆,促进韩国电视产业进军中国市场。韩国馆内,KBS Media、MBC、SBS Contents Harbor等电视台,以及AK Entertainment、King Contents等19个电视节目制作发行企业开展了电视节目出口、吸引投资、共同制作等商务活动。《太阳的后裔》取得成功后,KBS、MBC、SBS等主要电视台为了促进自身电视剧产品进军中国市场,都积极地开展"旗舰节目"战略。KBS将预计2016下半年上映的新电视剧产品预销中国市场,MBC和SBS则积极地将最近在韩国国内人气高涨的电视剧产品推向中国。韩国内容振兴院还将在STVF的"中国模式日"上开展"–Format Showcase"活动,对韩国的电视形式进行介绍。该报道说,上海电视节是中国最大的电视影像内容市场,2016年有35个国家的1500名相关商务人士和242个公司参加。韩国内容振兴院也开设了韩国馆,并获得了1800万美元的销售成果。

2. 媒体机构与赞助商在其自媒体平台上展示其亮相上海电视节

一些媒体机构与赞助商利用自己的自媒体账号展示媒体机构与赞助商参与上海电视节的情况,并将参与上海电视节作为自身实力与国际化的体现。

日本富士电视台（粉丝数6703人）连续发布多幅图片，呈现日本电视台在电视节展位图片、中国模式日的活动以及参与论坛等情况。

三　中国媒体中的第22届上海电视节

（一）第22届上海电视节吸引主流中文传统媒体与主流网站关注

1. 网络媒体成为上海电视节报道的主流

网络媒体报道数量远超中文传统媒体。网络媒体的报道数量为中文传统媒体的10倍以上。北京、广东、上海三地媒体聚焦第22届上海电视节。

据中文数据库慧科的统计，从2016年1月到7月31日，中文报纸的报道量为301篇，其中6月份最多，达到了223篇（见图1）。中文网络媒体的报道量为3540篇，其中6月份最多，达到了2806篇，占总报道数的79.2%。网络媒体的报道数量为中文媒体的11.8倍（见图2）。

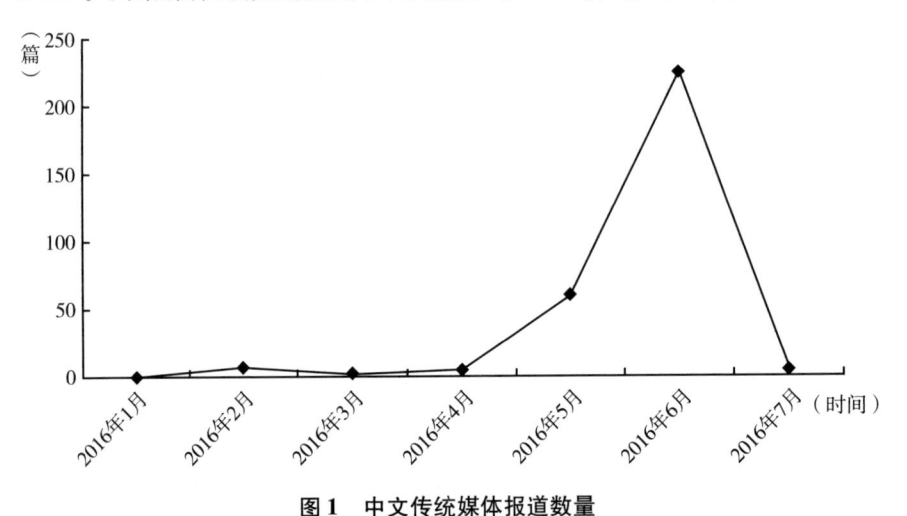

图1　中文传统媒体报道数量

2. 中文传统媒体报道基本情况

报道最多的有《新民晚报》（10篇）、《中国新闻社》（8篇）、《文汇报》（7篇）、《扬子晚报》（数字版）（6篇）、《太行日报》（晚报版）（6

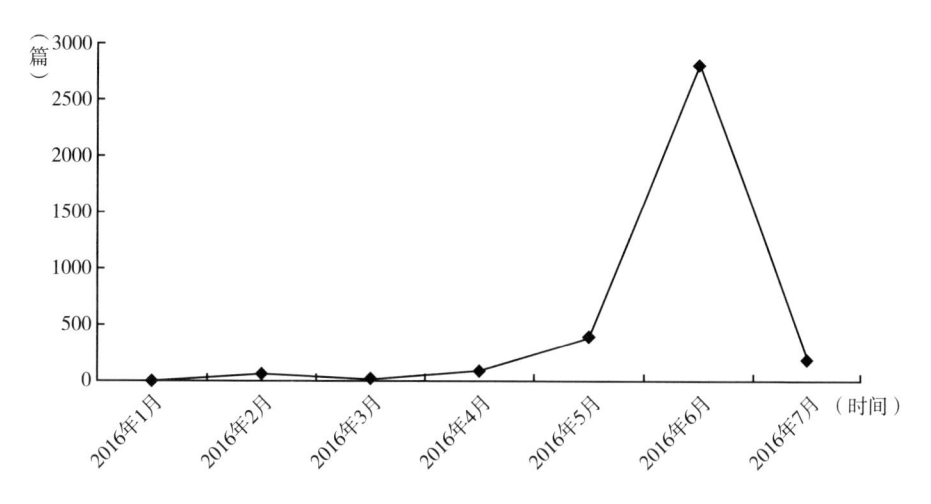

图 2　中文网络媒体报道数量

篇）（见图3）。报道较多的中文传统媒体主要集中在广东、上海和北京三地（见图4）。

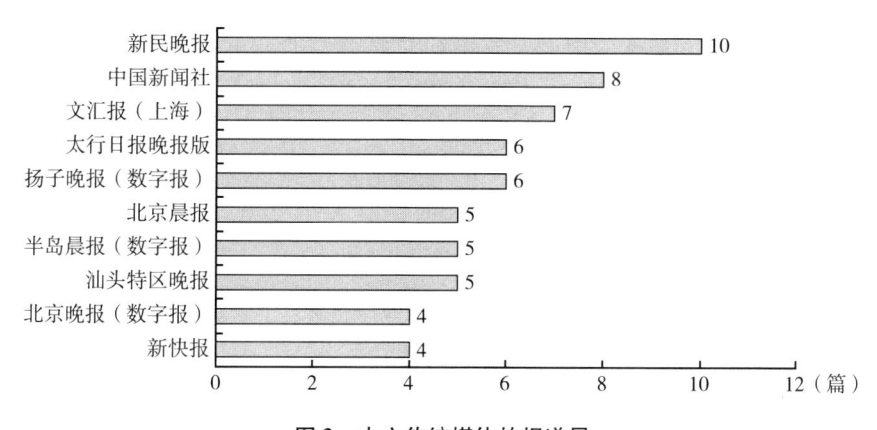

图 3　中文传统媒体的报道量

传统媒体报道较多的是广东、上海以及北京的媒体（见图4），其中报道最多的是广东41篇，其次是上海35篇，第三位是北京34篇。

3. 网络媒体报道基本情况

主流网站，包括中国网、搜狐网、凤凰网、汉丰网、光明网等大量报道了上海电视节。来自北京的网站报道最多，达到了1757篇。香港的凤凰卫

23

上海文化活动国际影响力报告（2017）

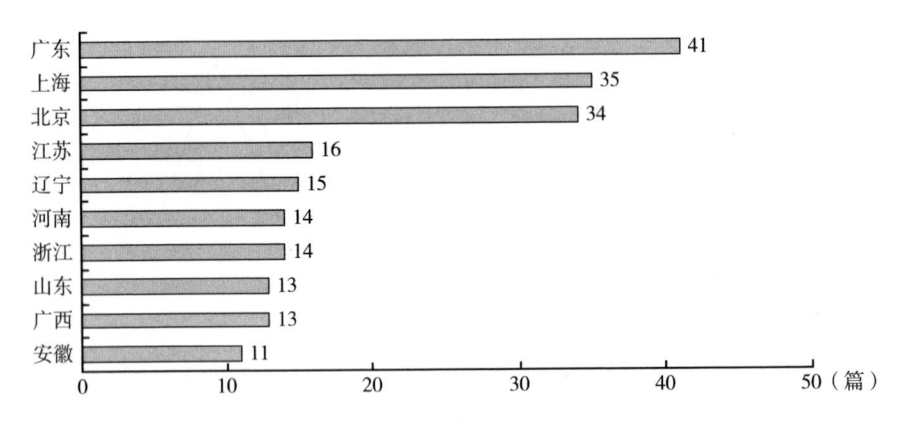

地区	篇数
广东	41
上海	35
北京	34
江苏	16
辽宁	15
河南	14
浙江	14
山东	13
广西	13
安徽	11

图 4　传统媒体报道地区分布

视网站也高度关注上海电视节，发布155篇报道，成为报道量居第三位的中文网。

对上海电视节报道较多的网站是中国网、搜狐网、凤凰网、汉丰网、光明网等。上海电视节的报道占据了主流网站，中国网、光明网、人民网等都大量报道了上海电视节。同时，香港的凤凰卫视网站也高度关注上海电视节，成为报道量居第三位的中文网。网络媒体报道量排名见图5。

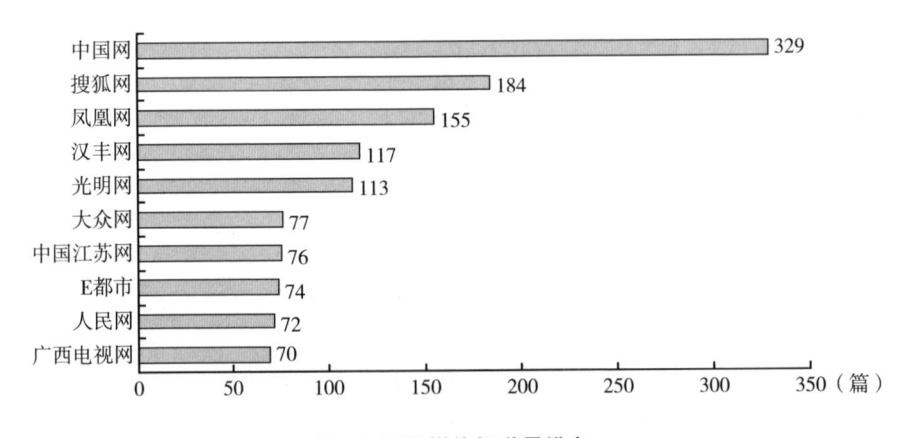

网站	篇数
中国网	329
搜狐网	184
凤凰网	155
汉丰网	117
光明网	113
大众网	77
中国江苏网	76
E都市	74
人民网	72
广西电视网	70

图 5　网络媒体报道量排名

上海电视节吸引了来自北京、广东、江苏的网络媒体大量报道，相比而言，上海的网络媒体的报道量与江苏的网络媒体报道量相同，并列位居第三。河南、浙江、山东和广西的媒体也极为关注上海电视节，报道量都超过了 100 篇。网络媒体报道量地区排名见图 6。

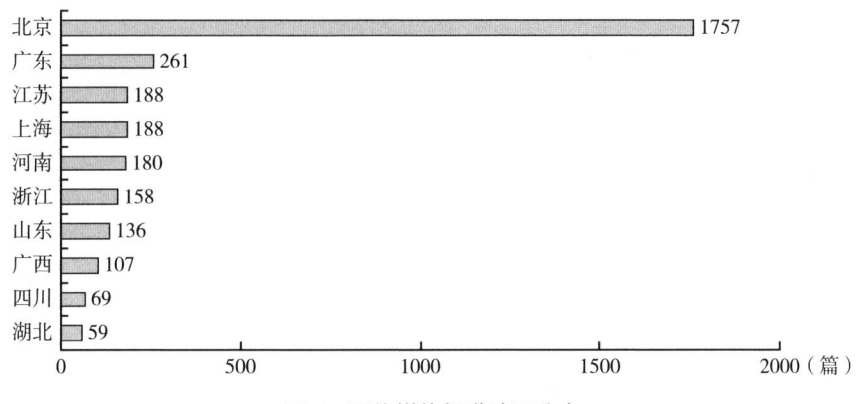

图 6 网络媒体报道地区分布

4. 自媒体报道基本情况

以"上海电视节"为关键词通过新浪微博高级搜索功能进行数据采集，发现在上海电视节期间，微博的关注度明显提高，白玉兰奖提名（5月21日）、电视节开幕（6月6日）、电视节闭幕（6月10日）的关注度最高。

5月21日上海电视节公布白玉兰奖提名。有关上海电视节的微博转发、评论和点赞量首次达到高峰（见表2）。

表 2 2016 年白玉兰奖提名微博转发、评论以及点赞量

单位：次

时间	转发量	评论量	点赞量
4月15日	666	355	348
4月16日	152	636	2301
5月17日	722	171	247
5月20日	1402	4694	1312
5月21日	6380	3966	5931
5月22日	297	617	684
5月25日	1435	3720	2977
6月2日	534	205	118
6月3日	449	387	184
6月4日	693	695	798
6月5日	352	38	73

在上海电视节期间，微博的关注度明显提高，其中 6 月 6 日（开幕）和 6 月 10 日（闭幕）的关注度最高（见表 3）。

表 3 上海电视节开幕、闭幕期间微博转发、评论以及点赞量

单位：次

时间	转发量	评论量	点赞量
6月5日	352	38	73
6月6日	24427	25027	28946
6月7日	19131	11045	20808
6月8日	5837	6119	16734
6月9日	9875	7256	10388
6月10日	39072	28049	138287
6月11日	4044	4187	13101
6月12日	1656	948	5399

（二）国内媒体报道主题

1. 中文传统媒体报道以消息为主，聚焦对白玉兰奖结果的讨论

传统媒体的报道以消息为主，1000 字以下的有 199 篇，占总数的 66%，1000~2000 字的深度报道有 84 篇，2001~5000 字的深度报道有 17 篇，5000 字以上的仅有 1 篇（见图 7）。

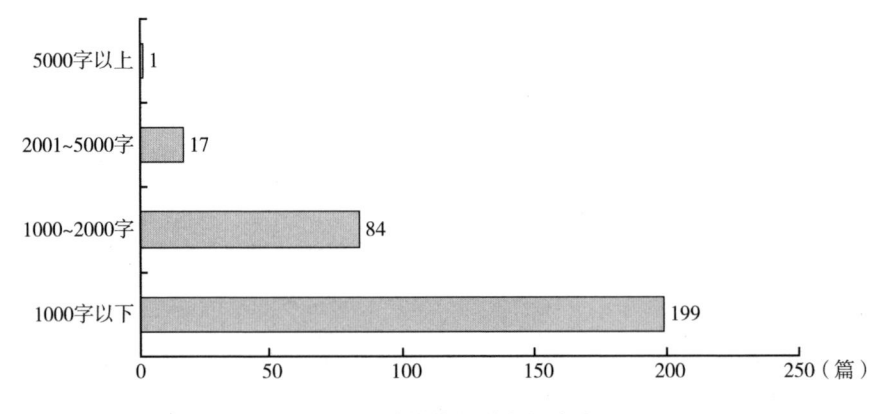

图 7 传统媒体报道字数统计

在中文媒体数据库中，以"上海电视节"为关键词，从2016年1月到7月31日，共有301篇报道，报道集中在白玉兰获奖相关报道，报道转载排名前十位的报道中（见表4），有7篇是与白玉兰奖相关的报道，转载量最多的报道是对白玉兰奖的讨论。其中《〈琅琊榜〉败给〈芈月传〉引网友拍砖》一文被转载了67次。

表4 传统媒体报道转载排名

排名	传统媒体及栏目	发布日期	标题	转载次数
1	《玉溪日报》生活大观	6月14日	《琅琊榜》败给《芈月传》引网友拍砖	67
2	《太行日报晚报版》娱乐连载	5月24日	《琅琊榜》、《少帅》等角逐本届白玉兰奖最佳电视剧奖	15
2	《汕头都市报》荧屏导视	5月22日	白玉兰奖公布入围名单	15
4	《玉溪日报》天下纵览	6月8日	胡歌和小伙伴霍建华、靳东一起争夺"视帝"	7
5	《临汾晚报》九版	5月30日	上海电视电影节三大男神争"视帝"	5
5	《北方新报》娱乐汇	2月27日	张国立任电视剧评委会主席	5
7	《桂林晚报》娱乐·星闻	6月11日	刘恺威：杨幂工作强势生活中温柔	4
7	《太行日报晚报版》文体圈	6月8日	注意，一大波IP剧要拍了！	4
9	《江南时报》（数字报）娱人码头	6月17日	刘恺威挑战普通话台词，频频让人笑场	3
9	《长春日报》（数字报）文体新闻	6月14日	长影《少帅》获得"白玉兰"最佳编剧奖	3

2. 网络媒体报道主题丰富多元，更偏向明星八卦

在报道主题上，重点主要是电视节中白玉兰奖奖项的报道，关注影视产业的新动向，但网络媒体更偏向明星八卦。转载最多的报道是对演员赵丽颖和陈晓的关系的揣测，达到了577次。与传统媒体相比，网络媒体的报道更加丰富、多元，长篇报道更多。

网络媒体的报道2001~5000字的报道有423篇，5000字以上的报道有21篇，1000~2000字的报道有1152篇，1000字以下的消息有1944篇，达到了55%，超过半数。网络媒体报道字数统计见图8。

```
5000字以上   21
2001~5000字  423
1000~2000字  1152
1000字以下    1944
```

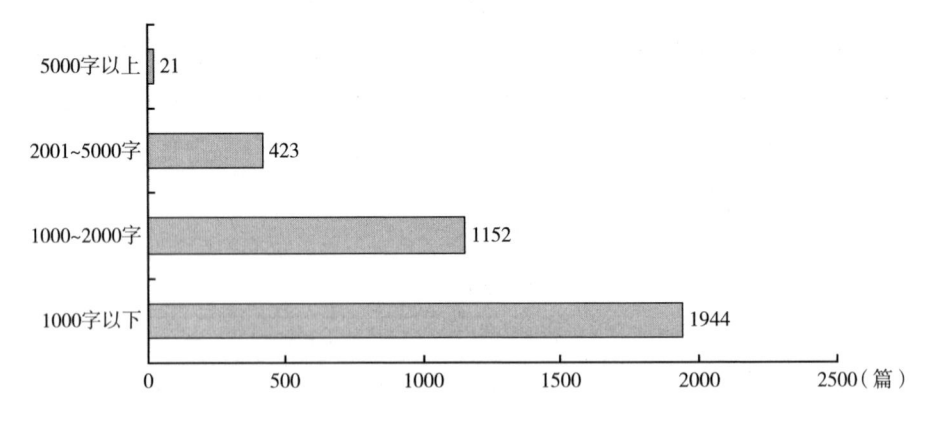

图8　上海电视节网络媒体报道字数统计

从网络媒体报道转载排名前十的内容看，明星八卦转载最多的是关于赵丽颖、张艺兴、杨幂等人的八卦。此外，对于电视节中白玉兰奖奖项的报道也是重点。同时，网络媒体更关注影视产业的新动向，和讯网刊登的报道"上市公司拓展IP衍生品产业链"也进入了转载量前十名。网络媒体报道转载排名见表5。

表5　网络媒体报道转载排名

排名	媒体	发布日期	标题	转载次数
1	21cn	7月14日	赵丽颖称跟陈晓没什么关系不会参加陈晓婚礼	577
2	沈阳网	5月23日	白玉兰公布提名胡歌霍建华靳东一起争夺"视帝"	84
3	央广网	6月8日	张艺兴挑战旦角压力大与南派三叔拥抱	65
4	中华网	2月26日	第22届上海电视节"白玉兰"奖	37
5	央广网	6月8日	上海电视节开幕:胡歌PK霍建华	30
5	新华网	5月21日	赵丽颖入围白玉兰创史上最年轻视后提名	30
7	和讯网	6月16日	上市公司拓展IP衍生品产业链	29
7	中原经济网	4月22日	和杨幂又"被离婚"刘恺威:我们知道没事就好	29
9	大河网	5月30日	上海电视电影节下月亮相	26
10	南方网	6月12日	王鸥现身白玉兰　新戏将于上海开机	24

3. 微博聚焦明星动态、影视动态和白玉兰奖

微博主题的分析结果显示，微博关注的主题主要有明星动态、影视动态、白玉兰奖提名、白玉兰奖结果公布。其中明星动态关注度最高。明星动态的总点赞量超过 10 万，远远高于其他主题。白玉兰奖提名的总评论量最高，可能与该主题的互动性较强有关（见图 9）。

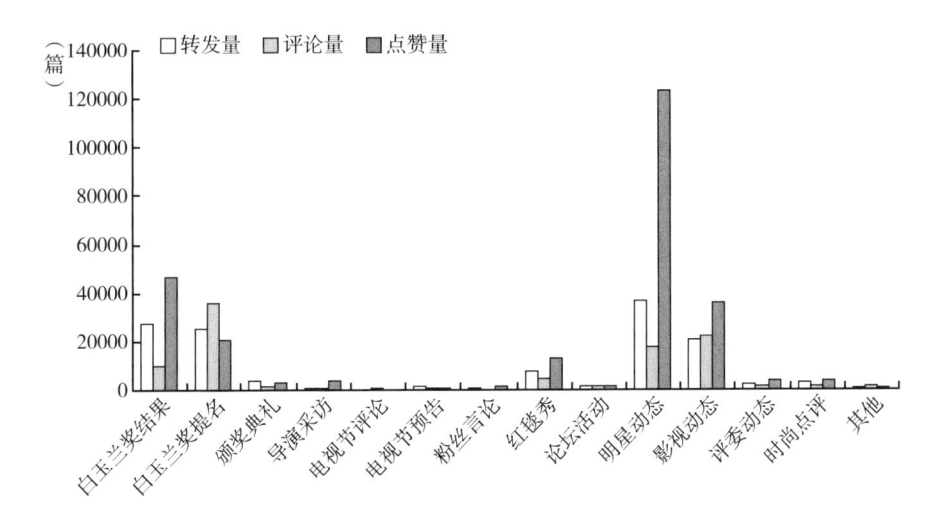

图 9 微博主题分布情况

（三）电视节官方的微博账号彰显国内影响力

上海电视节官方微博是转发最多的机构微博账号，也是单个账号被转发微博次数最多的账号。电视节官方微博具有较高影响力，对电视节在微博中的传播起到重要作用。

1. "上海电视节"是账号数量最多、单个账号转发次数最多的微博账号

图 10 为发布上海电视节信息的账号，账号数量较多的是上海电视节、青春影焦圈。单个账号被转发微博最多的账号是"上海电视节"，共有 20 次，其次是自媒体账号"青春影焦圈"。被转发三次以上的账号见图 10。

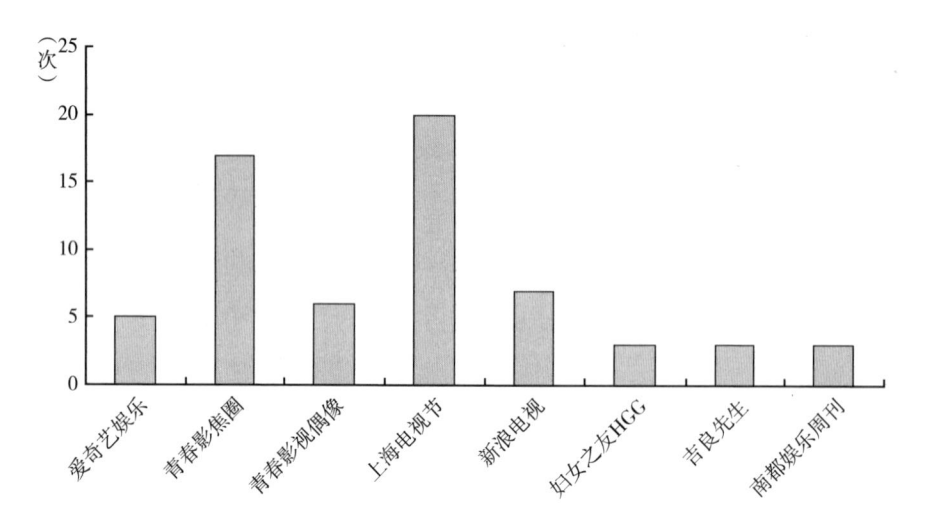

图 10 微博账号转发次数

2. 官方媒体微博转发量居前列

表6是微博转发量前三位的账号及其信息。"悦电影"为自媒体，转发量位居所有微博之首。转发量第二的是一位普通用户的微博。根据该用户以往的微博内容可以判断该用户是TFBOYS的粉丝，其发布的有关王源的微博转发量高达7000多次，一定程度上反映了新生代明星的巨大号召力。

表6 转发量前三的账号

账号	身份	认证	转发量	主题
悦电影	自媒体	是	11813	白玉兰奖结果
星洲兰_ILION	普通用户	否	7388	明星动态
光明日报	媒体	是	6114	白玉兰奖提名

位居第三位的账号是《光明日报》官方微博，转发量为6114次。《光明日报》是重要的党报，代表着党和政府的立场，虽然《光明日报》本身与其官方微博有一定的差别，但是其官微对白玉兰奖提名的关注在一定程度上代表了官方对白玉兰奖的认可，同时也说明了《光明日报》在微博上的巨大影响力。

（四）外宣媒体力推第22届上海电视节

1. 外宣媒体高度重视：国内外语媒体报道量超境外媒体总量

中国的主流媒体和自媒体对上海电视节的关注度远超国际媒体，仅中国的英文媒体，报道量就远超境外媒体。在国际媒体报道中，来自中国外语媒体的报道量达到了总量的73.8%，《上海日报》的报道量为总量的55.1%，超过一半的外语媒体报道来自《上海日报》。报道影响力有限，境外媒体几乎没有任何转载。

以"Shanghai and TV Festival"为关键词在全球媒体数据库 Factivia 中搜索，自2016年1月1日至7月31日，包括中国英文媒体在内，涉及电视节的报道107篇，涉及了四种语言：英语、德语、法语和韩语。在与电视节相关的107篇报道中，除了28篇境外媒体的报道，其他79篇均来自国内英文媒体，尤其是位于上海的《上海日报》报道量高居榜首，达到59篇。此外，《中国日报》有6篇相关报道，外文局的中国网、中国国际广播电台各有4篇报道。外语媒体报道见图11。

2. 中文媒体"走出去"：主流媒体尝试境外自媒体发声

上海的东方卫视、人民网等都在境外自媒体账号上发布了上海电视节白

提及最多的资讯来源

来源	数量
Shanghai Daily	35
Shanghai Daily（China）	24
China Daily –All sources	6
PM News（Nigeria）	4
China.org.cn（China）	4
news aktuell OTS–Orugibaktextservuce（Germany, German L...）	2
ForeiganAffairs.co.nz	2
CRIENGLISH.com（China）	2
China Radio International	2
South Africa: The Good News	2

图11 提及最多的外语媒体

玉兰奖获奖消息，但发布的主流媒体较少，影响力也非常有限。

人民网西语版账号粉丝数 13.5K，发布了胡歌、孙俪获封帝、后的消息。

上海东方卫视发布女演员刘涛凭借《芈月传》获得第 22 届上海电视节最佳女配角的消息。

四　第22届上海电视节受众调查[①]

（一）中青年人群关注上海电视节

调查结果显示，上海市电视节的知晓度较高，超过 80% 的人知晓。电视节的关注者半数以上是女性，收入为 3000~10000 元、年龄为 19~45 岁的中青年人群。

本调查通过在上海的微信公众号"取走"平台，对参与的人群用手机进行调查，共回收问卷 4454 份。参与调查的男性 1322 人，占 30%；女性 2549 人，占 57%。

上海市电视节的知晓度较高，83% 的被调查者知道上海电视节。参与调查的人群中，年龄在 25~45 岁的人数最多，达到 64%。19 岁以下的人数最少，为 3%。46 岁以上的人数也不多，占 11%。19~45 岁的人群占绝对多数，达到 85%（见表 7）。

表 7　受众年龄分布

年龄	比例(%)	年龄	比例(%)
19 岁以下	3	46~55 岁	7
19~24 岁	21	55 岁以上	4
25~45 岁	64		

N = 3769

[①] 本调查通过"取走"微信公众号平台在 6 月 6~10 日发布。共回收问卷 4454 份，由于有受访者没有回答问卷中的一些问题，因此在统计不同问题的答案总数时，总数数值 N 会产生一定差异。

收入在3000~10000元的人群占多数，达到59%。3000元以下的低收入人群占25%，10000元以上的高收入人群占15%（见表8）。

表8 受众收入分布

收入（元）	比例（%）	收入（元）	比例（%）
0~3000	25	10001~20000	11
3001~6000	29	20001~	4
6001~10000	30		

N=3790

（二）上海媒体、自媒体与户外广告是受众获得上海电视节信息的重要渠道

受调查者有一半以上从上海的媒体获知上海电视节的消息，其中有28%的人从自媒体获得消息。有6%的人从上海以外的媒体获得信息，2%的人从境外媒体获得信息。另外，9%的人从户外广告获知上海电视节的消息（见表9）。

表9 上海电视节受众信息获知来源

信息来源	百分比（%）	信息来源	百分比（%）
上海媒体	51	户外广告	9
国内的外地媒体	6	朋友、同事	6
境外媒体	2	家人	3
微博	13	其他	3
微信	15		

N=3698

（三）上海电视节受欢迎，优秀电视节目展播最吸引观众注意力

调查结果显示，超过70%的人认为上海电视节是好的。电视节最吸引受众注意的活动是优秀电视节目展播，98%的被调查者认为优秀电视节目展播最吸引注意。"白玉兰绽放"颁奖典礼吸引了68%人的注意，观看过白玉兰绽放颁奖典礼的人群占被调查人数的46%。受众总体对典礼评价较高，超过70%的人认为典礼好看。

表10显示，总体而言，74%的人认为上海电视节是好的，有38%的人认为很好，31%的人认为一般，认为不好的人有8%。

表10　对上海电视节的总体评价

对上海电视节的总体评价	比例（%）	对上海电视节的总体评价	比例（%）
很好	38	不好	8
好	36	很差	0.1
一般	31	不知道	3

N=3698

调查还显示，最吸引受众注意的活动是优秀电视节目展播，有98%的被调查者认为优秀电视节目展播最吸引注意。"白玉兰绽放"颁奖典礼吸引了68%的人关注，白玉兰电视论坛也有一定的关注，42%的人关注了白玉兰电视论坛（见表11）。

表11　上海电视台最吸引人关注的节目

电视节最吸引人注意的活动（3698）	比例（%）	电视节最吸引人注意的活动（3698）	比例（%）
优秀电视节目展播	98	"白玉兰绽放"颁奖典礼	68
白玉兰电视论坛	42	不知道	6
中国模式日	13		

N=3698

电视节期间，上海电视台最吸引观众注意的节目主要是国产电视剧，78%的人认为国产电视剧最吸引关注，国产纪录片、国外电视剧、动画片也吸引了一半以上的受众的关注（见表12）。

表 12　上海电视台最吸引受众注意的节目

上海电视台最吸引关注的节目	比例(%)	上海电视台最吸引关注的节目	比例(%)
国产电视剧	78	综艺节目	49
国产纪录片	67	国外纪录片	46
动画片	56	不知道	22
国外电视剧	54		

N = 3698

有2067人观看过白玉兰绽放颁奖典礼，占被调查人数的46%。观看过白玉兰绽放典礼的受众对典礼评价较高，有71%的人认为典礼好看（见表13）。

表 13　观众对白玉兰绽放颁奖典礼的评价

观众对白玉兰绽放颁奖典礼的评价	比例(%)	观众对白玉兰绽放颁奖典礼的评价	比例(%)
非常好看	31	一般	28
好看	40	不好看	0.4

N = 3008

五　专家眼中的上海电视节[①]

（一）上海电视节已经是国内最有影响力的电视节

业内人士对上海电视节认可度较高，认为上海电视节目前已经是国内最有影响力的电视节。

腾讯视频影视部总经理兼腾讯视频总编辑王娟在接受采访时说，电视节的影响力从直观感觉上影响力越来越大，身边影视行业的同行都在逐渐往上

[①] 本项目于2016年6月6～11日在上海展览中心通过现场访谈的方法深度采访了19位参与上海电视节的专业人士。所涵盖领域包括国内外剧作家、编剧、演员、媒体人、媒介商业人士。

海聚集，上海的海派文化有其独特魅力，是吸引业内人士来上海电视节的优势之一。

国家新闻出版广电总局发展研究中心政策所所长、信息所所长李岚在6月7日的采访中说，首先必须承认上海电视节已经是国内影响力最大的电视节。

中华美食频道节目发行部总监苏毅在接受采访时表示，来上海电视节已经八年了，上海电视节在国内算好的了。

（二）上海电视节具有一定的国际影响力，与其他电视节相比尚有差距

比较其他有影响力的国际电影节，上海电视节在国际国内的互动、理念与体系的国际化、组织细节、互联网运营模式以及参赛作品质量、参赛国际作品的比例等方面需要加强。部分专家认为，上海电视节的举办理念有些陈旧，缺乏互联网运营思维。与其他国际电视节相比，在参展环境和细节上还需要加强，如现场布置太复杂，像迷宫，而东京电视节展位划分清晰，一目了然。

业内人士认为，上海电视节已经具有一定的国际影响力，尤其是在亚洲影响力较大。要提高上海电视节奖项的含金量，参赛作品的质量是关键，需要更多国际影片进入。

知名编剧、作家张继（代表作有《乡村爱情》系列）在接受采访时说，上海电视电影节的影响力越来越大，这一点毋庸置疑。这个国内的大奖已经建立起来了，在国际上也有一定的影响力。希望下一步不光是一些国内的好的影片，国外的影片也可以更多地进来，这样，它的含金量和影响力可能会更大一些。

新派系文化传媒创始人/总裁、上海国际电影节/上海电视节执行副秘书长唐丽君认为，上海电视节国际影响力越来越大，参会的嘉宾数量也增长迅速。与釜山电影节相比，釜山电影节对年轻导演的扶持非常成体系，所以培养出了一拨能够直接进入商业片市场的新锐导演。从电视剧的角度来讲，上

海的影视剧市场在国内国际上的地位不断提高。但是整个的文化中心确实还在北京,上海的海派文化和小资情调有很强的文化优势,但在政策扶持、人文环境等方面确实还存在提升空间。

腾讯视频影视部总经理兼腾讯视频总编辑王娟在接受采访时表示,国际影响力的提升实质上还是要靠参赛作品的质量。

国家新闻出版广电总局发展研究中心政策所所长、信息所所长李岚认为,上海电视节只敢说在亚洲具有一定的影响力,但是放眼全球来看,与主流的电视节还存在差距。国外的影视节比较务实,或者在影视节评奖设置上凭借高品质的作品质量创造一种国际影响力,如奥斯卡;或者在节目商业模式交易方面创造一定实际的效果,如戛纳电影节;上海电视节、上海电影节更看重颁奖的环节,看重参展商的数量。

演员严屹宽表示,对比东京电视节,更看好上海电视节未来的发展前景,因为中国的影视市场更大。上海电视节、电影节为业内的演员提供了很好的契机,可以使国内的相关专业人士与国际专业人士更好地沟通。"百花齐放"之后大家的项目很多,市场很成熟,相比以前,现在作为演员可以找到更适合的定位和角色。

(三)国内一线电视人聚集上海电视节,国际展商看好中国市场,但参展数量偏少,管理模式需要理念的更新,与国际接轨

1. 上海电视节聚集国内一线电视人,是很好的商业平台

元纯传媒产品中心副总监徐雯认为,上海这座城市本身文化历史很悠久,自身带有国际化气质。中国一线的电视人都会集在这里,就是一个盛大的节日。

中国广播电影电视节目交易中心中国国际电视总公司节目代理部纪录片新媒体工作室负责人张玮在访谈中说,上海电视节活动好,资源多。与北京电视节、重庆电视节相比,上海电视节规模更大,是一个良好的商业平台,能认识新客户,继续了解老客户。

2. 国际展商看好中国市场，上海电视节还需增强辐射能力

来自德国电视台的展商认为，上海电视节是进入中国市场的一个良好平台。但总体而言，国际展商数目偏少。

来自日本CREi Inc. 的销售经理金廷修（Jungsoo Kim）说现场展商主要来自中国香港、台湾和韩国，有可能是展台设置、环境等因素导致国际展商变少。

中华美食频道节目发行部总监苏毅也说，国际展商的数量需要加强，主要是东南亚市场。

3. 多年办会，形成一定思维定式，管理模式有待更新

国家新闻出版广电总局发展研究中心政策所所长、信息所所长李岚认为上海电视节的历史久远，从1986年开始，逐渐形成了每年办节的传统。上海电视节、电影节每年都办，相关组委会、机构等可能容易形成思维惯性，有时候造成思路的局限。曾看到过上海电视节、电影节高层发过来的一些文件，感觉很陈旧、很落后，感觉就是拿每一年写的东西在套。

中央电视台发展研究中心产业与新媒体研究部主任、高级编辑黎斌在接受访谈时表示，整体感觉理念不够开放，是以传统会务模式在运作。在这样一个互联网时代，电视节活动现场的线上线下联动不够，比如直播渠道的建设，应为参会的嘉宾创造更多的交流活动和方式。

日本CREi Inc. 的销售经理金廷修是第二次参会，之前还去过戛纳、东京、中国香港和北京的电视节。他说与东京电视节相比，上海电视节环境不一样，东京电视节室内很干净。而且上海电视节现场布置太复杂，像迷宫，而东京电视节展位划分清晰，一目了然。

中国广播电影电视节目交易中心中国国际电视总公司节目代理部纪录片新媒体工作室负责人张玮指出，电视节的时间最好别占用假期，不仅耽误他们休息，而且来参观的人也少。

著名演员秦海璐认为电视节的时间周期可以更长一些，现在只是三天的会期。电视节的购买的市场规模可以大一些，专门设置一个东南亚地区甚至

全球地区都可以便捷购买的市场。设置更多的项目合作开发环节，中外合资的不仅仅是电影，电视也可以，现在也有很多中韩合拍、中日合拍，以后可以为中美、中英合拍电视剧提供更多机会。

华策影视的代表表示，展会是一个契机，大家都会在这个时间来上海，然后约在现场谈合作。但都是跟提前预约好的合作商在谈，现场遇到的机会很少。

2016年第19届上海国际电影节国际影响力报告[*]

吴 瑛[**]

摘　要： 作为中国乃至全球电影界的盛事，第19届上海国际电影节吸引了全球媒体的高度关注。报告数据包括两部分：一是解读国内外主流媒体新闻1180条，同时分析了微博、微信、推特和脸书等社交媒体信息；二是展开社会调查，通过网络回收中英文问卷7731份，并对中外记者、导演、演员、创投人士和公众进行访谈。研究发现，全球有8个语种15个国家的媒体进行了报道，上海国际电影节作为中国唯一一个A类国际电影节的地位获得彰显。国内外舆论对其丰富多彩的活动、主办方完善的组织与管理及其推动中国和世界电影产业的发展进行高度评价；同时也对其商业氛围较浓、艺术气息欠缺等管理问题进行了反馈。上海这座全球城市被置于聚光灯下，东方明珠、人民公园、外滩等地标与上海国际电影节一起，通过国内外媒体的传播提升了国际影响力。

关键词： 上海国际电影节　传播　国际影响力

---

[*] 本报告的数据采集受到上海市文化广播影视管理局重大活动办公室童颖、邓晶琛的大力协助。中英文问卷调查数据通过"取走"自媒体合作平台通过现场扫码以及受众线上收集。参与本报告的访谈以及媒体资料整理工作的有上海外国语大学新闻传播学院范子萌、马路遥、方婵娟、崔妍、唐玮、范正祥等研究生。

[**] 吴瑛，上海外国语大学新闻传播学院教授、中国国际舆情研究中心副主任。

一 概述

作为中国乃至全球电影界的盛事，第19届上海国际电影节于2016年6月11日至19日在上海举行，吸引了全世界的瞩目，日益成为一张亮丽的"城市品牌名片"。国内外媒体纷纷进行报道，将上海国际电影节的各项活动传播到世界各地，提升了上海的国际影响力和城市软实力。

本报告的研究内容包括两类：一是对媒体文本展开统计分析，报告搜集获得了国内外主流媒体新闻1180条，覆盖8个语种12个国家，搜索时间是从电影节筹办到落幕的1个月，即2016年6月1日至30日，并且分析了微博、微信、脸书和推特所发布的各类信息；二是进行了深入的社会调查，报告通过"取走"平台开展了网络问卷调查，共回收问卷7731份，其中中文问卷7696份，英文问卷35份，课题组还对23位电影节参与者进行了访谈，受访对象包括中外记者、导演、演员、创投人士和普通观众。

评估的主要结论如下。

（1）上海国际电影节吸引了全球媒体的目光。全世界共有8个语种15个国家的主流媒体进行了报道，推特、脸书、微博等自媒体也纷纷跟进，将上海国际电影节的信息传到世界各地，上海国际电影节作为中国唯一一个A类国际电影节的地位获得彰显，同时也提升了上海作为全球城市的影响力。

（2）国内外媒体高度肯定电影节，对电影节丰富多彩的活动、主办方完善的组织与管理以及上海国际电影节推动中国乃至世界电影产业的发展都进行了肯定；同时，国内外媒体也对上海国际电影节商业氛围过浓、艺术气息欠缺，以及管理中的一些问题进行了报道。

（3）在电影节内容上，国外媒体关注本国电影、本国演员和导演参加上海国际电影节；诸多媒体指出，上海国际电影节是亚洲最好的电影节，肯定了电影节展映影片、演员和嘉宾的国际化色彩；关注中外影视交流，对中国电影"走出去"、对接国际市场充满期待，关注上海电影节与国际电影市场合作所取得的成就。

（4）在重要人物和重要议题上，国内外导演、演员是电影节最受关注的人物，他们带动了电影节在国内外媒体尤其是社交媒体中的人气，成为提升电影节国际影响力的重要因素。上海国际电影节颁发金爵奖、传媒关注单元、亚洲新人奖等成为重要议题，微博排名可以看出相关明星和奖项受欢迎的程度，"甘道夫"伊恩·麦克莱恩人民公园相亲成为电影节的"场外热点"。

（5）在产业发展上，国内外媒体肯定上海国际电影节和中国电影市场中的"互联网+"理念；对上海国际电影节创投项目及新人扶持培养机制的肯定；肯定了上海国际电影节对提高观众文化素养的作用；在报道上海国际电影节的同时也关注国内外竞争者，包括戛纳电影节、东京电视节、釜山电影节、香港电影节、澳门国际影展等。

（6）问卷调查和访谈显示，上海国际电影节的社会认知度高。有86.4%的受访者知道电影节，其中国际影片展映、开幕式、金爵奖评选、亚洲新人奖评选、闭幕式、互联网电影嘉年华、成龙动作电影周等活动受到高度关注。多数受访者认为上海国际电影节与柏林、日本和釜山电影节相比影响力差不多或更好。访谈获得了相似的结论。受访人普遍认为，上海国际电影节在国内已经属于一流，作为A类电影节当之无愧。受访者认为，因为上海国际电影节的选片比较国际化，像德国、俄罗斯还有很多欧洲国家的电影都能入选，电影论坛的质量也比较好。

（7）在举办上海国际电影节的同时，上海这座全球城市也被置于聚光灯下，一些明星的行程、电影节相关活动嵌于上海城市之中。上海成为背景板出现在社交媒体中。人民公园、上海影城、地铁2号线、外滩夜景、浦江两岸、东方明珠等是主要的上海城市背景板，通过脸书、推特、微博等社交媒体的传播，提升了上海的国际知名度。

二 国际媒体中的第19届上海国际电影节

（一）国际媒体对上海国际电影节的关注度

1. 外媒以8种语言发布了445篇有关上海电影节的报道

经全球最为领先的新闻数据库Factiva数据库搜索，电影节举办前后即从

6月1日到30日，外语报道共445篇，包括英文国际媒体报道427篇，小语种报道18篇，其中以6月13日到6月19日报道量最多，共90篇，节前和节后报道量基本持平。小语种报道中日语6篇、俄语3篇、德语4篇、葡萄牙语1篇、朝鲜语3篇、丹麦语1篇。加上英文和中文，报道语种一共为8种。

从媒体来看，发文量排名前十位的如下：《中国日报》和路透社发文量最大，各18篇，其次是《好莱坞报道》、《上海日报》、《环球时报》都市上海版、《外交事务》网站、《纽约时报》、《名利场》杂志、《印度时报》、西班牙埃菲社。此外，像新华社、《马尼拉公报》、《洛杉矶时报》等国际主流媒体都有一定的发表量（见图1）。

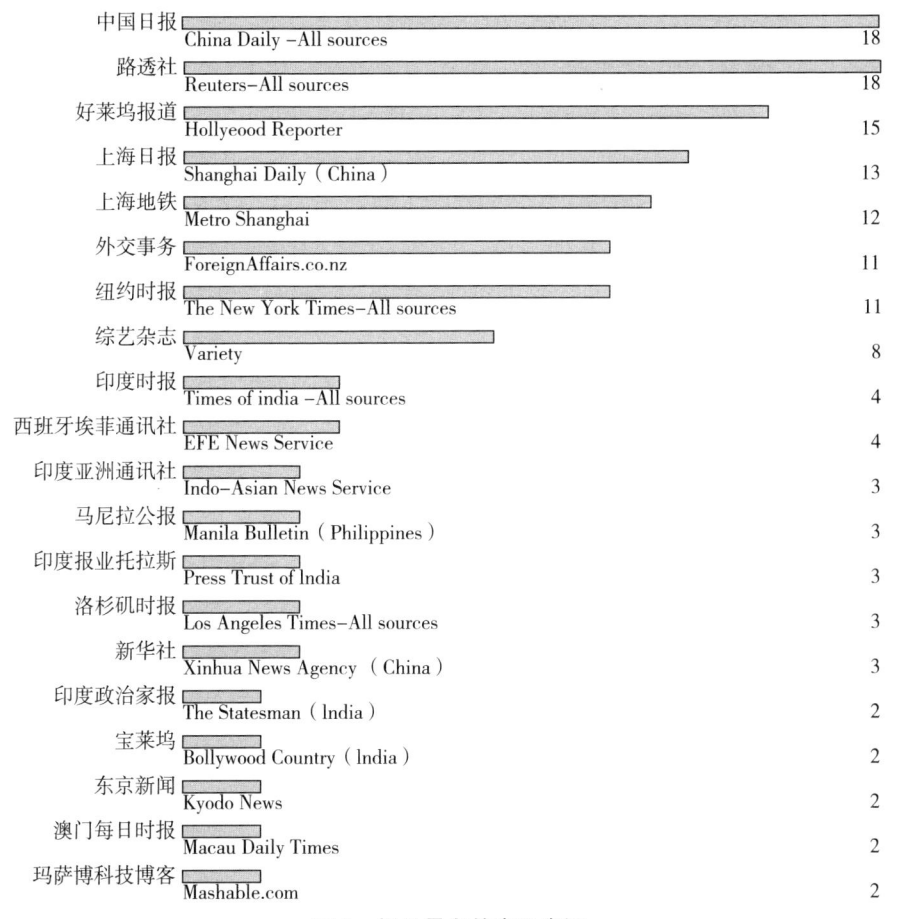

媒体	篇数
中国日报 China Daily –All sources	18
路透社 Reuters–All sources	18
好莱坞报道 Hollyeood Reporter	15
上海日报 Shanghai Daily（China）	13
上海地铁 Metro Shanghai	12
外交事务 ForeignAffairs.co.nz	11
纽约时报 The New York Times–All sources	11
综艺杂志 Variety	8
印度时报 Times of india –All sources	4
西班牙埃菲通讯社 EFE News Service	4
印度亚洲通讯社 Indo–Asian News Service	3
马尼拉公报 Manila Bulletin（Philippines）	3
印度报业托拉斯 Press Trust of India	3
洛杉矶时报 Los Angeles Times–All sources	3
新华社 Xinhua News Agency（China）	3
印度政治家报 The Statesman（India）	2
宝莱坞 Bollywood Country（India）	2
东京新闻 Kyodo News	2
澳门每日时报 Macau Daily Times	2
玛萨博科技博客 Mashable.com	2

图1 提及最多的资讯来源

2. 外媒报道上海国际电影节的领域和行业分布

国际媒体对上海国际电影节的报道涉及诸多领域和行业，这体现出电影节对于推动文化产业繁荣、提升上海国际城市竞争力的作用。Factiva 数据库按照报道内容对提及最多的行业进行了自动分类，发现"电影制作"居于第一位，其次是"虚拟现实技术"（见图2），这体现了今年上海国际电影节"互联网＋"的理念受到了国际媒体的关注。

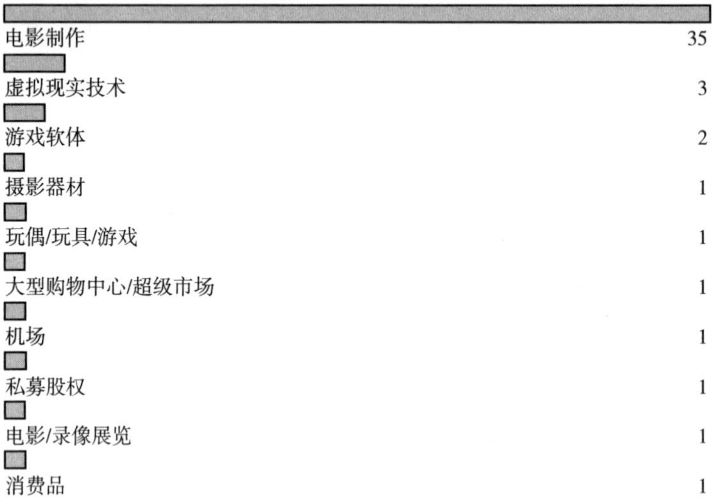

行业	数量
电影制作	35
虚拟现实技术	3
游戏软体	2
摄影器材	1
玩偶/玩具/游戏	1
大型购物中心/超级市场	1
机场	1
私募股权	1
电影/录像展览	1
消费品	1

图2　提及最多的行业

从提及最多的国家来看，除了中国，还有美国、英国、印度、德国等西方国家受到关注（见图3）。这些被提及的国家有些是该国媒体参与了报道，有些是有导演、演员或影片参映，也有的是电影产业合作与交流，体现了上海国际电影节的国际影响力。

（二）不同语种、不同国家主流媒体报道存在差异

国际媒体一方面关注电影节的重大活动，另一方面对本国电影以及演员尤其关注，详见表1。

2016年第19届上海国际电影节国际影响力报告

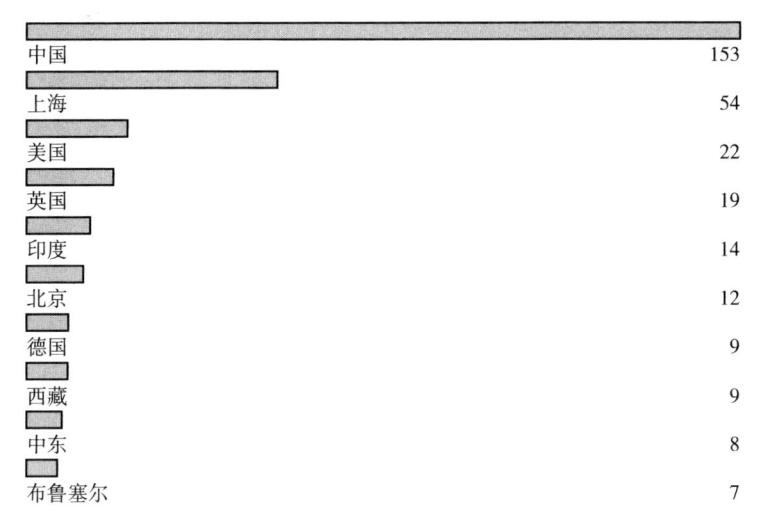

地区	数量
中国	153
上海	54
美国	22
英国	19
印度	14
北京	12
德国	9
西藏	9
中东	8
布鲁塞尔	7

图3 提及最多的地区

表1 不同语种、不同国家主流媒体报道（2016年6月1日至6月30日）

语种	国家	数量	主流媒体
英语	美国、英国、菲律宾、印度、伊朗、新加坡、西班牙、马来西亚	427	《纽约时报》、《洛杉矶时报》、《名利场》、《外交事务》等
日语	日本	6	共同社、《朝日新闻》、《每日新闻》
俄语	俄罗斯	3	新华社、中国国际广播电台俄语新闻
德语	奥地利、德国、中国	4	奥地利新闻社、《南德报》、中国网
朝鲜语	韩国	3	《东亚日报》
丹麦语	丹麦	1	《日德兰邮报》
葡萄牙语	葡萄牙	1	中国国际广播电台葡萄牙语新闻

（1）日本媒体报道

《朝日新闻》6月11日报道了上海国际电影节在上海大剧院开幕。开幕式对导演李安和出演《美国狙击手》的布莱德利·库珀以及评委部门精心评选出14部作品进行介绍。本次电影节还迎来一位好莱坞客人，即77岁的著名演员伊恩·麦克莱恩。由孤本顺治导演、藤山直美主演的电影《团地》也参展此次电影节。

《每日新闻》6月18日报道了模特儿水原希子携《高台家的人们》登上上海国际电影节分享心得。水原希子身着黑色开衩旗袍,用中文向在场观众问好,并向大家宣传这是一部也能让上海人产生同理心的作品。

《朝日新闻》6月19日报道了由阪本顺治导演的《团地》在上海国际电影节公开上映。影片主演藤山直美等人滑稽的大阪腔对话令在座的中国观众捧腹大笑。

《朝日新闻》6月19日报道了藤山直美凭借《团地》获最佳女演员奖。《每日新闻》同样报道了此事,称此次是日本演员首次获得该奖。

共同社也发表了关于藤山直美的报道,称她在上海国际电影节摘得金爵奖最佳女主角桂冠,成为日本首个金爵影后。

（2）俄罗斯媒体报道

这几篇报道既有俄罗斯媒体发出的,也有中国媒体的俄语版发出的。报道称,为期9天的电影节期间共放映超过500部中外优秀电影,包括《哈利·波特》、007影片等。报道援引中国电影市场的相关数据,称2015年中国电影票房达44亿元,比2014年同期增长了48.7%。2017年中国票房将赶超北美。

俄罗斯媒体Mirfest新闻网发表题为《上海国际电影节》的报道,预告了上海国际电影节举办的时间、地点和要颁发的奖项。

（3）奥地利媒体报道

奥地利新闻社6月1日发表《上海国际电影节选择奥地利和法国合拍的电影〈逃亡上海〉》,称该电影通过了中国方面严格的审查,将在电影节后向全中国发行。

奥地利新闻社6月8日报道了奥地利电影《逃亡上海》参加上海国际电影节之外,又入选了6月举行的莫斯科国际电影节。

（4）德国媒体报道

"今年的上海国际电影电视节佳片云集,从金爵奖参赛片来看,14部入围主竞赛单元的影片中有三部是德国影片,可见德国电影在世界电影中的强大实力。与另外两部入围影片《听见寂静》、《盐与火》相比,《汉娜睡狗》

的关注视角又有不同。"《南德报》本篇报道是关于德国电影《汉娜睡狗》的电影简介与评价，没有对电影节的评价。

（5）韩国媒体报道

韩国《东亚日报》有3篇报道，都是有关韩国导演Yoon Je-kyun拍摄中韩合拍影片的报道。

（6）丹麦语报道

丹麦《日德兰邮报》报道了由丹麦导演乌尔里奇·汤姆森执导的电影《胚胎之内》获第19届上海国际电影节金爵奖提名，并在上海国际电影节进行世界首映的消息。

（7）印度媒体报道

印度媒体对上海国际电影节的报道中，有不少是关于印度电影《葬礼》获亚洲新人奖最佳影片奖和最佳编剧奖以及成龙和印度演员索努·苏德合作拍片的报道，印度报业托拉斯发表了好莱坞明星奥兰多·布鲁姆和中国熙颐影业合开公司的报道。其中，《商业标准》有5篇报道，《印度时报》5篇，印度亚洲新闻社和印度报业托拉斯3篇，《印度斯坦时报》有2篇报道。

印度亚洲新闻社和印度报业托拉斯引用《葬礼》导演拉雷姆·雷迪（Raam Reddy）的话："上海是这部电影印度之外的第一个亚洲放映地。我很期待看到中国人和亚洲其他人对这部电影的看法。中国观众的反应非常好。我的上海之旅实在太开心了。"

《印度斯坦时报》关注了中国西藏电影的变化趋势，以中立客观平和的笔调介绍西藏电影日益多样化，称同时有两部西藏电影入围提名，是一件令人惊喜的事。

（8）菲律宾媒体报道

菲律宾媒体《菲律宾每日问询者报》和《马尼拉公报》各有4篇报道。主要围绕菲律宾导演罗斯顿·齐夫（Ralston Jover）凭借《雾》获得杰出电影艺术贡献奖进行报道。

《菲律宾每日问询者报》援引罗斯顿·齐夫的话说："我很开心能获奖。

但同时也感到很奇怪，因为中国观众在给我送上祝贺后，都要求握握奖杯，搞得跟他们也是领奖人似的。"

（9）新加坡媒体报道

新加坡媒体 Asia One 有三篇关于上海国际电影节的报道，包括女明星走红毯、李心洁怀孕等娱乐新闻。

（10）伊朗媒体报道

伊朗媒体报道包括伊朗迈赫尔通讯社的两篇、《德黑兰时报》的两篇报道，都是关于伊朗电影《喧哗与骚动》、《冷酷人生》入围电影节的信息。其中迈赫尔通讯社在介绍影展内容时，引用了《好莱坞报道》的消息源。

（三）外媒认为上海国际电影节是亚洲最好的电影节，肯定其国际化色彩

1. 肯定电影节展映影片、演员和嘉宾的国际化色彩

美国《外交事务》杂志网站共有 11 篇关于上海国际电影节的报道。网站报道了上海国际电影节放映皮克斯经典电影、中国寻求电影电视的翻译合作、李安现身电影节等。2016 年 6 月 6 日在《上海国际电影节紧跟电影行业潮流》一文中，对电影学专家刘嘉进行了访谈报道。报道指出，上海国际电影节已成为亚洲关键的电影融资市场，电影节致力于挖掘市场所需要的电影。在 6 月 12 日的《上海电影节开幕》一文中，报道称上海电影节为"来自全球电影行业的数百位名人专家参加的国际盛事"，"自从 1993 年成立以来，上海国际电影节是 A 类国际电影节、东亚最好的电影节之一"。

《纽约时报》（*New York Times*）关注上海国际电影节的信息，不仅报道了电影节概况，而且对"90 后"新星董子健进行了报道，同时还提到了西藏题材电影。在 2016 年 6 月 3 日的《德国导演赫佐格新片首映成上海国际电影节头条新闻》一文中，报道指出，上海国际电影节是中国最著名的国际电影节。6 月 10 日发表《西藏在上海国际电影节参赛作品中脱颖而出》

一文，关注西藏题材电影，指出此类电影虽然数量越来越多，但受到严厉审查，仍然是在政府审查范围之内进行创作。

路透社（Reuters）报道了英国演员伊恩·麦克莱恩爵士参加上海国际电影节莎翁影史的消息，他对莎士比亚大加赞赏。此外，路透社在一个月前就开始预告上海国际电影节即将开幕的消息。

《好莱坞报道》(*The Hollywood Reporter*)是国际主流娱乐类媒体，报道以中立客观态度为主，关注电影节期间各类行业资讯，包括HBO与电影频道合作、"《盐与火》上海国际电影节首映"、"知名制片人温斯顿·贝克（Winston Baker）在上海国际电影节主持论坛"、"《胚胎之内》上海国际电影节首映"、"万达称中国银幕数量将在2017年超过美国"、"成龙谈中国电影市场、阿里巴巴任命雷尼·哈林任《古剑奇谭》的导演"、"德国最大的电影公司Babelsberg与上海电影集团合作"等消息。

《名利场》(*Vanity Fair*)杂志共有8篇报道。作为美国老牌娱乐类杂志，《名利场》更关注行业新闻，报道了中韩合作、百度投资电影产业、爱奇艺用户达2000万、斯蒂芬·马布里中国传记电影吸引外国投资商等行业内新闻。2016年6月11日《上海电影节开幕式星光璀璨》一文指出，越来越多的国外巨星在上海电影节出现，反映出中国电影产业的爆炸式增长以及对世界电影行业产生的震荡。

很多媒体关注展映影片中的国外影片、来参加上海国际电影节的国外演员或嘉宾，以国外影片、国外演员或嘉宾的数量和质量来折射上海国际电影节的国际影响力。

2. 关注本国电影、演员和导演参加电影节

外媒在报道上海国际电影节时，本国元素是重要的切入点，往往从本国电影、本国演员和导演入手来看电影节，这也是上海国际电影节"借船出海"、影响力渗透到国外民间社会的重要途径。从国际主流媒体对人物的报道篇数来看，导演、演员受关注度最高。报告按照报道量进行了排名（见表2）。

表2 人物报道量排名

人物名	身份	报道篇数
Ian McKellen（伊恩·麦克莱恩）	英国演员	32
Jackie Chan（成龙）	中国演员	32
Emir Kusturica（埃米尔·库斯图里卡）	南斯拉夫导演	15
Ang Lee（李安）	中国导演	13
Bradley Cooper（布莱德利·库珀）	美国演员	13
Sonu Sood（索努·苏德）	印度演员	12
Naomi Fujiyama（藤山直美）	日本演员	9
Werner Herzog（维尔纳赫佐格）	德国导演	8
Ralston Jover（罗斯顿·乔夫）	菲律宾编剧	8
Renny Harlin（雷尼·哈林）	英国导演	7

日本共同社、《朝日新闻》、《每日新闻》对日本演员藤山直美进行了报道，称她在上海国际电影节摘得金爵奖最佳女主角桂冠，成为日本首个金爵影后。奥地利新闻社报道奥地利电影《逃亡上海》入选上海国际电影节。丹麦《日德兰邮报》报道了由丹麦导演乌尔里奇·汤姆森执导的电影《胚胎之内》获第19届上海国际电影节金爵奖提名。印度24小时新闻频道TIMES NOW发布了印度电影《葬礼》获上海国际电影节亚洲新人奖最佳影片的消息。

3. 国际社交媒体扩展电影节影响力

（1）脸书中的上海国际电影节

有关上海国际电影节的脸书信息发布者主要是媒体和明星，也包括明星粉丝团、个人等民间账号，英文脸书拥有一定的影响力，而中文脸书的二次传播效果弱，说明从社交媒体角度来看，上海电视电影节对于海外华人的影响力比较有限。

A. 脸书英文内容

上海国际电影节的脸书专页。搜索发现，上海国际电影节有未被认证的脸书专页，粉丝数44363人。在本届电影节期间发布内容包括电影节开闭幕式及各奖项颁发场景，如发布电影节闭幕式红毯照，点赞数26次，分享1

次。成龙动作电影周之夜也发布了图片,点赞数18次,评论1次,分享4次。也有电影放映、论坛和市场活动的照片,如日本导演版本顺治在其电影《团地》放映前与观众交流,点赞数14次。有伊朗电影《喧哗与骚动》新闻发布会的照片,还有关于纪念张国荣的电影回顾,获点赞数18次,分享数5次。

媒体脸书经认证,而且数量较多。中央电视台新闻频道脸书账号CCTV News已认证,有粉丝数27145402人,该账号介绍了出席上海国际电影节开幕式的英国演员伊恩·麦克莱恩、美籍华裔导演李安、美国演员布莱德利·库珀、韩国演员李敏镐和中国演员范冰冰等,获点赞数22000次,评论数108次,分享数272次。

《中国日报》脸书账号China Daily已认证,粉丝数5470803人,该账号发布了金爵奖最佳影片得主《德兰》的信息,获点赞数176次,评论4次,分享6次。

中央电视台脸书账号CCTV已认证,粉丝数27873902人,发布了上海国际电影节开幕红毯照片及出席嘉宾的信息,包括成龙、周润发、吴亦凡等,获点赞数21000次,评论数100次,分享668次。还有李安在电影节某论坛上的讲话视频,获点赞412次,评论2次,分享80次。

印度24小时新闻频道TIMES NOW已认证,粉丝数4409195人。该账号发布了印度电影《葬礼》获上海电影节亚洲新人奖最佳影片的消息,获点赞4000次,评论54次,分享669次。

韩国文化网络社区Scoompi已认证,粉丝数3282715人,该账号发布消息称韩团VIXX成员韩相赫凭《抓住才能活》在上海电影节成龙动作电影周得到最佳动作新人奖,内容与推文相同,获点赞5000次,评论64次,分享327次。

多个账号发布了英国演员伊恩·麦克莱恩在上海人民广场相亲角的照片,包括Gay Star News粉丝数642127人,已认证,点赞数350次,评论4次,分享16次;Trending in China已认证,点赞2800次,评论17次,分享102次。

导演、演员的脸书拥有影响力。导演、演员等参与者发布上海国际电影节上与自己有关的信息，包括参演和执导电影、出席活动的信息等。

伊恩·麦克莱恩脸书专页粉丝数 4996695 人，他发布了上海国际电影节开幕式后台照，获得评论 620 次，分享 272 次，点赞 37000 次。发布的他主讲纪念莎士比亚的论坛，获点赞 92000 次，分享 89 次，评论 74 次。

日本 X-Japan 乐队队长林佳树的认证脸书粉丝数 1478339 人，林佳树是金爵奖提名纪录片《我们是 X》主角，他在脸书和推特上同时发布信息，比如发布的他在闭幕式前一天到达上海国际电影节的短视频以及将出席闭幕式的消息，获点赞 3200 次，评论 45 次，分享 176 次；有关电影节结束后向中国告别的脸书获点赞 4000 次，评论 36 次，分享 87 次；还有出席电影节活动时与粉丝的见面现场，获点赞 2900 次，评论 31 次，分享 110 次。

墨西哥演员奥马尔·查帕罗粉丝数 1944416 人，发布主演影片《异国结盟》（*Compadres*）在上海电影节展映的消息，获点赞 5800 次，评论 107 次，分享 36 次。

香港演员文咏珊，未认证，粉丝数 20784 人，发布了个人照片和文字以及她准备出席上海国际电影节《寒战 2》的新闻发布会，获点赞 1300 次，评论 16 次，分享 3 次。

马来西亚华人演员王冠逸粉丝数 246632 人，发布自己所参演的电影《泡沫之夏》主创们在上海国际电影节的合照，获点赞 3600 次，评论 13 次，分享 11 次。还有自己身着赞助商提供黑西服的照片，获点赞 5300 次，评论 29 次，分享 30 次。

德国演员维罗尼卡·费瑞尔已认证，粉丝数 32725 人，发布上海国际电影节上自己与参演影片《盐与火》的合照，获点赞 179 次，评论 5 次。

导演罗伯特·斯沃兹曼已认证，粉丝数 16909 人，他的账号发布脸书称自己在上海国际电影节度过完美的时光，很荣幸自己拍的独立电影《梦土》能在中国放映，中国对国外影片的播放是有限额的，这也是这部电影能在中国展映的唯一机会，简直像梦一样。该信息获点赞 154 次，评论 1 次。

还有一些相关公司的脸书。印度宝莱坞（Hungama）公司主页已认证，粉丝数有 4227706 人，发布了索努·苏德与成龙的合照，获点赞 20000 次，评论 55 次，分享 65 次。

澳大利亚政府管理的电影机构 Screen Australia 已认证，有粉丝 31394 人，该账号发布了澳大利亚电影《圣心》在上海电影节首映的消息，点赞 36 次，评论 1 次，分享 13 次。

电影公司 Slugger Film AB 粉丝数 212 人，发布了由其参与制作的电影《小怪物茉莉》获得金爵奖最佳动画片的消息，获点赞数 17 次，评论 2 次，分享 1 次。

美国传媒公司 Screen Craft 为上海国际电影节合作方，其脸书已认证，粉丝数 39364 人，该公司账号发布了其与上海国际电影节合作的论坛的现场照片，获点赞 12 次，分享 3 次。

其他还有粉丝主页的脸书。脸书上有关上海国际电影节出席演员的消息很多是由明星粉丝团发布的，以韩流明星粉丝团居多，例如韩国女团 f（x）郑秀晶粉丝主页，无认证，有粉丝数 365658 人，发布点赞 2800 次，评论 5 次，分享 40 次。

中国演员刘昊然越南粉丝团，未认证，有粉丝数 66456 人，该脸书发布了刘昊然出席上海电影节的照片，点赞 3000 次，评论 12 次，分享 24 次。

韩剧《太阳的后裔》脸书主页，未认证，有粉丝 309846 人，发布了该剧女主演金智媛出席上海国际电影节的照片，获点赞 8500 次，评论 19 次，分享 26 次。

还有赞助商，比如时装品牌纪梵希（Givenchy），发布了吴亦凡身着品牌赞助服装出席上海电影节开幕式的消息，点赞 172 次，评论 4 次，分享 17 次。

B. 脸书中文内容

以中文"上海电影节"或者"上海国际电影节"为关键词进行搜索，发布者主要是演员或者一些媒体，尤其是与上海国际电影节参展影片或入围影片有关的演员及一些媒体，信息量远超上海电视节，但转发和评论数有限。台湾《苹果日报》对上海国际电影节走红毯进行了关注。新华社对

"精灵王子"奥兰多·布鲁姆的亮相给予了关注，但得到的反馈却很少。

香港《苹果日报》发布的红毯信息共获得24条评论，6次分享。照片人物是范冰冰和林心如。

《光华日报》在脸书上对上海国际电影节的获奖环节进行了报道，有4次评论、5次分享。照片人物是刘烨。

广播电台One FM也在脸书上对刘烨获奖表达了祝贺。另外，还有很多时尚杂志对此次上海电影节也颇为关注。

台湾《时尚杂志》（Vogue）对于上海国际电影节中的话题人物"甘道夫"以及演员周润发、彭于晏、郭富城均进行了报道。报道称"星光熠熠，但其中最会玩的莫过于'甘道夫'伊恩·麦克莱恩。高龄77岁的他受邀为这次电影节里的莎翁影展站台，空当时间玩遍北京上海各大景点，每到一处他还俏皮地举着莎翁金句拍照，超可爱"。同时提到他在上海人民公园相亲角，认为这张照片最幽默。

该杂志提到在上海国际电影节上周润发与众明星玩自拍，《寒战2》网罗影帝郭富城、彭于晏、杨祐宁、李治廷等人出演，号称"最高颜值警匪片"。同时指出"上海电影节红毯巨星云集"。香港时尚美容网站Beauty Exchange报道黄晓明和Angelababy出席电影节。

韩流娱乐和流行文化资讯平台韩娱最前线（Kpopn）对演员Hyuk获得新人奖进行报道。电视剧《太阳的后裔》脸书账号持续更新演员金智媛在上海国际电影节红毯上的表现。一些明星在自己的脸书上更新了参加上海国际电影节的动态，比如蔡少芬和佘诗曼。两位明星与张智霖、张家辉等明星走红毯的形象吸引了网友关注。

此外，很多明星粉丝团会更新明星参加上海电影节的动态，而这些脸书往往受到比媒体发文更大的关注度，在转发量和评论量上远超媒体发文。

比如女星张钧甯在脸书上的粉丝团发文获得了104条评论，55次分享。王以纶粉丝团发布的信息获得了162条评论，82次分享。吴亦凡粉丝团发布的有关吴亦凡的信息也获得了25次分享，1314次浏览。

台湾演员柯佳嬿也发布了相关的信息，获得32条评论，7次分享。

（2）推特中的上海国际电影节

A 推特上有关上海国际电影节的中文信息并不多。

仅有的信息主要来自韩国粉丝团等。如李敏镐团队推特是一个拥有85000＋粉丝的明星粉丝团。该账号发布的推文在众多推文中拥有较多的赞，互动程度也是比较高的。可见明星效应尤其是韩流明星效应在海外的华人群里影响力不俗。此外，拥有14000＋粉丝的韩星网平台公布的关于李敏镐出席上海国际电影节的信息也获得了相对不少的关注。

推特账号@ New China 中文对刘烨进行了关注，报道他凭借《追凶者也》获最佳男演员奖，日本女演员藤山直美以《团地》获最佳女演员奖。该账号有超过250000的粉丝。"95 后"演员王以纶也颇受关注，在脸书和推特上都比较热。此外，"甘道夫"在人民广场相亲角的信息也引起了推特网友的关注。拥有17000＋粉丝的账号@ 今日热点对此事发表了推文。

B 推特上有关上海国际电影节的英文报道主要来自媒体、演员、导演、片方、粉丝团、赞助商和其他电影节参与者，其中演员发布的推特影响力最大。

没有电影节的官方信息。上海国际电影节没有官方推特账号，其他相关官方机构也没有，因此没有所谓官方发布信息。同样，在搜索戛纳、柏林、威尼斯、东京等 A 类国际电影节以后，只找到柏林电影节有官方资讯发布账号，但粉丝数也只有 3000＋，所发布推文也没有很大的传播力。

媒体推特占绝大部分。印度 24 小时英语新闻频道 Times Now 推特账号粉丝数49300人，发布了印度电影《葬礼》获亚洲新人奖最佳影片的消息，转发量143次，点赞量178次。

韩流英文报纸 Kpop Herald 的 Twitter 粉丝数14700人，发布了韩团 VIXX 成员韩相赫获成龙电影周最佳动作新人的消息，转发量87次，点赞量66次。

新华社的账号 China Xinhua News 粉丝数4470000人，发布了上海电影节闭幕的短视频，转发量42次，点赞量110次。

各国账号主要播报本国获奖信息，其中包括来自中国及上海本土的英文媒体，如 Shanghai Eye 上海外语频道新媒体平台上海眼推特账号，粉丝数 274 人，发布美国演员布莱德利·库珀图片，转发量 3 次，点赞量 10 次。

演员、导演发布了不少推文。日本传奇乐队 X-Japan 队长林佳树粉丝数 357000 人，他是提名纪录片《我们是 X》的主角，他在电影节期间发布了 12 条相关推文，内容包括有关电影提名金爵奖的消息，配图为提名现场。转发量 765 次，点赞量 1600 次。他推了自己出席上海国际电影节的视频，感谢粉丝热情。转发量 669 次，点赞量 1400 次。还有他被《上海日报》、爱奇艺、搜狐、网易等采访的报道，其中有关爱奇艺专访的推文转发量 751 次，点赞量 1700 次。

美籍华人演员高圣远粉丝数 17900 人，他发布了在电影节遇到艾米·乔·约翰逊（Amy Jo Johnson）的消息，并配了两人合影，转发数 36 次，点赞数 117 次。

西班牙演员爱德华多·诺列加粉丝数 61200 人，他发布了《我们的情人们》在上海国际电影节展映的消息，转发量 15 次，点赞 5 次。

印度演员索努·苏德粉丝数 787000 人，发布推文称与《功夫瑜伽》主创人员、成龙等亮相上海国际电影节红毯，转发量 55 次，点赞数 311 次。

加拿大演员曲丝·斯特拉图斯粉丝数 1050000 人，推文是他的主演电影《僵局》在上海电影节首映的消息，被转发 12 次，被点赞 46 次。

德国演员维罗尼卡·费瑞尔粉丝数 94500 人，他发布了他主演的电影《盐与火》在上海国际电影节首映的消息，转发量 1 次，点赞量 11 次。

英国演员罗斯·麦克科尔粉丝数 18500 次，推文转发他拍的开幕式现场照片，其中提到美国演员布莱德利·库伯与美籍华裔导演李安在舞台上介绍自己的电影。转发量 6 次，点赞量 29 次。他还发布了他在社交软件上与粉丝的合照。

泰国导演 Boompalatpol 粉丝数有 18005 人，发布了他执导的电影《两个爸爸》在上海电影节展映，转发量 42 次，点赞量 36 次。

美国导演史蒂芬·卡嘉克是金爵奖纪录片提名影片《我们是 X》的导演，他的推文是向最终获得最佳纪录片的《当两个世界碰撞时》表示祝贺，配图是与《当两个世界碰撞时》主创合影。转发量53次，点赞量74次。他还有推文发布了在闭幕式后台与电影《摇滚藏獒》的卡通主角的合影，转发量43次，点赞量57次。

美国导演罗伯特·斯沃兹曼转发其发布在Instgram上的电影海报，称很高兴自己的作品《梦土》能在上海国际电影节展映。转发量1次，点赞量24次。

粉丝团也是发布推文的主力。粉丝团多发布偶像出席电影节的照片，可以得到较广传播。

韩团Infinite粉丝团推特账号，粉丝数85800人，发布了该团体李浩沅电影处女作《HIYA》在上海国际电影节展映的消息，转发量240次，点赞290次。

日本演员水原希子粉丝团账号有粉丝数19400人，发布了水原希子出席红毯及其参演作品《高台家的人》参与上海电影节，转发量68次，点赞量133次。

韩团EXO粉丝基地账号拥有粉丝数647000人，发布了成员朴灿烈出席上海国际电影节互联网电影之夜的短视频，转发量295次，点赞量400次。

赞助商借助上海国际电影节开展宣传。服装品牌普拉巴高隆（Prabal Gurung）拥有粉丝数216000人，发布了中国演员李梦出席红毯照，转发量13次，点赞量51次。

奢侈品牌杜嘉班纳（Dolce& Gabbana）账号拥有粉丝数4060000人，发布中国演员杨洋在上海电影节的红毯照，转发量37次，点赞量144次。

积家手表（Jaeger-LeCoultre）是上海电影节合作方，拥有粉丝数135000000人，发布了电影节开幕式上的积家手表形象，转发量8次，点赞量16次。

片方也发布了一些推文。纪录片《我们是X》的推特账号发布主角X-Japan和乐队队长Yoshiki出席上海国际电影节和该纪录片提名金爵奖的新闻，转发量64次，点赞量78次。同时发布主角Yoshiki走闭幕式红毯的消息，转发量55次，点赞量80次。

日本电影《高台家的人》推特账号发布在上海国际电影节展映的消息，转发量45次，点赞量123次。

加拿大参展电影《周日般的爱情》推特账号发布参加上海国际电影节加拿大影展的影片，转发量3次，点赞量9次。

其他电影节参与者的推文。传媒公司 Distrify Media 的账号粉丝数7440，该账号有很多与中国的合作。推文发布公司首席执行官葛勇安在上海国际电影节进行演讲，点赞数4次。

Baobab Studios 是一个 VR 工作室，粉丝数716人，推文引用《上海日报》新闻报道链接，发布参与上海国际电影节 VR 乐园的消息，配图为游客体验 VR 设备，点赞数3次。

DOC（The Documentary Organization of Canada）粉丝数6136人，推文发布两位组织成员参加上海电影节的消息。

加拿大政府主管的 Telefilm Canada 粉丝数有24600人，发布了加拿大电影《疾风使命》（*Nitro Rush*）在上海国际电影节首映的消息，转发量7次，点赞数6次。还发布了电影 *The Space Between* 在上海电影节首映的消息，转发量9次，点赞量31次。

新西兰电影公司 Admit One 的推文内容是上海国际电影节开幕式现场盛况。

波兰电影协会 Polish Film Institute 有粉丝数10200人，推文内容为波兰电影参展上海电影节，转发量2次，点赞量3次。

瑞典电影协会 Swedish Film 粉丝数4418人，推文是有关电影《小怪物茉莉》（*Molly Monster*）获得上海国际电影节最佳动画电影的消息，转发量2人，点赞量2次。

出品方 Dream Warrior Pictures 粉丝数888人，发布了该公司出品的印度电影《阿露薇》参展上海国际电影节的消息，转发量16次，点赞量23次。

账号 PropagandaGEM 自称是全球娱乐品牌领导者，粉丝数434人，推文内容是出席上海国际电影节参与传奇影业的讨论。

自由作家 Amelia Chappelow 的粉丝数 3371 人，推文是自拍与英国演员伊恩·麦克莱恩的照片，点赞量 8 次。

总体来看，上海国际电影节参与导演、演员、电影机构等，多发布与自身有关的电影信息，包括上映、提名、获奖等。少数演员会发布受到粉丝欢迎的信息。少部分推文涉及电影节见闻，包括见到的友人、祝贺竞争对手、开闭幕式红毯或舞台盛况、出席论坛信息等。总体来看，除个别演员外，这些推文的传播影响力相对比较有限。

三 国内媒体对第19届上海国际电影节的报道概况

（一）上海国际电影节国内中文媒体报道概况

1. 国内中文媒体报道量统计，网络媒体远超传统媒体

中文媒体报道量大，而且网站报道量超过传统媒体。以"上海国际电影节"作为关键词在慧科新闻数据库进行搜索，2016 年 6 月 10～24 日对"上海国际电影节"的报道相对集中，共搜索到 13465 篇报道，其中网络媒体 12277 篇，占 91.18%，传统媒体报道 1188 篇，占 8.82%。

电影节开幕式、电影节闭幕式暨金爵奖颁奖引发报道高峰。慧科数据库统计显示，报道量在 6 月 12 日达到高峰，内容分析显示，新闻几乎都是对前一天电影节开幕式的报道。开幕式后报道量有所回落，此后在 6 月 20 日又达到一个小高峰，通过分析其内容发现，这几乎都是对前一日电影节闭幕式暨金爵奖颁奖红毯的报道（见图4）。

从媒体报道量来看，排名前十位的中文媒体都是网站，中国网、搜狐网、凤凰网位居前三位（见图5）。

从报道篇幅来看，所有新闻报道中以 1000 字以下的短平快消息报道和 1000～2000 字的中长篇报道为主。有关"上海国际电影节"所有的新闻报道中，1000 字以下的消息报道占 49.22%，1000～2000 字的中长篇报道占 35.50%，二者相加占全部新闻报道的 84.72%。

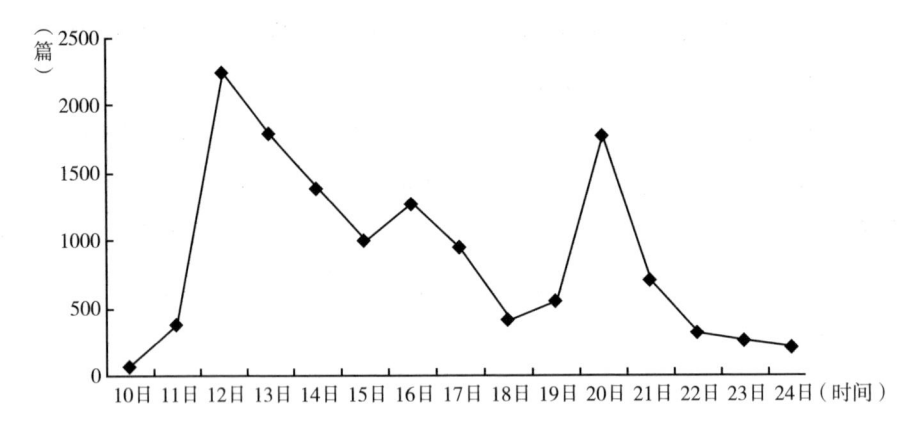

图4 上海国际电影节相关新闻报道量趋势

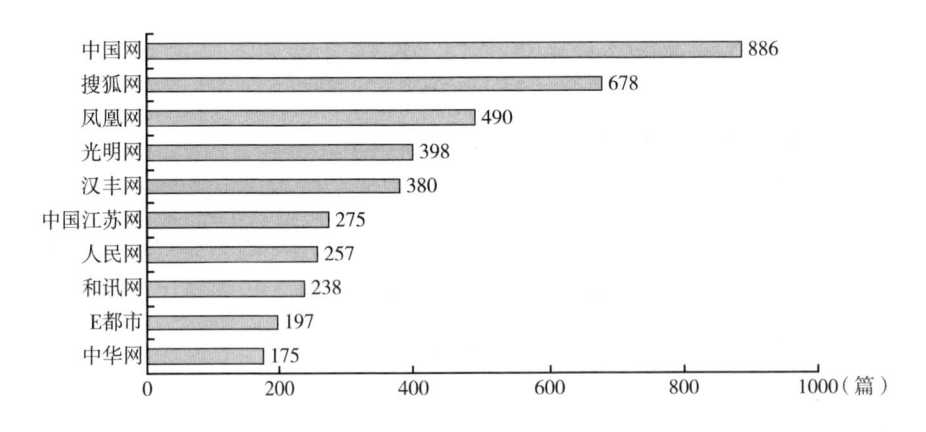

图5 上海国际电影节报道量最多的中文媒体

2. 报道最集中的区域在北京、广东和上海

报道地区集中在北京、广东、上海，而上海作为举办东道主城市，相关媒体报道力度需加强。

从地域上看，北京报道数量最多（6045篇），是广东和上海报道量之和的2.8倍（见图6）。可见，作为东道主的上海，对电影节的关注度远不及北京，甚至不及广东，与上海国际文化城市的定位不符。

3. 国内自媒体中的上海国际电影节

本报告以新浪微博为研究平台，选取与上海国际电影节相关的、"精

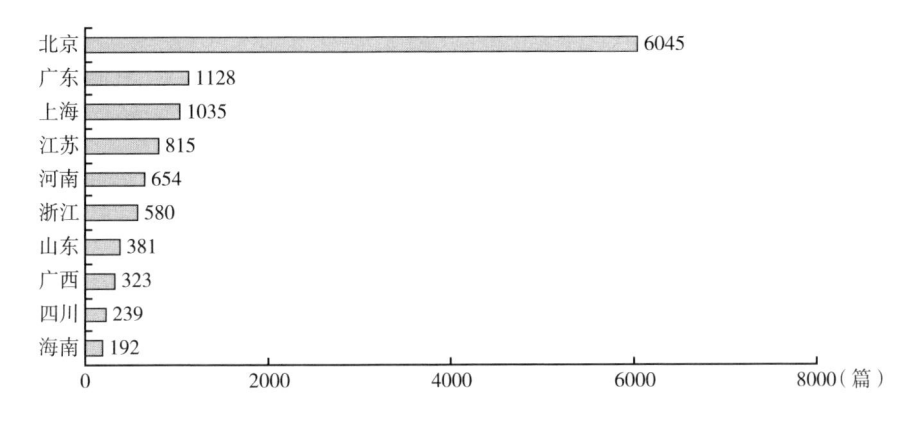

北京	6045
广东	1128
上海	1035
江苏	815
河南	654
浙江	580
山东	381
广西	323
四川	239
海南	192

图6　上海国际电影节相关新闻传播量分布

选"类微博中转发量大于等于100次的微博，以较为全面地反映有关微博的报道情况，共获取相关微博591条。

微博的搜索时间段是从2016年1月25日至6月28日。选取这段时间的原因是：1月25日上海国际电影节官方微博首次在微博上公布第19届上海国际电影节的相关资讯，由此作为搜索的时间起点。6月28日之后，精选微博内容为零，因此作为搜索时间的终点。

新浪微博的内容主要包括以下九类：一是电影节活动，内容为电影节期间的相关活动，如颁奖典礼、开闭幕式、论坛；二是电影节预告，内容为提前公布还未到来的电影节的相关资讯；三是电影节评论，内容是对本届电影节的评论，包括影片评论、参加感受等；四是粉丝言论或活动，内容主要是针对其偶像发表的言论或开展的活动；五是红毯秀，内容为电影节期间明星走红毯的相关内容，不仅包括开闭幕式红毯，还包括其他活动，如"电影微博之夜"红毯等活动；六是获奖信息，内容为电影节期间的各种获奖信息；七是金爵奖资讯，内容是与金爵奖相关的资讯，如入围影片等；八是明星动态，内容为明星在上海电影节期间的动态，包括参加发布会、见面会等资讯；九是影视动态，内容以影视作品的动态为主，包括发布会、见面会、项目发布、首映会等。

6月，微博对上海国际电影节的报道经历了四个小高峰，分别是6月5

日、6月11日、6月17日和6月19日，如图7所示。说明微博对上海国际电影节的关注主要集中在重大信息发布和重要活动时期，且持续时间短。转发量总体低于评论量和点赞量。

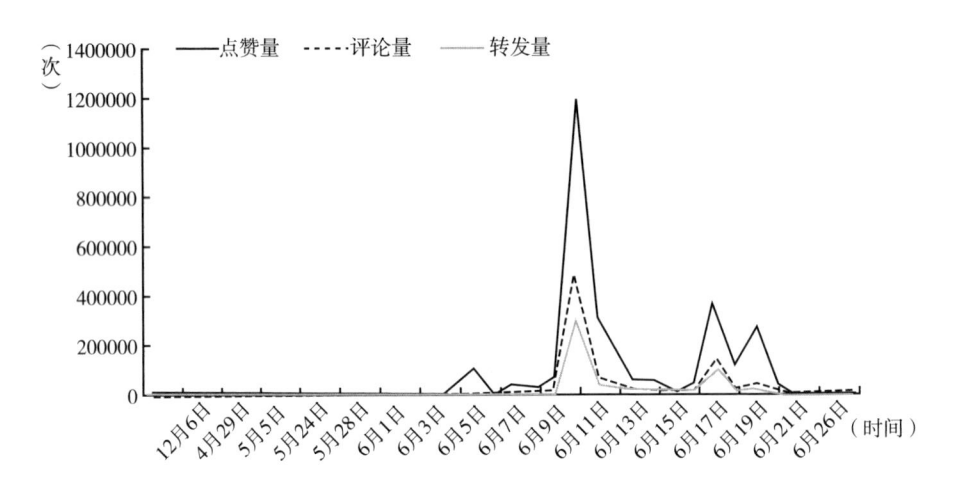

图7 新浪微博对上海电影节的报道

（二）国内主流媒体报道议题和态度

国内媒体高度关注上海国际电影节的举办，内容涉及对上海国际电影节的总体评价、对电影市场的评价，以及有关电影节创投项目等信息，有助于提升上海国际电影节的国际影响力。报道还关注参加电影节的国内外明星、新片发行宣传等信息。总体来看，涉及上海国际电影节国际影响力的报道总体较为正面，同时也存在一些负面报道。

1．对上海国际电影节的整体评价较为正面

（1）赞赏上海电影节对中国电影产业发展的引领作用，以及对中国电影文化的培养角色

新华社6月23日发表《中国电影站在下一个百年起飞的"风口"上》一文，称"在为期9天的上海国际电影节上，人们不仅饱览四五百部全球佳片，与伊恩·麦克莱恩、库斯图里卡、李安等电影人座谈电影艺术，与全

球顶尖影视公司总裁把脉产业未来,也清晰地感受到:中国电影站在下一个百年起飞的'风口'上,'海莱坞'崛起并不遥远。资本、人才、科技等诸多要素加速向上海聚拢,将孕育中国电影的繁荣"。

《济南日报》6月21日报道称,"作为中国唯一一个A类国际电影节,上海国际电影节正逐步树立全球电影专业竞赛权威,2403部报名影片来自114个国家和地区,最终选出14部影片参与主竞赛单元的角逐。也引发了更多的人来关注上海国际电影节,关注中国电影,很多业界人士在电影节上提出,中国将要进入一个电影的黄金时代,票房或赶超美国"。

《扬子晚报》6月21日发表《"金爵奖"也要讲胸怀与视野》一文,称"作为中国唯一的一个国际A类电影节,上海国际电影节在这19年的时光里,其节庆热闹程度可谓是节节高升"。

《新民晚报》6月18日报道称"今年上海国际电影节非比寻常,一共放映近600部片子,成了全民'电影嘉年华'"。

《四川日报》6月17日报道称"第19届上海国际电影节正在火热进行中,各大影视巨头纷纷公布了未来几年的计划,明星、名导演、名企业家蜂拥至上海滩,整个电影圈都骚动起来"。

(2) 关注国外影片、国外演员或嘉宾的数量和质量

很多媒体关注展映影片中的国外影片、来参加上海国际电影节的国外演员或嘉宾,以国外影片、国外演员或嘉宾的数量和质量来折射上海国际电影节的国际影响力。《济南日报》6月21日报道称,每年上海国际电影电视节都是一场视听盛宴。今年也不例外,组委会精心策划了塔克夫斯基、维斯康蒂、张国荣、伍迪·艾伦等"向大师致敬",以及"聚焦华语"、"SIFF经典"、"皮克斯系列"等影展单元,奥斯卡、戛纳、柏林、威尼斯电影节的热门新片及日韩优秀电影、4K经典修复作品纷纷亮相,不少国外新作甚至是国际首映。

2016年的电影节继续提升公益服务质量,有近30部优秀影片深入高校,100多部影片进入100多个社区进行公益放映。此外,电影节选择了部分国产佳片,以增配字幕和旁白的方式,为视听障碍人士制作无障碍版本,

在指定影院的专场放映，被评价为最贴心的观影服务。

《桂林晚报》6月19日报道称，本届上海国际电影节的片单称得上秀色可餐，不仅有在大银幕上极为罕见的大师之作、今年戛纳电影节的入围电影，还有年轻人喜欢的日韩片以及《哈利·波特》系列八部连映、莎翁影展、迪士尼·皮克斯电影周、007系列回顾等。

《华西都市报》报道称，因为上海国际电影节的国际性，每年的提名名单都是来自世界各地，评审团成员自然也应具有多样性。2016年由库斯图里卡领衔金爵奖主竞赛单元评审团主席，所揭晓的全部奖项也已颁出。

《21世纪经济报道》提到电影节上英国爵士伊恩·麦克莱恩的上海之行，称其吸睛指数直线上升。

《新闻晨报》和《武汉晨报》都报道了"精灵王子"奥兰多·布鲁姆来到上海国际电影节，出现在熙颐影业2016年度发布会上，作为主演和监制，为即将在上海开拍的电影《极智追击·龙凤劫》站台宣传。活动现场，奥兰多透露他将首次开通社交账号在微博上与粉丝互动："我很喜欢上海，希望可以跑遍每个地方，把更多城市元素放进这部电影里。"

（3）金爵奖提名、获奖以及对金爵奖的评价成为热点

有关金爵奖的相关信息获得了社交媒体的关注，但是也有传统媒体对金爵奖获奖影片中国产影片比例高表示忧虑，认为有损电影节的国际视野与国际影响力。

电影公司Slugger Film AB发布了由其参与制作的电影《小怪物茉莉》获得金爵奖最佳动画片的信息，获点赞数17次，评论2次。

美国导演史蒂芬·卡嘉克金爵奖纪录片提名影片《我们是X》的导演，他的推文是向最终获得最佳纪录片的《当两个世界碰撞时》表示祝贺，转发量53次，点赞量74次。

日本传奇乐队X-Japan队长林佳树是提名纪录片《我们是X》的主角，他在电影节期间发布了12条相关推文，内容包括：有关电影提名金爵奖的消息，配图为提名现场，转发量765次，点赞量1600次。

《中国日报》脸书账号发布了金爵奖最佳影片得主《德兰》的信息，获

点赞176次，评论4次，分享6次。

《扬子晚报》发表《"金爵奖"也要讲胸怀与视野》，称从硬性条件看，上海电影节已经真正地达到"国际"了。但自上海国际电影节创办以来，中国电影人可谓届届大胜。在奖项分配上如此具有"中国特色"，这让上海国际电影节始终显得规格不高。如今，即使中国电影市场已经成为"世界第二大票房市场"，赶超第一的北美几乎指日可待，然而与这样沸腾的现状相比，中国电影人的胸怀和视野都还距离真正的电影强国差得很远。

《深圳商报》发表《金爵奖评选关注度低，市场交易少人问津 上海国际电影节难逃浮躁之气》，称本届上海国际电影节票房创历年新高，但影响对于金爵奖评选的热情却没那么高。电影市场才是一个电影节的生命力，相比热闹喧嚣的明星名导发布会，电影市场交易则鲜有人问津。

（4）关注中外影视交流，对中国电影"走出去"、对接国际市场充满期待

随着电影全球化的扩张和中国电影市场逐渐升温，中国电影如何走向世界，提升中国电影的影响力和国家文化软实力成为媒体普遍关注的话题。诸多媒体在报道上海国际电影节的同时，也表达了自身对该问题的看法。

《中国日报》对上海国际电影节的报道有7篇，其中包括：演员伊恩·麦克莱恩和导演李安参加电影节，塞尔维亚导演埃米尔·库斯图里卡担任评委会主席，香港导演杜琪峰的作品《三人行》在电影节亮相，《德兰》获得金爵奖最佳影片奖。《中国牵手好莱坞》一文在报道上海国际电影节论坛的同时，用较大篇幅展望了中国电影市场的未来与国际化进程。

中国网报道了日本新人电影参展，美国HBO公司与中国合作制作电视剧，皮克斯带着经典动画片前来上海国际电影节，J.K.罗琳的八部《哈利·波特》电影在电影节期间放映，塞尔维亚导演担任评委会主席等。此外，话题还涉及了中外影视交流合作以及一系列新片的宣传。

《大连日报》发表《国产电影走向国际需"钱"景与品质共行》，指出本次电影节共收到来自114个国家和地区的2403部影片报名，再次刷新历史纪录。

《现代快报》指出，"国际化"已成为上海电影节期间各大论坛的热点。派格传媒总裁孙健君在接受媒体采访时坦言，国际化并不是单纯的"走出去"、"引进来"，而是将中国和美国这两大世界最大电影市场优势互补。

《深圳晚报》发表《当代电影将超越娱乐》一文，称"我们面对着全球的电影文化，中国电影、美国电影、韩国电影、日本电影和欧洲电影，几乎都在全球市场同步发行"。好莱坞主流商业在电影价值观上非常主流，爱家、爱国、爱人类、爱地球，但中国电影却越来越多地反映出"宁肯在宝马车里哭，也不坐在自行车上笑"等价值观。中国电影市场虽然创造了世界奇迹，但电影工业还比较落后，制造也比较简陋，作品价值观也过于拜金、过度娱乐。

（5）关注上海国际电影节与国际电影市场合作所取得的成就

《新民晚报》6月24日发表《跨国合作电影大片云集》，称"现在越来越多的电影大片采用跨国合作的方式拍摄，从前期拍摄、角色选拔到后期制作。在最近的上海电影节上，派格传媒更是带来了16部影视剧作品的合拍片单，提出了'泛娱乐生态化'的全新理念"。

《南方都市报》6月22日报道称，"第19届上海国际电影节上，好莱坞与中国的联系也成为主要话题之一。华美银行执行副总裁、企业银行业务负责人班内特·庞泽尔在参加《中国电影"走出去"——中外合作高峰论坛》时说，好莱坞与中国关系更紧密了"。

《解放日报》6月18日报道称，"第19届上海国际电影节日程过半，作为国内影人、影视公司最集中的活动，未来两年电影制作的趋势已然可见。随着国内电影市场的扩大，海内外的合作也更加密切，除了传统的与好莱坞合作，韩国电影人、电影项目成为另一合作热点"。

（6）肯定上海国际电影节和中国电影市场中的"互联网＋"理念

《上海日报》共发表了与电影节相关的14篇报道，有一部分报道关注电影业的高科技，例如VR虚拟现实技术在电影节的展出、8K电影等。此外还有一些有关获奖情况的报道。例如，6月18日报道印度影片《葬礼》问鼎亚洲新人奖最佳影片，6月20日报道电影《德兰》获得金爵奖。其他还有一些新闻报道了电影节论坛等活动情况。

《光明日报》6月27日报道称，上海国际电影节从参加展映、评选的电影，到参展的企业，从邀请的嘉宾，到论坛讨论的话题，从售票方式，到传播途径，都与互联网存在着千丝万缕的联系。从某种程度上讲，电影节已经被深深地打上了互联网的烙印。

《重庆晚报》6月18日发布的题为《上海国际电影节明星玩转直播，示范网红经济》的报道关注了2016微博电影之夜。

《济南日报》6月21日报道称，第19届上海国际电影节拍摄了首部VR宣传片，举办"创·视纪VR乐园"，这也是世界上首部A类电影节的VR宣传片和首次VR集中展示，共有30部VR影片进行展映，26家来自各国的机构参展。

也有媒体将视线对准互联网对中国影视市场带来的机遇与挑战，如网络视频、VR视频等。

（7）对上海国际电影节创投项目及新人扶持培养机制的肯定

很多媒体将焦点对准上海国际电影节的创投项目环节，对电影节长期以来扶持培养新人的努力表示肯定。

《济南日报》6月21日称，"电影项目创投"（SIFF PROJECT）是上海国际电影节的电影项目融资市场，历来致力于推广华语电影，扶持新锐影人。今年恰逢上海国际电影节创投10周年，在原有的扶持力度上又增加了新动作。电影节请来了奥丽维亚·斯图尔特、何韵明、叶如芬、朱辉龙担任"青年电影计划"培训师，为入围的10组青年项目团队闭门培训，为其把脉故事创意、会诊项目开发、教授洽谈技巧。对于尚未正式开始职业生涯的年轻电影人来说，是再实用不过的帮助。

《解放日报》6月18日发表题为《打造平台，发现华语电影新人——上海国际电影电视节通过多个扶植机制，向业界输送新鲜血液》的报道，称"多年来，上海国际电影电视节致力于向业界输送新鲜血液，并提供项目创投（孵化）、亚洲新人奖等阶梯式扶植机制，不仅成为中国电影产业的有效孵化器，也成为世界发现华语电影新人的重要平台"。报道肯定电影节为亚洲电影输送新人，扶持新人新作成为潮流，指出，设立于2004年的"亚洲新人奖"曾鼓励了亚洲地区一大批电影新人，许多年轻的导演从"新人奖"被世界和业界认识，并走向更大的成功。

《中国文化报》6月25日发表《上海：十年创投"天使"圆梦》，称缘起2006年的创投会，至今已举办10届，其"天使"形象已初步成型。在上海电影节上，《淡蓝琥珀》拿下"最佳青年导演项目"奖，得到项目创投单元评委的集体肯定，这是上海电影节项目创投单元结出的最新成果。

《呼和浩特晚报》6月21日发表《上海国际电影节惊现"财大气粗"局面》，称在本届上海电影节期间，越来越多的电影片单独亮相，陈可辛坐镇的"超级合伙人"竟一口气宣布启动20余个项目。

（8）肯定了上海国际电影节对提高观众文化素养的作用

《好莱坞报道》在6月3日发表的《〈盐与火〉上海电影节首映》一文中，将上海国际电影节称为"回顾精英作品和迎合大众作品的融合"，"上海国际电影节给上海居民一次平时在电影院里体会不到的观影体验，深受本地观众喜爱。因为在电影节期间，电影审查会放松"。

2.对上海国际电影节也存在一些负面评价

（1）问题主要集中在电影人过度关注票房、缺乏现象级影片、影迷太过关注偶像而非电影本身等现象。也有媒体评论中国电影市场火爆，但需警惕资本"泡沫化"。

《济南日报》6月21日报道称，"记者在电影节上发现，在这一片繁华的背后却并非满满的都是希望，资本的注入致使电影人过度关注票房、缺乏现象级影片、影迷太过关注偶像而非电影本身等问题也同时存在"。

《信息时报》认为，上海国际电影节绝对不能等于中国电影市场，但也是当前中国电影市场的缩影。这么火热而忙碌的市场，再多李安论坛也降不了温，大家都在冲冲冲，整个市场是红红火火，但是否能说明是生机勃勃，却不可知。

《长江日报》6月19日报道称，第19届上海国际电影节成为历年来最热闹、最繁荣的一届电影节。但在满目的繁荣之下，不少电影人指出了不容忽视的泡沫，表现出了不小的担忧。

（2）在报道上海国际电影节的同时也关注其潜在竞争者。《楚天都市报》在报道上海国际电影节的同时，提到香港电影节、金鸡百花电影节、澳门国际影展等。

《半岛晨报》发表《首届澳门国际影展年底举办》，称首届澳门国际影展暨颁奖典礼发布会在上海国际电影节期间举行，前威尼斯国际电影节主席、澳门影展总监马可·穆勒携手黄建新、曾志伟、宁浩等知名电影人共同出席。

（3）对金爵奖获奖影片中国产影片比例高表示忧虑，认为有损电影节的国际视野与国际影响力。《扬子晚报》发表《"金爵奖"也要讲胸怀与视野》，称从硬性条件看，上海电影节已经真正地达到"国际"了。但自上海国际电影节创办以来，中国电影人可谓届届大胜。在奖项分配上如此具有"中国特色"，这让上海国际电影节始终显得规格不高。如今，即使中国电影市场已经成为"世界第二大票房"，赶超第一的北美几乎指日可待，然而与这样沸腾的现状相比，中国电影人的胸怀和视野都还距离真正的电影强国差得很远。

《深圳商报》发表《金爵奖评选关注度低，市场交易少人问津上海电影节难逃浮躁之气》，称本届上海国际电影节票房创历年新高，但影响对于金爵奖评选的热情却没么高。电影市场才是一个电影节的生命力，相比热闹喧嚣的明星名导发布会，电影市场交易则鲜有人问津。

（4）对电影节存在的管理问题提出批评。《环球时报》都市上海版发表12篇报道。在提到上海国际电影节外国影片翻译质量的问题时，文中引用了相关负责人的话，表示这一次上海国际电影节的翻译水平将有所提高。报道称电影节存在买票难的问题，指出票量紧张，很多人半夜起来买票，但是系统故障频发，不仅淘票票网上购票难，在影院购票也比较困难。也有报道指出有观众对电影节的翻译质量表示不满，称"看不懂"。电影节招募的字幕人员，大多为大学生志愿者，他们表示字幕和画面不吻合是因为技术问题和版权问题，每年的字幕都有所改进。此外，《环球时报》还报道了开幕式红毯盛况、电影论坛、成龙电影周，并对新电影进行了介绍。

（三）上海国际电影节的微博影响力分析

1. 不同类型微博账号分布量差异

本报告对新浪微博的账号和内容进行了分析。从微博账号分布来看，自媒体发布的微博转发量最高，共20万次以上，媒体发布的微博评论量最高，共12万次以上，而演艺人士发布的微博点赞量最高，总共超过80万次（见表3）。

表3　不同类别微博账号被关注情况

身份	转发量	评论量	点赞量
媒体	172733	124685	339635
自媒体	214405	109424	430392
演艺人士	73783	96621	806486
机构	175226	64510	314431
作家	1368	627	749
普通用户	30390	5210	32811

值得注意的是，在自媒体账号、普通用户中都存在很多粉丝类账号，它们成为传播有关上海国际电影节信息的重要力量。在237条转发过百的自媒体微博中有69条来自粉丝账号，135个自媒体账号中有39个是粉丝账号，其中吴亦凡粉丝的账号最多。在80条普通用户发布的微博中有53条来自粉丝账号，主要是吴亦凡粉丝、宋茜粉丝、崔胜贤粉丝、陈伟霆粉丝、韩庚粉丝和张国荣粉丝。

明星动态的相关微博转发量、评论量和点赞量都位居13个主题之首，其次是获奖信息（见图8）。其中，红毯秀、获奖信息和明星动态类微博转发量在10万次以上；电影节活动、电影节预告、影视动态、时尚点评、展映资讯类微博转发量在1万次以上，而电影节评论、金爵奖资讯、谣言更正和其他类微博转发量在两千次以上（见表4）。

2016年第19届上海国际电影节国际影响力报告

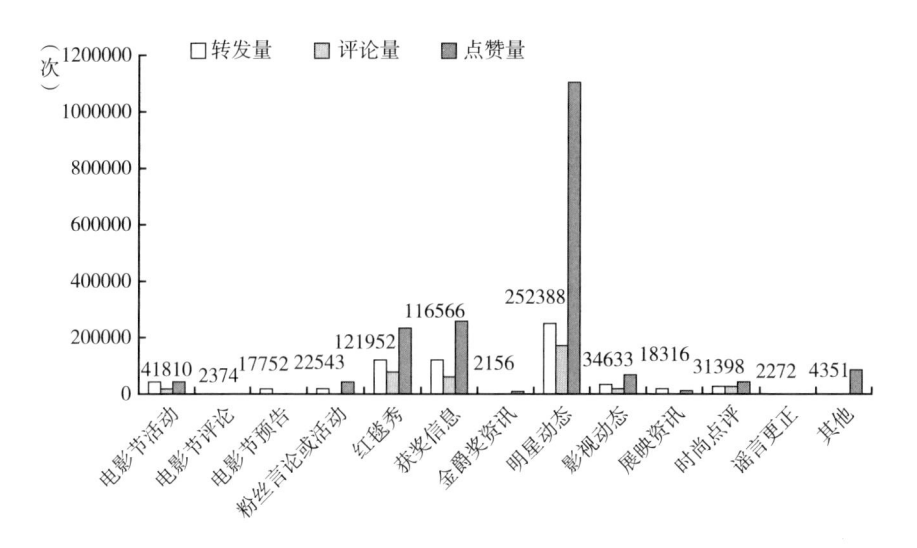

图8 不同类别微博被关注情况

表4 不同类别微博被关注情况

主题	转发量	评论量	点赞量
明星动态	252389	170742	1106973
红毯秀	121952	83334	235951
获奖信息	116566	61956	253783
电影节活动	41810	16865	48877
影视动态	34633	22110	67254
时尚点评	31398	29160	49433
粉丝言论或活动	22543	5158	43444
展映资讯	18316	5154	16491
电影节预告	17752	2636	3267
其他	4351	1176	85234
电影节评论	2374	2376	3990
谣言更正	2272	449	2514
金爵奖资讯	2156	621	11224

在搜索到的591条微博中，明星动态的微博最多，为167条，其次是红毯秀，为116条（见图9）。

71

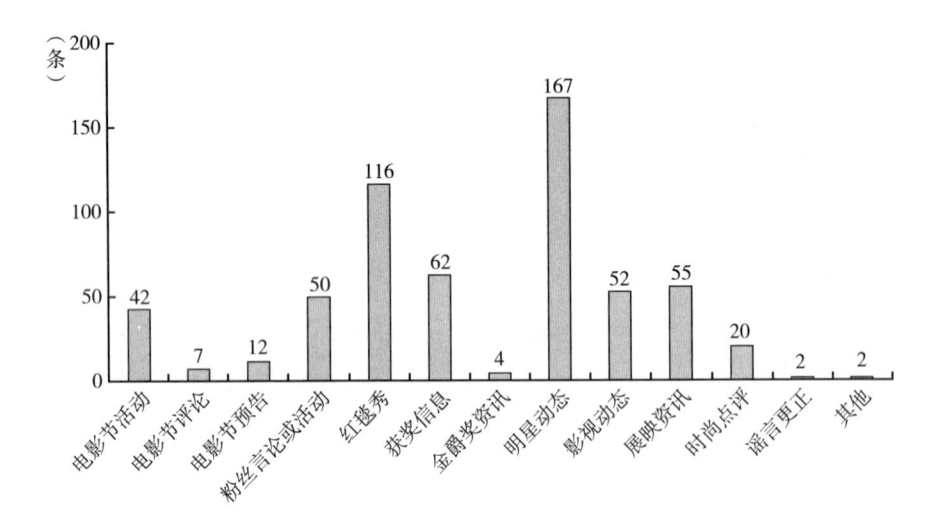

图 9　微博条数分布

(条) 200
167
150
116
100
62
55
52
50 50
42
20
12
7 4 2 2

电影节活动　电影节评论　电影节预告　粉丝言论或活动　红毯秀　获奖信息　金爵奖资讯　明星动态　影视动态　展映资讯　时尚点评　谣言更正　其他

2. 上海国际电影节微博内容分析

(1) 转发量排名前十位的微博

排名第一位的是英国大使馆文化教育处2016年6月11日发布的"甘道夫"伊恩·麦克莱恩逛相亲角的信息，获38416次转发（见表5）。在167条明星动态微博中，有关伊恩的报道共10条，其中"伊恩逛相亲角"有7条，在43条"电影节活动"主题微博中，有关伊恩、焦晃共演《哈姆雷特》的有5条。

表 5　转发量前十位的微博

时间	账号	身份	是否认证	转发量	评论量	点赞量	主题
6月11日	英国大使馆文化教育处	机构	是	38416	5966	37674	明星动态
6月11日	陈学冬	演艺人士	是	33781	23340	259557	明星动态
6月11日	曾舜晞 Joseph	演艺人士	是	20917	23981	57971	明星动态
6月11日	爱奇艺娱乐	媒体	是	14724	8374	32191	明星动态
6月18日	新浪电影	媒体	是	14493	5411	20749	获奖信息

续表

时间	账号	身份	是否认证	转发量	评论量	点赞量	主题
6月13日	Gogoboi	自媒体	是	13601	18397	15084	时尚点评
6月18日	小王子_PrinceKris	自媒体	否	12882	1980	27168	获奖信息
6月8日	肖飞向上	自媒体	是	11734	1748	103	电影节预告
6月11日	积家官方微博	机构	是	10178	2910	6407	时尚点评
6月11日	积家官方微博	机构	是	10176	2910	6406	明星动态

陈学冬发布的微博转发量虽然排名第二，但是点赞量位列第一，但实际上，这条微博只是他本人的感想和自拍。

（2）发布电影节相关活动的微博

有关电影节活动的微博主要集中在开、闭幕式典礼。43条该类微博中有14条与开、闭幕式典礼有关；其次是"传媒关注单元"和"李安谈中国电影"，然后是"女人勇敢爱纪录片征集创投项目"。此外李连杰、张汉盛三位演艺人士也发布了微博，内容是自己参演电影或参加活动的宣传。

（3）对电影节的评论

对电影节的评论微博中转发过百的只有7条，其中自媒体4条，演艺人士、机构和普通用户各1条。

最早出现的是知名影评人妖灵妖在2016年6月3日对上海国际电影节时观众排队买票的评论。然后是6月13日青春影焦圈对上海国际电影节影片做出的总体评论，认为"青春题材影片成本届上海电影节焦点"，该条微博也是7条微博中转发、评论、点赞量都最高的微博。然后是6月15日光线传媒有限公司总裁王长田发表的对参加上海电影节的感想。最后是知名博主"神迷电影"对两部入围电影的点评。

（4）预告电影节的微博

微博从2016年1月开始就有电影节的预告信息。相关微博共有12条，第一条发布于1月25日，上海国际电影节官方微博发布了一条伊恩·麦克莱恩将要参加上海国际电影节的消息。同日，自媒体账号"烦烦电影"和"艺述英国"分别在同日和第二天发布了相同的信息，但只有上海国际电影节的微博获得了两千多次转发,消息的传播范围不大,持续时间也不长。此后直到5月4日,普通用户"日拍大神请赐我年男"发布了上海国际电影节的部分排片信息,转发213次。

从5月27日起,预告电影节的、转发过百的微博再次出现,分别是自媒体"哈迷疯子",媒体"看电影周刊"和机构"淘票票",前两者发布的都是有关上海电影节展映《哈利·波特》的内容,后者发布的是上海国际电影节的开票时间。

(5)粉丝言论和相关活动的微博

粉丝言论和活动的发布量较多,共有50条微博。这些账号大多是持续发布某个明星的动态,从而有较高的粉丝关注该账号,如"BigBang专属微博"就有粉丝24万人。

这一主题中有关吴亦凡的微博发布量最高,吴亦凡粉丝的微博账号也最多,50条微博中占29条。排第二的是BigBang及其成员崔胜铉的粉丝,发布量有7条。此外还有少量唐嫣、张国荣、宋茜、赵丽颖、钟汉良粉丝的言论和活动。

总体而言,粉丝针对明星的言论要比电影节活动、电影节预告及电影节评论等微博传播范围要大,出现了不少转发量上千的微博。这一主题也是普通用户参与最活跃的主题。

(6)有关红毯秀的微博

有关红毯秀的转发量过百的微博有115条,机构、媒体和自媒体的参与度都非常高。机构的发布者主要以上海国际电影节官方微博为主,30条微博中占了16条。媒体的发布量最高,共44条,以看电影周刊和芒果娱乐为主。自媒体的发布量有32条,参与账号最多。此外参与者还有普通用户和一位作家"辛夷坞"。自媒体中许多娱乐知名博主参与,如"圈师爷"、"传媒第三只眼"、"明星那些事儿"等。

红毯秀中,关注较多的明星有吴亦凡、杨洋、刘亦菲、宋茜、唐嫣等人。关注较多的剧组有《赏金猎人》(唐嫣主演)、《致青春·原来你还在这里》(吴亦凡、刘亦菲主演)、《三生三世十里桃花》(杨洋、刘亦菲主演)、

《爵迹》(吴亦凡、陈伟霆、范冰冰等主演)。尤其是杨洋和刘亦菲与一个小男孩同框的红毯照被多次转发。

微博上红毯秀中获得关注的主要是中国演艺人士和剧组,外国明星中只有伊恩·麦克莱恩的红毯秀获得关注。这当然与新浪微博的中文发布有关。

此外,今年红毯秀微博还出现了许多直播视频,也以国内的明星和剧组为主。

(7) 金爵奖相关微博

有关金爵奖资讯的转发过百的微博只有2条,说明金爵奖在微博上的关注度有限。由新浪电影和影评人"影评老大爷暗夜骑士"发布。其中新浪电影的微博转发量较大,有1411次,后者转发571次。演员刘芸和华谊老总王中磊的相关微博虽然转发未过百,但是点赞量较高。

(8) 明星动态相关微博

明星动态是微博上关注最多的主题,共有169条。明星动态的相关微博持续时间久,基本贯穿整个电影节。演艺人士在这一主题的参与度最高,基本以晒现场照片为主。

其中吴亦凡关注度最高,有35条,其次是BigBang成员崔胜铉14条,排第三的是陈伟霆有13条。统计显示,粉丝微博在发布明星动态上起到很大作用,例如崔胜铉和郑秀晶的绝大部分动态都来自粉丝微博发布。

(9) 影视动态相关微博

影视动态转发量过百的微博有52条,6月11日和6月15日内容相对较多,主要是因为这两天有相对重要的活动。6月11日是电影节开幕式,许多电影剧组走红毯,而6月15日有"微博电影之夜"和"互联网之夜"两个重要晚会。

自媒体中,许多电视、电影评论人也积极参与其中,"传媒第三只眼"是电视评论人,微博电视团成员,而"银幕穿越者"则是美国电影协会顾问。

从发布内容来看,主要聚焦新片首映和发布会,提及最多的电影包括

《三人行》、《夏有乔木》、《致青春：原来你还在这里》、《赏金猎人》、《追凶者也》、《失控》、《爵迹》等。值得注意的是，影视动态的所有内容都是国产片，没有任何国际相关信息，这跟上海国际电影节的定位还有一定的差距。

总体而言，上海国际电影节在微博上的传播和关注范围较大，引起了机构、媒体、自媒体、演艺人士及普通用户等多个群体的参与。但是微博上对于上海电影节的关注点较为单一，主要集中在明星动态和红毯秀上，对电影节本身的一些活动反而没有太多关注。此外，微博上对上海国际电影节的关注主要集中在国内明星及影视动态上，较少提及国际明星和影视动态。

3. 电影节的重要人物、重要议题

报告还选取转发量超过100次的微博开展分析，选取其中跟明星相关的内容，统计了与这些明星相关的微博数量以及获奖明星的微博排名。

从微博转发排名看，吴亦凡拥有最多的相关微博，共有35条微博被转发了100次以上，其次是崔胜铉、陈伟霆、伊恩·麦克莱恩、黄子韬等（见表6）。

表6　微博转发排名前十位的演员

排名	演员	转发超过100次的相关微博数量
1	吴亦凡	35
2	崔胜铉	14
3	陈伟霆	13
4	伊恩·麦克莱恩	10
5	黄子韬	7
6	杨洋	6
6	李敏镐	6
8	刘昊然	5
8	郑秀晶	5
10	奥兰多	4

获奖信息也是上海电影节微博关注的主要主题之一，转发数量超过100次的微博有62条，许多微博还发布了颁奖典礼的视频直播。

吴亦凡仍然拔得头筹。"吴亦凡获传媒年度关注新人奖"相关的微博发布量最大，其次是"钟汉良获传媒关注最佳男演员奖"的相关微博。前者发布量为30条，后者20条，表7是排名居前的明星获奖信息。

表7 明星获奖的微博排名

排名	明星获奖
1	吴亦凡获传媒关注年度新人
2	钟汉良获传媒关注单元最佳男主角
3	刘烨获金爵奖影帝
4	孙怡获亚新奖最佳女演员
5	德兰获金爵奖最佳影片
6	金爵奖最佳摄影奖
7	谢霆锋获传媒关注单元年度演员奖

四 第19届上海国际电影节受众调查

本报告在"取走"平台上开展了网络问卷调查，共回收问卷7731份，其中中文问卷7696份，英文问卷35份。课题组还对23位电影节参与者进行了访谈，受访对象包括中外记者、导演、演员、创投人士和普通观众。

（一）问卷调查和访谈的样本结构

问卷调查的受访者构成：男性占32.8%，女性占67.2%。受访者年龄以25~45岁为主，占52%，其次是19~24岁，占31.3%，而19岁以下和46岁以上的人数比较少（见图10）。

从个人收入看，3000元以下的受访者所占有比例最高，为30.7%，这一方面与受访者年龄小有关，另一方面也与愿意参与网络调查的人员结构有关；

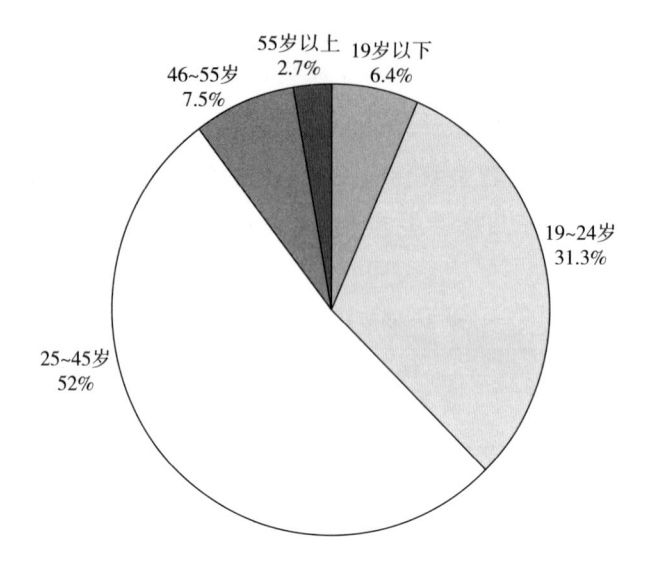

图10　上海国际电影节受访者年龄分布

受访者中收入在3001～6000元和6001～10000元的也比较高，各占24.7%；收入在10001～20000元的有12.2%，20000元以上的则比较少（见图11）。

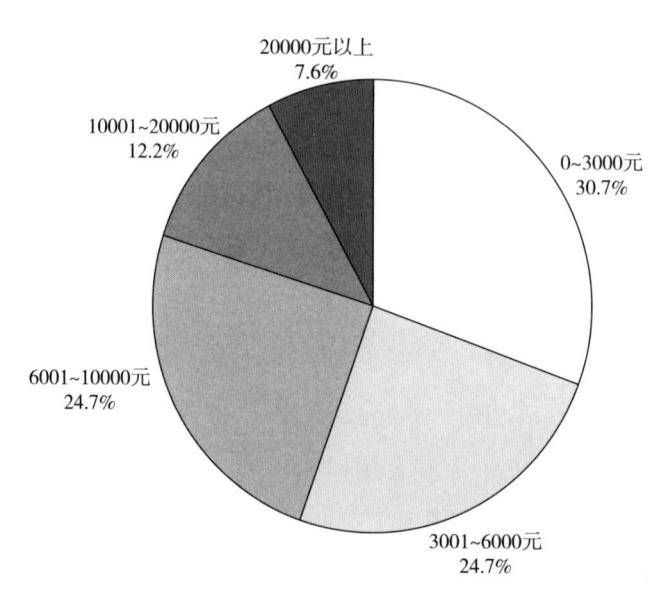

图11　个人收入占比

本报告同时对 23 位电影节参加者进行了访谈，他们包括中外记者、导演、演员、创投人士者、普通观众等（见表 8）。

表8　上海国际电影节调研采访名单

序号	单位名称	职务（姓名）	地区
1	搜狐娱乐	记者	中国大陆
2	综艺报	记者	中国大陆
3	电影网	记者	中国大陆
4	三三电影制作公司（创投）	导演、编剧黄熙	中国台湾
5	三三电影制作公司（创投）	副导演黄芝嘉	中国台湾
6	《淡蓝琥珀》项目（创投）	导演、编剧周劼	中国大陆
7	《生朋硬友》项目	导演、编剧袁菲	中国大陆
8	电影节青年电影项目培训师	监制奥利维亚·斯图尔特	英国/意大利
9	艺术家	表演艺术家牛犇	中国大陆
10	A&A 影视公司	创始人、首席执行官黄圣观	中国大陆
11	尚世影业	项目经理王某	中国大陆
12	闪电娱乐	主编杨晓音	中国大陆
13	美一电影公司（FAFP）	导演 Sean Ramsay	美国
14	中影（上海）国际文化传媒有限公司	总经理唐季礼	中国大陆
15	蝙蝠侠系列	制片人、总经理大卫·尤伦斯	美国
16	《魔兽电影》发行公司、好莱坞电影娱乐整合营销公司	首席执行官 Robin	美国
17	人民日报	记者任珊珊	中国
18	上海大学上海电影学院	学生傅汝南	中国
19	南方人物周刊 2015 青年领袖代表作品《少女哪吒》	青年导演、作家李霄峰	中国
20	Flamefy 公司	副总裁 Charles Wang	中国
21	中外新闻社	总裁韦燕	中国香港
22	法新社	记者	美国
23	日本关西电视台	上海支局记者朱纪蒙	中国

（二）有关电影节影响力的数据

1. 受众对上海电影节评价乐观，肯定其国际影响力

数据显示，受访者对上海电影节的总体评论相对乐观，选择"非常好"

和"比较好"的受访者各有40.4%和40.2%，选这两项的已经占了绝大部分，评价一般或差的则占很少的比例（见图12）。

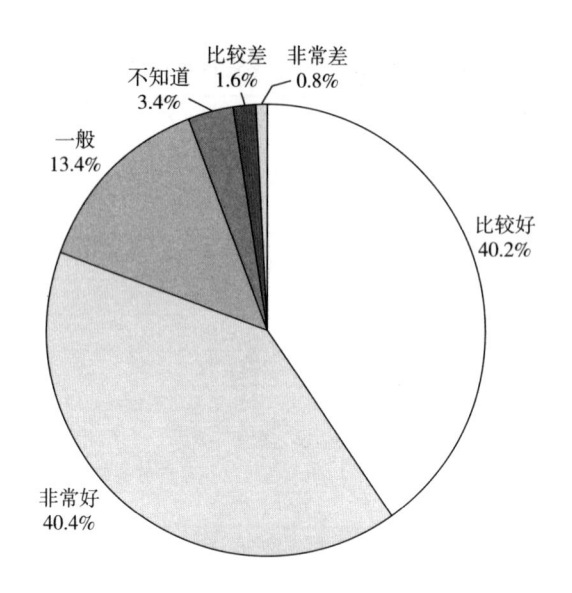

图12 您对上海国际电影节的总体评价

在"您知道上海国际电影节吗"一项中，有6676人（86.4%）回答"知道"，1055人（13.6%）回答"不知道"，可见绝大部分受访者了解上海国际电影节。

多数受访者认为上海国际电影节与柏林、日本和釜山电影节相比影响力差不多或更好。数据显示，有26.6%的受众在"您觉得上海国际电影节与柏林电影节、日本东京电影节、釜山电影节相比如何"一题中选择了"差不多"，有21.4%的受访者认为"好很多"。当然也有19.7%的受访者认为"差一些"（见图13）。总体来看，在受访者心目中，与其他国际知名电影节相比，上海国际电影节的影响力也是相当好的。

访谈获得了相似的结论。受访人普遍认为，上海国际电影节在国内已经属于一流，作为A类电影节当之无愧，美一电影公司导演Sean Ramsay等受访者认为上海国际电影节比北京电影节办得好，并认为与柏林电影节、东京电影节、釜山电影节等相比，上海国际电影节的质量和国际影响力差不多。

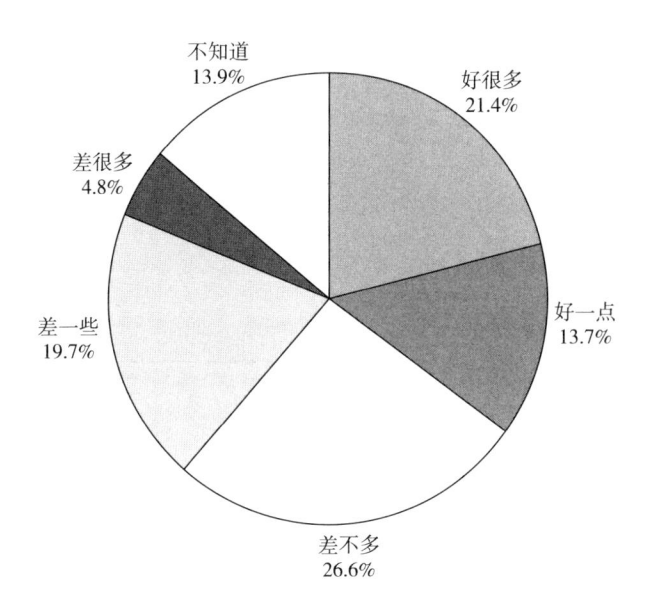

图13　您觉得上海国际电影节与柏林电影节、日本东京电影节、釜山电影节相比如何？

谈到原因，因为上海国际电影节的选片比较国际化，像德国、俄罗斯还有很多欧洲国家的电影都能入选，电影论坛的质量也比较好。同时也有一些受访者认为与戛纳电影节有一定差距，戛纳电影节已经有60多年的历史，上海电影节还很年轻。

《蝙蝠侠》系列的制片人、总经理大卫·尤伦斯表示，上海国际电影节有很强的国际影响力，代表了国际上的一流水准，像他们这类好莱坞电影人有很强烈的意愿参加上影节。因为上影节背后代表的中国影视市场实在是太强大了，甚至在未来几年，中国电影市场极有可能超越好莱坞。中国电影市场在好莱坞战略优先级中高于日本和韩国。

在"您是通过什么渠道了解上海国际电影节的"调查中，上海媒体成为最主要的渠道，紧随其后的是通过微博、微信以及朋友和同事了解。而其他外地媒体以及户外广告、境外媒体等并非主要获取信息的渠道（见图14）。

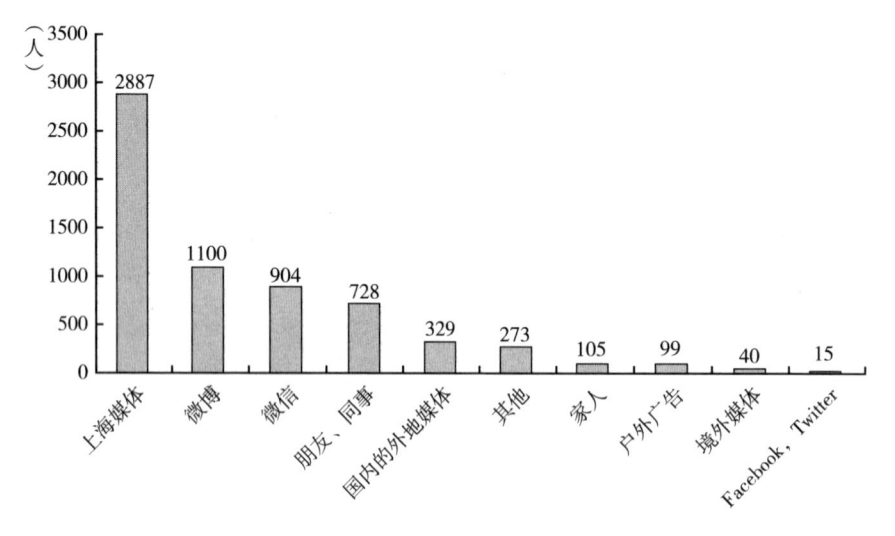

图14 您是通过什么渠道了解上海国际电影节的？

2. 欧美电影、开闭幕式、金爵奖、亚洲新人奖评选受关注

受访者认为，此次电影节的一些论坛、市场活动在日程安排、嘉宾质量、信息推送方面比去年要好。主办方对住宿场地的安排也很方便。

在"电影节展映的影片中，您最喜欢哪一类"选项中，调查数据显示，欧美电影最受欢迎，其次是修复经典电影、日韩电影和国产新片。在这一项中，中文问卷和英文问卷的调查结果稍有不同，中文受访者最喜欢"欧美电影"，但英文受访者最喜欢"国产新片"，只是由于回收的英文问卷数量较少，所以总体来看欧美电影在此项中位居第一（见图15）。

开幕式、闭幕式、金爵奖评选、亚洲新人奖评选等最受关注。在"您最喜欢电影节中的哪项活动"一题中，选择"国际影片展映"的受访者最多，其次是"开幕式"、"金爵奖评选"、"亚洲新人奖评选"、"闭幕式"，此外，"互联网电影嘉年华"、"成龙动作电影周"等也受到了一定的关注（见图16）。

3. 上海国际电影节存在票价和管理两类问题

票价和管理是两大主要问题。在"您认为上海国际电影节存在的主要

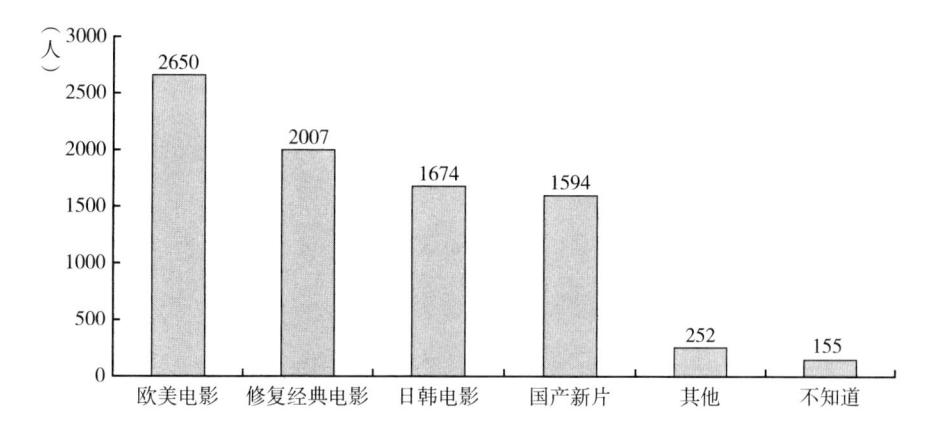

图 15　电影节展映的影片中，您最喜欢哪一类？

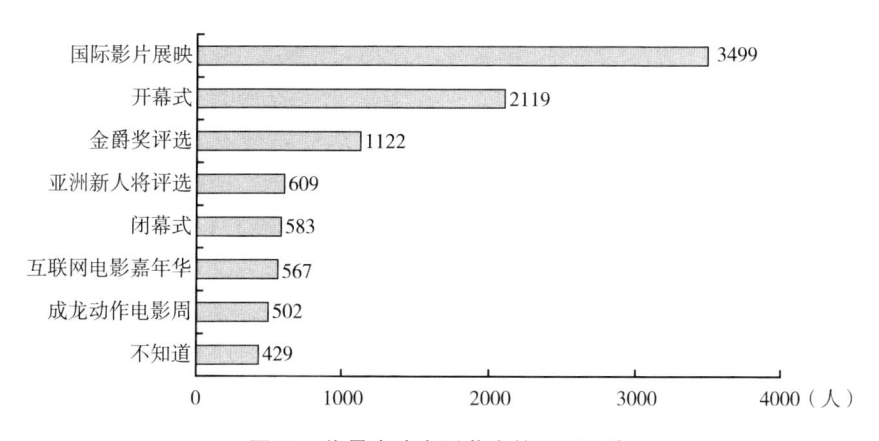

图 16　您最喜欢电影节中的哪项活动？

问题在哪里"调查中，选择"票价太贵"的受访者最多，其次是"管理有问题"，也有一些选择"活动不精彩"、"影片不好看"的（见图17）。多数受众希望以更低的价格观影，并且享受到更好的管理与服务。

访谈结果显示了诸多管理问题。虽然上海国际电影节已经越办越好、越办越大，但随着规模的变化，问题也非常多。一是选片排片和各类论坛的专业性问题。在选片和排片上，受访者普遍认为上海国际电影节的选片质量高，已形成了一定的口碑。选片内容关注中国电影这一点很好，但是如果他们希望办一个国际的电影节，就需要更关注国际。有受访者指出，今年的开

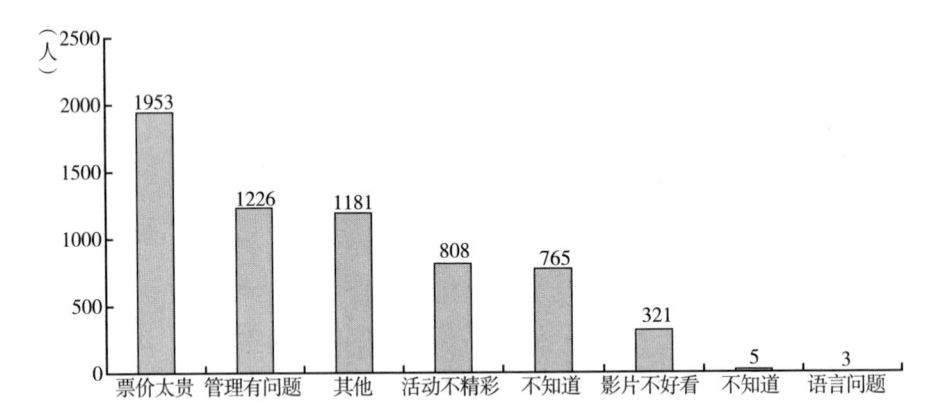

图 17　您认为上海电影节存在的主要问题在哪里？

幕式的焦点都放在中国电影上，虽然也有莎士比亚的内容，但是总体还是太"中国"了。对于"一带一路"的主题，主办方把伊朗、印度这些"一带一路"国家的电影集合在一起，但是这些电影的内容与"一带一路"没有关系，成为一个大杂烩。另外，排片也需要考虑到场次的早晚，考虑到上海这么大的区域环境，要利于住在郊区的观众往返。《人民日报》记者任珊珊指出，上海国际电影节一直都办得比较专业，特别是论坛的主题，定位非常准确，都是当年产业的热点。金爵奖的单元设置越来越多样化，大家都能在这个电影节找到各自的兴趣点。

二是主办方的日程和活动安排问题。受访者认为主办方的活动安排总体合理，但也出现了发布会更改时间、地点的情况，一些论坛临时加进来，没有提前通知。2016年在红毯上出现打架现象，造成了恶劣的影响。受访者认为，电影目录应该提前公布。官网的日程出来得滞后，记者们拿到目录太晚了，很难做充分的准备。新闻发布会日程也应该提前。2016年的媒体注册尤其混乱，排队时间长。缺少可以接受咨询的人，另外还有交通的问题，往年都是有短驳车之类的，2016年没有，使得不同场馆之间的交通成为一大问题。

三是电影节召开的时间与迪士尼冲突，导致一些人手有限的媒体尤其是外媒无法抽出足够的时间来采访。

四是购票问题，淘票票平台增加了便捷性，但也有受访者比如上海电影学院的傅汝南认为，不能完全依靠线上购买，主办方需要开设一些购票点，比如电影院。

五是部分外国受访者提出论坛和活动上缺少翻译，存在语言障碍。

4. 上海国际电影节有利于提高观众的文化素养

绝大多数受访者高度肯定上海国际电影节对提高观众文化素养的作用。在"您觉得上海国际电影节是否有利于提高观众的文化素养"调查中有42.8%和41.3%的受访者选择了"有利"和"非常有利"，而认为没有作用的比例极小，这说明上海国际电影节作为上海市重大文化活动，已经深入人心，被认为是有利于提高市民文化素养的重要活动（见图18）。

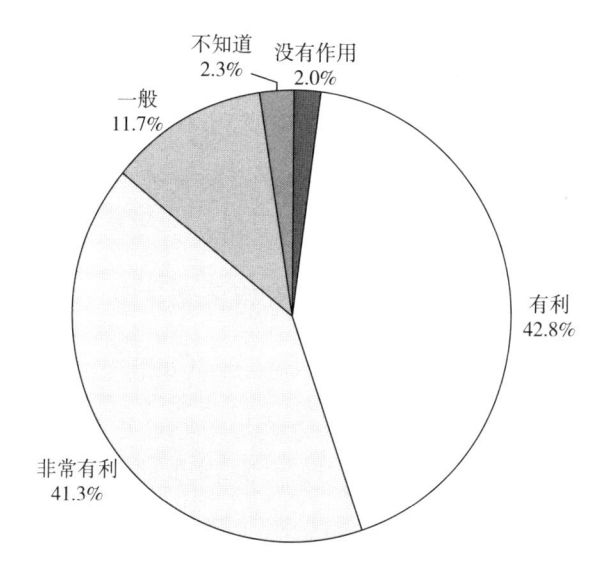

图18 您觉得上海国际电影节是否有利于提高观众的文化素养？

但在访谈中，有多位受访者认为上海国际电影节的商业气息比较浓，这当然是由于上海和中国的电影市场充满商机，吸引了全球电影人和创投界的关注，但作为一个电影节，还需要将人文关怀与商业结合好，要体现上海国际电影节与其他电影节不同的地方，要有明确的发展目标，要塑造自身特色，体现文艺气息。上海有着悠久的电影历史，海派文化还是很有吸引力，但在本届电影节上，上海元素并不突出。有受访者认为，现在上海拍的这些影视作品，要么是合拍，要么是买别人的版权，缺乏原创的内容，这些都有待改进。

受访者提出上海国际电影节要致力于打造中国电影产业。《魔兽电影》发行公司、好莱坞电影娱乐整合营销公司首席执行官罗宾（Robin）建议，中国电影要寻找普世价值观，寻找可以被全世界其他地方的价值观普遍接受的素材，即使这种故事可能仅仅是情节简单、主题感人。通过真实情感，让全世界的观众获得熟悉感，获得认同。

对于如何提升国际影响力，有受访者认为要更为关注年轻人的市场，可以邀请一些热映、当红更吸引年轻人的嘉宾，以吸引更多的青年人。

五　第19届上海国际电影节对提升上海国际形象的作用

在国内外媒体报道上海国际电影节的同时，上海这座城市也被置于聚光灯下，一些明星的行程、电影节相关活动嵌于上海城市之中。

（一）上海成为背景板出现在社交媒体图片中

在社交媒体上，人民公园、上海影城、地铁2号线、外滩夜景、浦江两岸、东方明珠等是主要的上海城市背景板。

"甘道夫"伊恩·麦克莱恩在人民公园相亲的照片是流传最广泛的，传播在脸书、推特和新浪微博中。

上海国际电影节脸书专页发布电影节开票前夕及当天一早影迷在电影院排队买票的盛况，出现了上海影城和上海街景。

中加国际电影节主页提到上海国际电影节正进行到高潮，期待9月份首届中加国际电影节的胜利开幕，背景板为外滩夜景。中加国际电影节主页发布中加国际电影节组委会在上海国际电影节举行发布会的消息，有一张配图是黄浦江两岸景色。麒麟影业主页发布参加上海国际电影节的消息，配图之一为黄浦江夜景。

（二）有关明星的报道增加上海城市曝光度

《21世纪经济报道》提到英国爵士伊恩·麦克莱恩的上海之行，称他的吸睛指数直线上升。

台湾Vogue杂志、多个脸书和推特账号都报道了"甘道夫"伊恩·麦克莱恩在电影节期间玩遍上海各大景点的消息，他在上海人民公园相亲角的照片成了网红。

比如拥有17000+粉丝的账号@今日热点对于此事发表了推文，@Trending in China发表的推文获点赞2800次，评论17次，分享102次，还有@Gay Star News也发表了推文，点赞数350次，该账号的粉丝数为642127。

Ian McKellen（伊恩·麦克莱恩）脸书专页粉丝数有4996695人，他发布了上海国际电影节开幕式后台照，获得评论数620次，分享272次，点赞37000次。发布的他主讲纪念莎士比亚论坛，获点赞92000次，分享89次，评论74次。

《新闻晨报》和《武汉晨报》都报道了"精灵王子"奥兰多·布鲁姆来到上海国际电影节，出现在熙颐影业2016年度发布会上。奥兰多透露，他首次开通社交账号在微博上与粉丝互动，称"我很喜欢上海，希望可以跑遍每个地方，把更多城市元素放进这部电影里"。

（三）观众将上海国际电影节与戛纳、柏林、东京等电影节相比

问卷调查和对记者、导演、演员、创投方等专业人士的采访结果显示，观众将上海国际电影节与其他国际A类电影节相比，认为与戛纳、柏林、东京、釜山电影节影响力相当，上海国际电影节已成为亚洲一流、具有国际影响力的电影节。

数据显示，多数受访者认为上海国际电影节与柏林、日本和釜山电影节相比影响力差不多或更好。数据显示，有26.6%的受众在"您觉得上海国际电影节与柏林电影节、日本东京电影节、釜山电影节相比如何"一题中

选择了"差不多",其次有 21.4% 的受访者认为"好很多"。当然也有 19.7% 的受访者认为"差一些"。

导演唐季礼表示,虽然东京电影节和釜山电影节也是国际化的电影节,但相较上海国际电影节,他更看好上影节背后的巨大中国影视市场所蕴含的机会,跟中影合作的很多电影人、电视剧人都很乐意来到上海掘金,越来越多的国际知名的电影人和影视公司愿意来上影节参展,当然这也跟上海市政府出台的一系列扶持电影产业发展的政策举措密不可分。

美一电影公司导演 Sean Ramsay 等受访者认为上海国际电影节比北京电影节办得好,并认为与柏林电影节、日本东京电影节、釜山电影节等相比,上海国际电影节的质量和国际影响力差不多。

音乐艺术篇

Music and Arts

2016年第7届上海夏季音乐节国际影响力报告[*]

严怡宁[**]

摘　要： 本报告对2016年7月2~15日举办的上海夏季音乐节进行了影响力调查和分析。调查不仅对国内外主流媒体报道及自媒体舆情进行分析，还对观众进行了问卷调查和现场访谈，全方位考察了上海夏季音乐节的国际影响力。调查发现，上海夏季音乐节跨界、混搭、亲民的特色受到普遍关注；知名艺术家嘉宾和乐团有助于增强音乐节影响力；网络媒体发挥重要传播作用；管理安排上有令人惊喜之处，但细节仍有遗憾，境外影响力仍有限。

---

[*] 本报告的数据采集受到上海市文化广播影视管理局重大活动办公室童颖、邓晶琛的大力协助。中英文问卷调查数据通过"取走"自媒体合作平台现场扫码以及受众线上收集。参与本报告的访谈以及媒体资料整理工作的有上海外国语大学新闻传播学院景晓童、唐玮、崔妍、黄野、毛雯丽、谭玉晓、王海蓉、王丹竹、李焱、杨华伟10名新闻专业本科生与研究生。

[**] 严怡宁，上海外国语大学新闻传播学院副院长、副教授，中国国际舆情研究中心研究员。

关键词： 上海夏季音乐节　国际影响力　媒体舆情

一　概述

本报告通过考察中外媒体报道、社交媒体舆情，结合对上海夏季音乐节参与者的访谈、问卷调查，多层次考察2016年7月2~15日举办的第七届上海夏季音乐节，运用多元数据，全方位考察音乐节的国际影响力。

影响力评估的主要结论如下。

（1）上海夏季音乐节跨界、混搭、亲民的特色受到普遍关注。国内外媒体以及观众都强调本届音乐节的多元化尝试以及走近大众的做法，赞扬的声音不少，但一些媒体、专家和观众也提出了进一步的思考。

（2）知名艺术家、嘉宾和乐团有助于打造音乐节影响力。很明显国内外媒体报道更多聚焦音乐节中献演的著名艺术家和乐团，比如特里福诺夫、吉尔·沙哈姆、岩井俊二、蒂埃里·巴拉斯、纽约爱乐乐团等。他们在社交媒体上粉丝众多，吉尔·沙哈姆、大山、余隆、纽约爱乐等都在社交媒体上积极发布相关信息，助力音乐节的推广。而且许多观众也确是冲着心仪的著名乐人或乐团而来。

（3）网络媒体发挥重要传播作用。网站报道已经是传统报纸报道总量的4.5倍，网络和新媒体在音乐节期间发布相关信息近1000条。其中微博和微信的表现颇为抢眼，微博的发布量最大，微信则提供更多实用服务信息，微信也是除上海媒体之外观众了解音乐节信息的主要渠道之一。

（4）管理安排上有令人惊喜之处，但细节仍有遗憾。对于场馆安排，观众普遍表示满意。本次不对号入座的做法受到一些观众肯定，但也有不少抱怨之声。此外就现场的信息资料提供、对观众的引导等，一些观众也提出了改进建议。

（5）境外影响力仍有限。本届上海夏季音乐节的境外影响力的局限还是比较明显的。境外媒体仅有6篇报道，并且都不是主流媒体，当然这与音乐节作为高雅艺术相对小众有着一定的关系。

二 国内媒体报道分析

(一)国内中文媒体报道概况

1. 网站报道数量大大超过传统报刊

中文媒体对本届上海夏季音乐节的报道量相对来说还是比较多的,以"上海夏季音乐节"作为关键词在慧科数据库进行搜索,基本上从 5 月 26 日就开始有报道,7 月 26 日出现最后一篇,在该时间段共有 214 篇报道。

其中传统报刊报道数量只有 39 篇,其余皆为主流网站报道。从报道量最多的排行榜来看,上榜的也基本都是网站,只有《新民晚报》一家以 8 篇报道上榜,排名第 7 位(见图 1)。

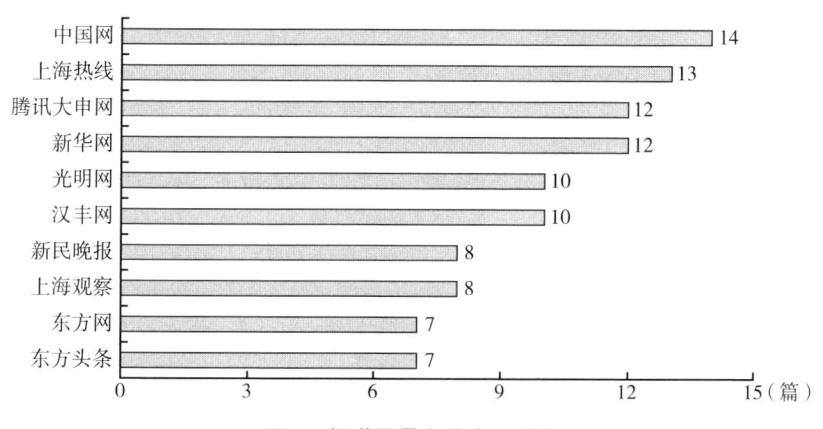

媒体	篇数
中国网	14
上海热线	13
腾讯大申网	12
新华网	12
光明网	10
汉丰网	10
新民晚报	8
上海观察	8
东方网	7
东方头条	7

图 1 报道量最多的中文媒体

从报道篇幅来看,网站报道中容量较大的长篇文章也相较纸媒更多。具体来看,去除相似内容以后,纸媒报道在 2000 字以上的只有 1 篇,1000 字以上的有 22 篇,1000 字以下的有 15 篇。网站报道则有 1 篇 5000 字以上,8 篇 2001~5000 字,34 篇 1000 字以上,27 篇 1000 字以下。

2. 开幕式引发报道高峰

图 2 为慧科数据库提供的 5 月 26 日至 7 月 26 日时间段内新闻报道量的

趋势图。由图2可见，媒体报道量在7月3日达到了一个报道最高峰，是该时段内唯一突破100篇的一天。通过分析其内容可以发现，这一天几乎都是对前一日开幕式的报道。

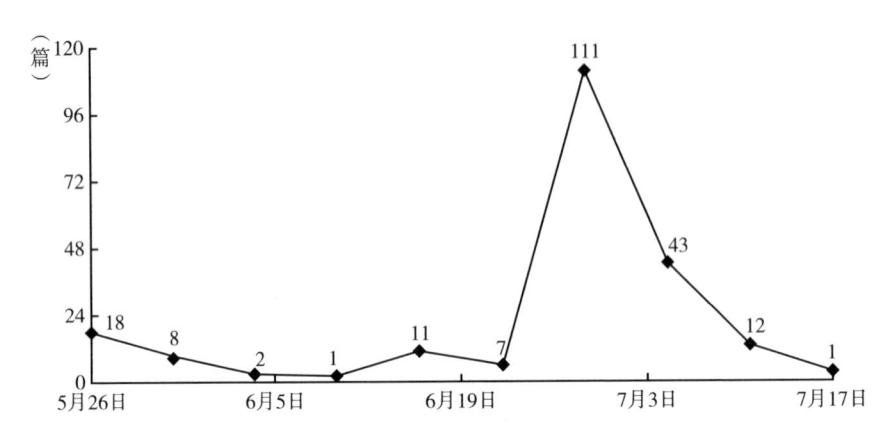

图2　中文媒体报道量走势

3. 报道地区集中在上海、北京

另外，根据慧科数据库提供的统计结果，音乐节的报道主要集中在上海和北京两地，其他地方则相对来说很少。其中上海最多，超过100篇，北京其次，总量为70篇，其余地区除了河南地区的报道超过10篇，其他都在5篇以下（见图3）。

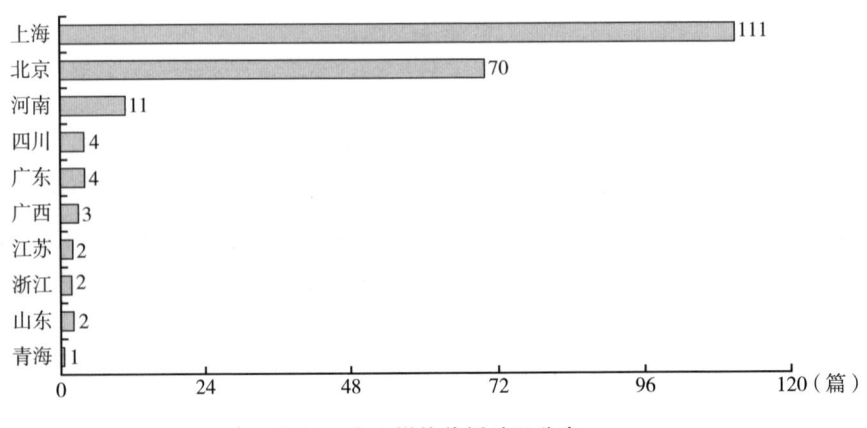

图3　中文媒体传播地区分布

（二）中文媒体报道焦点

下文将对中文媒体报道进行归纳总结，分析该时间段内中文媒体的关注焦点。

1. 注重报道国际知名艺术家和乐团，体现音乐节的高水准和国际化特色

国外知名艺术家和团体比较能吸引媒体报道，柏林爱乐"十二把大提琴"、岩井俊二、蒂埃里·巴拉斯等被重点关注。

《上海观察网》7月7日在文章《53岁岩井俊二和他的少女心》中用"少女心"来形容岩井俊二，认为不仅他的电影充满了少女心，他的音乐也是如此。

> 如此少女心满满的歌，让人想起来岩井那些少女心满满的电影。谁说大叔不能有少女心？多么可贵的纯真和幻想，多么可贵的少女心。

《新民晚报》7月9日刊文《色彩斑斓的柏林爱乐"十二琴"》详细介绍了参加本次音乐节的柏林爱乐"十二琴"：

> 经四十载岁月变迁，如今的柏林爱乐"12把大提琴"早已成为给大提琴带来全新音响美学的顶尖组合。虽说随着最后一位创始成员托伊许于2007年离团，其中成员已几经更迭，但那份勇于探索、精益求精的艺术态度却始终在此延续。这次"12琴"在上海夏季音乐节中的音乐会，选曲同样基于他们最近发行的两张艺术质量甚高的专辑：《花都巴黎》与《子夜琴吟》，以此开启人们对巴黎与布宜诺斯艾利斯的"双城记忆"。

光明网、搜狐网则对7月5日蒂埃里·巴拉斯演绎平克·弗洛伊德作品的演出进行了报道。光明网的《古董收银机"造音""考古"〈月之暗面〉》一文聚焦了这场演出。文章中写道：

这场音乐会也将带所有人穿越时空隧道，回到 1972 年的阿贝路录音室，享受这一杰作问世时的极致感官体验。

2. 关注此次音乐节上出现的中国青少年

上海夏季音乐节关注为学生打造音乐体验，开展了今年 MISA 首创的"节中节"——"上海国际青年艺术节"。不少媒体关注了夏季音乐节中的音乐教育及学生的音乐体验。上海热线、半岛新闻、《解放日报》都报道了上海乐队学院的情况，腾讯大申网、中国台湾网则报道了小作曲家工作坊。

《新民晚报》7 月 15 日发表文章《今夏，让音乐点亮品质生活》，对此次音乐节中青少年的加入表示了赞赏：

> 今年的夏季音乐节（MISA）不仅一如既往地把"馄饨皮"以视觉艺术包裹得满目时尚，更是注重在音乐会的台前幕后，向学生们开放。纽约爱乐第二年驻节，在去年"青年音乐会"的基础上，进一步推出"小作曲家工作坊"。来自美国的音乐家把孩子们的作曲作品点石成金。与此同时，新创的"学生节日乐队"更是在 7 天之内，让原先并不熟悉曲谱、不了解同伴的 60 个孩子"糅"入贝多芬的曲目之中，形成和谐天籁……学生票的发放，更是让孩子们有机会进入"高大上"的音乐殿堂……如此，音乐就成为孩子们内心的种子，提升了他们今后对品质生活的追求和热望。

《爱财经》则于 7 月 2 日发表文章《纽约爱乐要演奏这个高二女生写的曲子》，专门介绍了一名被爱乐选中原创曲目的高二中国学生。

3. 音乐节对上海的正面影响

不少媒体透过音乐节本身透视音乐节可能带给上海的正面影响，以体现音乐节的重要作用。

《北京晨报》于 7 月 11 日发表文章《纽爱"扎营"上海滩融入市民生活》，谈到即将参加上海夏季音乐节的纽爱乐团的表演将会改变上海人欣赏音乐的方式：

今年纽爱在上海夏季音乐节上音乐厅的四场主题相当丰富——包括"夏日之光"开幕式音乐会、"都市冒险"纽爱青年音乐会、"城市之光"卓别林默片经典和"纽爱经典"艾伦·吉尔伯特与吉尔·沙汉姆；另外，在草坪广场还有一场纽爱铜管的露天音乐会，如此丰富的"满汉全席"，若不是"扎营"驻场，上海人是根本享受不到的。所以，应该说是上海夏季音乐节的新主张，改变了上海人欣赏音乐的方式。

7月4日中国台湾网的《第七届上海夏季音乐会开幕首创学生专属"节中节"》一文点明了上海夏季音乐节对上海市的重要作用：

正如世界各大重要城市及顶级交响乐团都拥有自己的夏季音乐节品牌，MISA是上海拥有的每年夏季定期举办、以古典音乐为主题的大型跨界音乐节。

4. 关注闭幕式上中西音乐的碰撞

闭幕式上京剧和歌剧的混搭引来媒体关注，媒体还进一步对如何开展中西音乐融合进行思考。

《新闻晨报》7月15日发文《东西方音乐碰撞中，上海夏季音乐节铿锵收官》。文章引用中国歌唱家的话语，对歌剧和京剧进行了评价：

沈洋也承认，西方的记谱法相对更严谨，但京剧口传心授的方式更有人情味，"西方的乐谱就像麦当劳，有自己的标准流程。好处是可以一代代传下去，但不见得能传到灵魂"。他透露，现在很多学生学歌剧，练嗓不练耳，"而学京剧的人从第一天起就是在练耳，因为是老师教唱的。西方音乐可能在规范性上超过中国某些艺术，但在细腻和一些敏锐的变化上，是不如戏曲的"。邓沐玮也认为，京剧就像是一门手艺，代代相传是其生命力所在。

《劳动报》7月15日发表文章《京剧与歌剧，就像中餐遇上麦当劳》，同样引用被采访者的话语，对京剧和歌剧做了一个比喻：

> 在一场以"中国文化"为题的东西方音乐对话中，京剧和歌剧激情碰撞——京剧老生王蔻瑜搭档男中音沈洋，男高音魏松则搭档花脸邓沐玮。昨天接受采访时，这两对中西合璧的组合，在谈及京剧和歌剧的碰撞时观点犀利。魏松和沈洋都认为，歌剧的记谱法就像麦当劳，标准化、呈现的东西都一样，而京剧则像中餐，加料少许、若干，调出来的味道也是各有不同。

《青年报》7月15日发表《名家畅谈东西方艺术融合：跨界是应该的，但不要跑偏了》。文章指出：

> 交流是"应该的"，但需要解决的问题也不少。交流和融合需要多尝试，然而，有时候这样的融合，也会遭到批评，认为形式大于内容，因为过于追求形式上的创新，而让艺术"跑偏了"，反而不好听不好看了。

5. 对音乐节的直观感受与评价：高度评价，反应热烈

各大媒体对音乐节表达了不少感受与评价，形式多样，整体评价较高。

搜狐网发布《一次音乐考古：在舞台上还原20世纪70年代的平克·弗洛伊德》。这篇文章对这场音乐会给予了高度评价：

> 很多观众说，他们的演出让人真正关注音乐本身的丰富性，而不仅仅是表演。
>
> 对于和我一样上了年纪的人来说，很高兴能在现场演出中听到那个旧时代的声音。

光明网的《古董收银机"造音""考古"〈月之暗面〉》一文对上海夏

季音乐节也给出了高度评价：

> 汇古典与现代，融音乐与时尚、电影、视觉艺术甚至是科技的感官体验之作，跨过音乐的边界，在上海交响乐团音乐厅及黄浦区的城市草坪广场上演，以此回望上世纪六七十年代那些影响后世的文化浪潮。

7月9日《新民晚报》的《我的Misa日记（上）》报道形式新颖，用观众日记的形式，记录了观众眼中的音乐节。任海杰在日记中写道：

> 这是我近年来听到的最为满意的纽约爱乐。

7月15日《青年报》刊发的《名家畅谈东西方艺术融合：跨界是应该的，但不要跑偏了》一文也对这场演出给予高度评价：

> 夏季音乐节原本的定位就是"跨界古典"，而这场由上交乐团指挥张洁敏、音乐总监余隆接力执棒的闭幕音乐会，更是站在东方和西方的交点上思考文化的交汇与融合。

广西电视网发布的《站在城市的原点，聆听世界的声音：2016上海城市草坪音乐会"夏之魅"启幕》一文，从一场草坪音乐会入手，对上海夏季音乐节进行了高度评价：

> 音乐节受到市民的热烈欢迎，7月5日首场演出门票上线后，市民索票热烈，不到两小时，演出门票便被申领完毕。

《劳动报》刊发的《雨后，赴一场不见不散的音乐之约》一文，也以特写的手法，描写了这场音乐会，虽然"一场暴雨，曾一度让这场户外音乐会的举行充满变数"，但"工作人员仍丝毫不敢懈怠，喷药驱虫，排放座椅,时时关注着天气预报期盼雨过天晴;场外提前一个多小时来排队的市民同样焦急万分,生怕期许已久的演出泡了汤"。通过描写工作人员周全的准备工作,市民对音乐会的高度评价,文章勾勒出一场完美的"音乐之约"。

(三)国内英文外宣媒体:聚焦国际著名乐人和他们的音乐

上海本地外宣媒体《上海日报》推出了系列重要演出嘉宾的人物专访,以这种比较具有深度和人情味的方式来报道上海夏季音乐节。报道人物包括著名古典吉他演奏家杨雪菲、国际著名钢琴演奏家及柴可夫斯基金奖得主特里福诺夫、著名吉他手迪安·韦勒姆和贝斯手布丽塔·菲利普斯。这些报道都详细介绍了音乐家们如何与音乐结缘以及他们对演奏和音乐的理解。

《中国日报》6月29日的报道《音乐节:上海唱响对60年代的赞歌》强调音乐节上不仅只有古典音乐,还有安迪·霍尔,平克·弗洛伊德等不同风格的音乐,以拓宽音乐范畴来吸引观众。文章介绍了简铂·金、蒂埃里·巴拉斯等著名乐人以及纽约爱乐乐团,还强调了上海青年学生与大师的合作。

《环球时报》上海英文版在6月28日推出的预热报道则强调了上海音乐节的跨界、融合和亲民。文章还一一介绍了将在音乐节献演的国际音乐大师。

三 国内社交媒体舆情分析

总体来看,微博和微信是网络平台上发布音乐节相关信息最活跃的信源。从微舆情①(新浪微博网络舆情平台)的媒体活动活跃度(见图4)来看,新浪微博活跃度排行第一,将其他网络及新媒体平台远远甩下,微信则排在第二,但与新浪微博还是差距不小。从媒体来源占比来看,新浪微博依然以绝对优势拔得头筹,在各类网络媒体来源中占比46.75%,其次是微信,占比接近20%(见图5)。

---

① 微舆情信息搜索时段有限,且鉴于相关信息主要集中在音乐节期间,因此微舆情上的信息搜索设置在2016年7月1日到7月19日。

2016年第7届上海夏季音乐节国际影响力报告

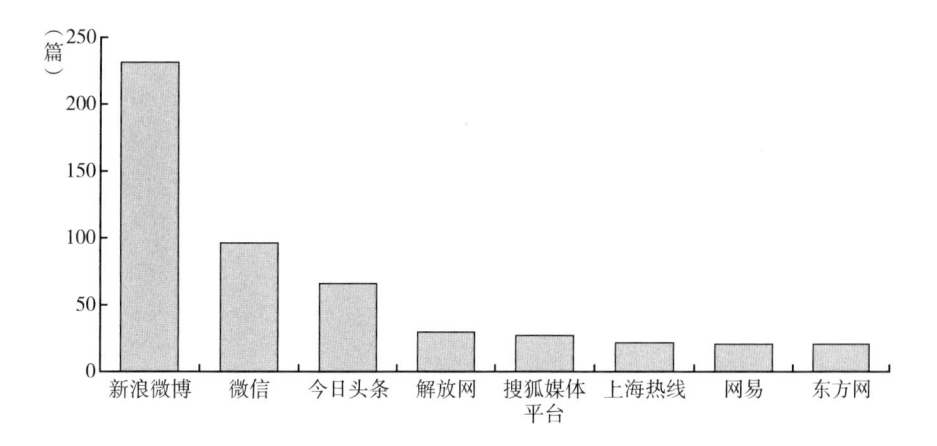

图 4　网络媒体活跃度

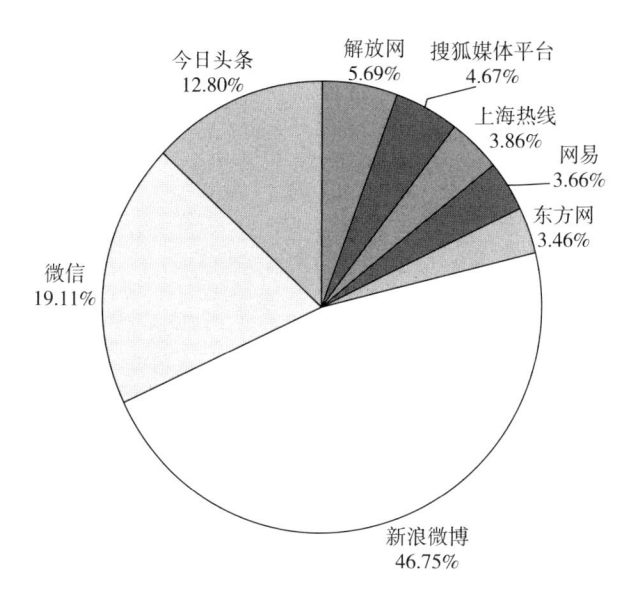

图 5　网络媒体来源比例

（一）微博舆情分析

1. 微博信息发布周期：开幕闭幕关注度高

本报告的微博舆情分析也是通过微舆情分析工具展开，总共得到 225 篇

99

相关信息。由图6可以看出,微博信息发布最高峰出现在7月16日,共有36篇相关信息。通过研究分析,本届夏季音乐节闭幕式为7月15日,16日的博文大部分与闭幕式相关。7月3日和7月5日也有两个小高潮。7月3日主要是对前一天开幕式的反映,7月5日主要是对前一晚著名小提琴家吉尔·沙哈姆演出的反映。

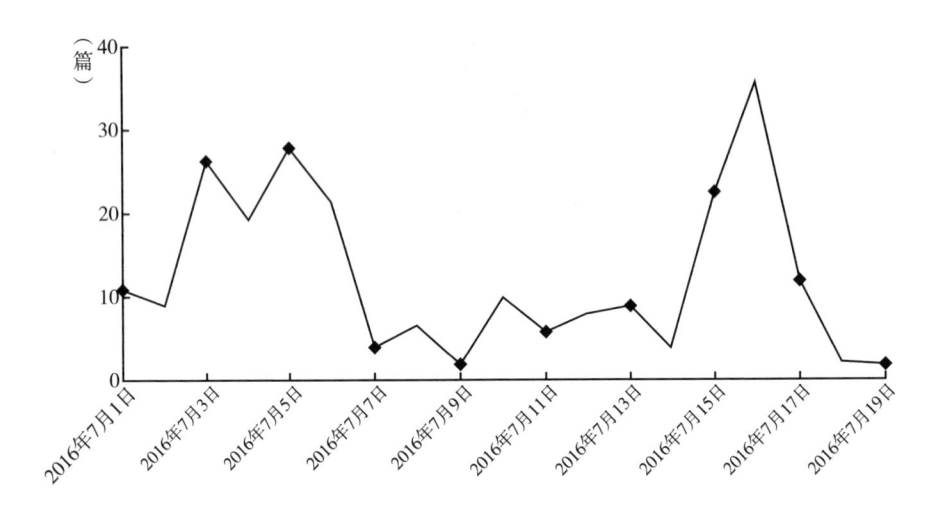

图6 微博舆情走势

2. 微博传播热词分析

图7为本届上海夏季音乐节微博上的热点词,是根据词语在微博上出现的频率高低生成的。可以看到"上海"是居于中心且最醒目的词语,因此微博的信息可以使人们聚焦上海。与活动名称有关的"夏季"、"音乐节"也都比较醒目。可以看到,词频第二层级是与活动内容有关的"音乐会"、"交响乐团"、"鼓掌"等词汇,上海就此与音乐艺术以及备受欢迎的感觉联系在一起。再往下一个层级,我们可以看到,闭幕、开幕也是提及频次较高的词语,这与这两个阶段信息的集中度相吻合。此外"纽约"也相对醒目,让人看到了两个国际化大都市因为音乐联系在了一起。

3. 意见领袖与热门微博

传播上海音乐节信息的意见领袖中,文艺上海、文化上海、东方新闻

图7 第7届上海夏季音乐节热点词

台、武康路旅游等粉丝量较大的推介上海文化信息的微博账号都积极参与传播音乐节信息，并且得到较多关注。日本知名导演岩井俊二、京剧表演艺术家王佩瑜、著名主持人大山，作为深受群众喜爱的参加演出的著名艺术家和嘉宾也积极发布信息，并得到关注。

从热门微博来看，有三条热门微博都来自京剧梅派表演艺术家胡文阁的粉丝群账号"阁溢梅香"，还有一条热门微博来自京剧表演艺术家王佩瑜粉丝群账号"瑜音社"。这两位京剧艺术家都参与了MISA的跨界演出，粉丝群发布了相关演出信息，由此也可以看到粉丝力量在艺术活动新媒体传播中的作用。另外的几个热门微博有演出嘉宾杨雪霏对合作者的点评，与岩井俊二有线下互动的EADGBCHO账号表达自己心情的微博，还有环球音乐中国古典及爵士部官方账号关于开幕演出嘉宾的信息、上海交响乐团账号关于闭幕的微博等。

总体来看，热门微博聚焦于参演名人及开闭幕焦点时刻，名人及其粉丝群和专业音乐机构具有较大的信息关注度和影响力。从传播途径来看，上述这些在音乐节期间不同时间段发出的热门微博前后接力，构成了音乐节微博传播的重要信息链条。

此外，音乐节中的微博意见领袖与热门微博博主也是转发信息非常积极的，岩井俊二、王佩瑜、"阁溢梅香"、"瑜音社"、杨雪霏、EADGBCHO、环球古典、上海交响乐团都在转发排行榜上名列前茅。可见他们确实是音乐节微博传播中的活跃分子和中流砥柱（见表1）。

表1 博主转发数量排行

昵称	地域	粉丝数	微博数	参与微博个数(转发)
阁溢梅香·胡文阁戏迷会	北京东城区	1167	400	22
瑜音社	上海徐汇区	2594	480	11
环球古典	北京	26460	1244	10
杨雪霏	英国	17079	729	10
EADGBECHO	上海宝山区	595	808	10
岩井俊二电影节	日本	30697	3056	9
岩井俊二	日本	734444	1089	8
上海交响乐团	上海徐汇区	29925	3849	6
王珮瑜	上海	66957	4433	5
Mozort_zhang	上海浦东新区	940	4938	5

4. 微博发布特点

从微博的粉丝分布来看，主要聚集于两头。一头是粉丝数在200人以内的普通账号，另一类就是粉丝数在2000人以上的较有影响力的微博账号，而且普通账号的总量超过有影响力的账号（见图8）。从转发情况来看，转发微博比例明显超过原创微博（63.56%、36.44%），可见广大普通百姓主要在转发机构和名人的微博。除了一次转发（超过80%），还有不少二次转

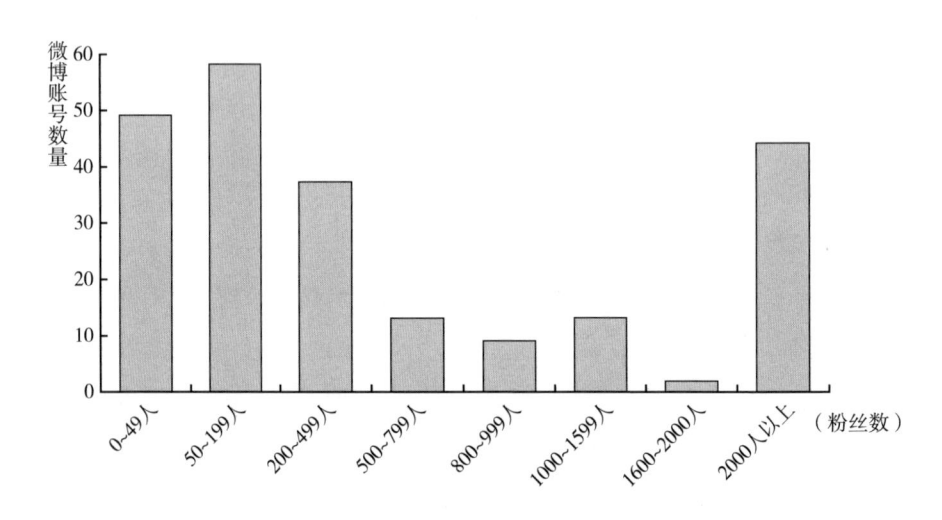

图8 粉丝分布

发（超过13%）和三次转发（超过5%）（见图9）。依此可以推测，相关机构、名人发布信息，普通百姓转发信息是夏季音乐节微博发布的常态。

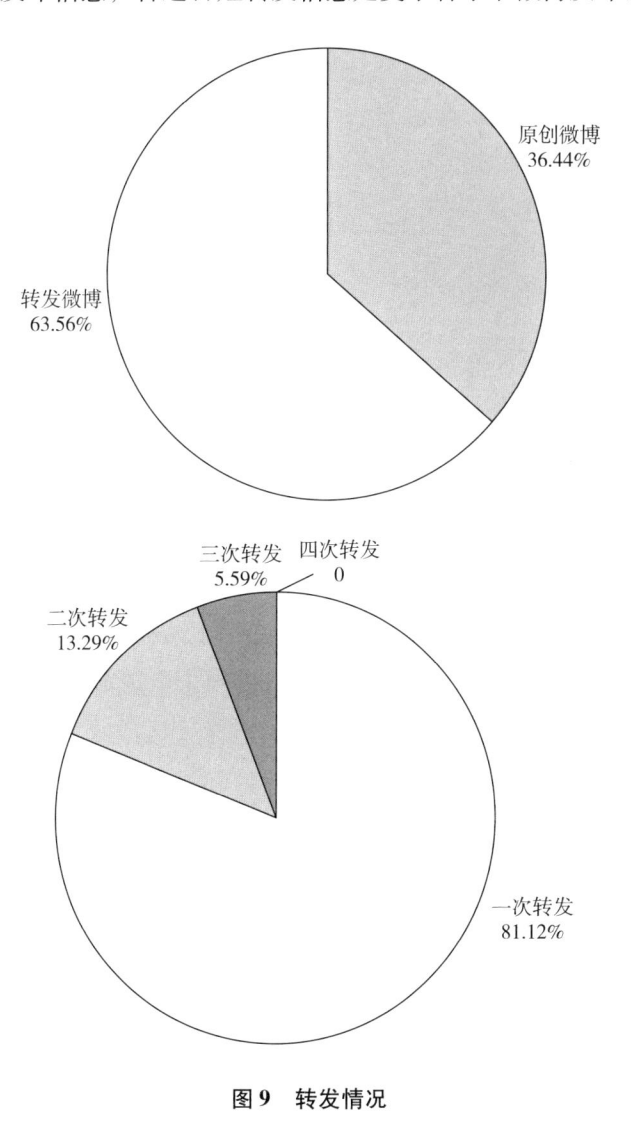

图9 转发情况

从微博情绪来看，总体比较积极。微博是一个短信息聚集地，大部分消息为音乐爱好者抒发观后感，而通过发博、转发或分享的情绪分析可看出，绝大部分使用了鼓掌、微笑等表情，说明大家对本次音乐节的喜爱程度（见图10）。

图10　微博情绪分布

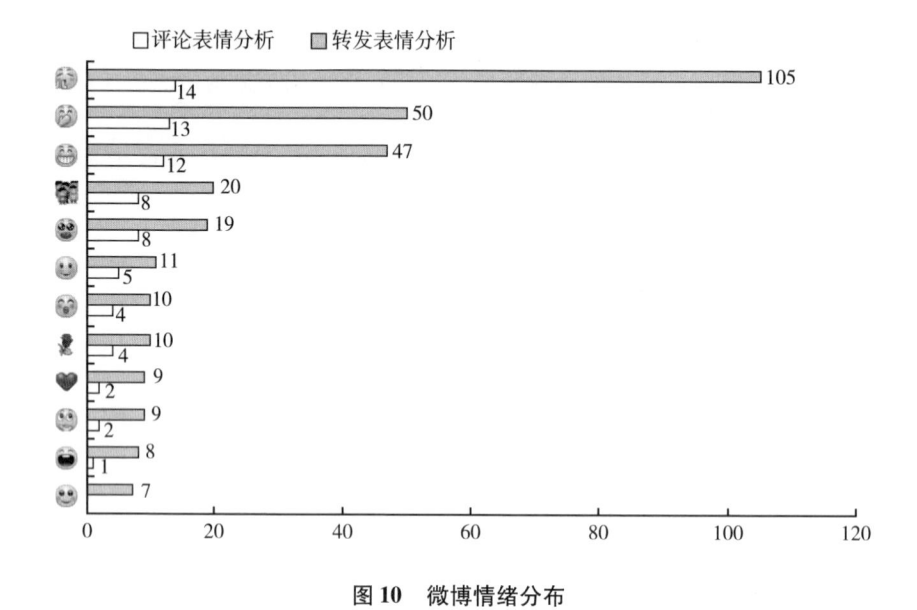

5. 博主特点

就性别而言，男女比例基本相当，女性占比略高。从博主的性质来看，普通用户占到绝大多数，占比超过70%；作为未申请新浪V认证的真实个人活跃用户的"达人"占比接近13%；具有个人认证的"橙V"和具有企业和机构认证的"蓝V"占比分别为近5%和近10%（见图11）。由此可

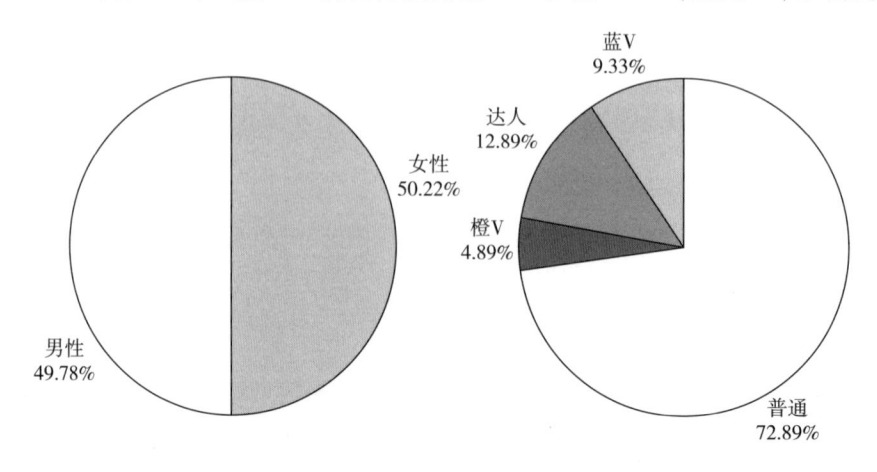

图11　博主特点——性别、认证、真实性等

以看出，上海夏季音乐节的微博传播是在一种比较正常的大众传播的状态下进行的，并且确实在普通百姓中起到了影响作用。

从博主分布地域来看，除上海博主发布最多外，海外博主发布量紧排其后，经过深入研究，发现大部分是参演的国外嘉宾，如主持人大山、日本知名导演岩井俊二等，此外还有不少华裔音乐爱好者。北京博主发布量略低于海外，江苏、山东博主发布量也都在10条以上，天津、浙江也是排名比较靠前的博主地区。可以看到，一线城市以及沿海发达地区是对音乐节有兴趣的博主较为聚集的地区（见表2）。

（二）微信传播分析

通过分析阅读量较大的微信信息，总结出以下信息传播特点。

1. 上交官方微信号预热时间长，回顾详细，文章覆盖广而深

上海交响乐团于5月25日发表首篇音乐节相关文章《今夏，看完MISA，看奥运》，给出演出嘉宾关键词预告，留下悬念。次日发文《狂飙年代：第七届上海夏季音乐节启动》，中英双语介绍嘉宾、演出专题，获得近1万阅读量。

表2　博主地域分布

地　区	信息数	地　区	信息数
上　海	81	湖　南	5
海　外	28	河　北	4
北　京	27	河　南	4
江　苏	14	四　川	3
山　东	13	广　东	3
天　津	9	江　西	2
浙　江	7	安　徽	2
云　南	6	湖　北	2
海　南	5	贵　州	1

自5月30日至7月1日，上海交响乐团官方微信号共发表18篇标题含有【大话MISA】的文章，每篇介绍一位嘉宾或者一个演出专题，如《【大话MISA】岩井俊二：被遗忘的青春》，回顾岩井俊二的知名作品，阅读量为1319次。

7月2日发表《今夜，跟着MISA开启夏日音乐生活》，介绍音乐节筹备及开幕时间轴。阅读量达到3593次。

自7月3日到7月15日，共发表15篇标题含有【MISA回声】的文章，每篇对演出进行回顾或艺术家点评等。

由此可见，上交官方公众号的信息基本覆盖全程，内容详细丰富，而且还进行了充分的预宣传。

2. 开幕前上交官方微信号侧重服务信息的内容被上海文化、出游类公众号广泛转发，阅读量普遍较高

上海交响乐团于6月17日发表的《夏天去哪儿？看完攻略跟我走》一文，以上海夏季乐迷好去处的形式从演出、娱乐、交通三方面详细介绍音乐节，阅读量超过3000次。该文获得文化上海（微信号wenhuashanghai）、橄榄古典音乐（微信号classicalmusic01）、上海音协（微信号shanghaiyinxie）转发，分别名为《【热点】2016上海夏季音乐节（MISA）最全攻略！》、《夏天乐迷到哪去？看完攻略跟我走【2016上海夏季音乐节】》、《【热浪来袭】2016上海夏季音乐节（MISA）最全攻略！》。三个平台阅读量总计超过12000。

上海头条播报（微信号newsshanghai）、阿拉上海（微信号ala310）、上海好白相（微信号sh_baixiang）、乐活上海滩（微信号shiloveu）、约在魔都嗨（微信号Happy-in-SH）五个主打上海玩乐的公众号则整合上交官方信息，介绍MISA演出主题、嘉宾以及针对学生的活动，并强调MISA学生票及购票规则。其中阿拉上海、上海好白相阅读量超过1万次，上海头条播报阅读量甚至超2万次。

非官方微信号对音乐节相关文章的推送主要集中在活动前期预热阶段，侧重对观众的服务和指引。

以下是上交官方公众号的重点内容列表（见表3），以及主要的转发公众号的信息列表（见表4）。

表3　上交公众号重点内容

题目	内容	日期	阅读量
今夏,看完MISA,看奥运	预告,给出嘉宾关键词,留悬念	2016年5月25日	2252
狂飙年代第七届上海夏季音乐节启动	嘉宾、演出专题介绍(中英双语)	2016年5月26日	9509
免费打开【MISA草坪音乐会】的惊喜方式Get	会员福利	2016年5月27日	2534
【大话MISA】……(18篇)	每一篇介绍一个专题或嘉宾	2016年5月30日至2016年7月1日	—
夏天去哪儿？看完攻略跟我走	从演出、娱乐、交通三方面呈现MISA信息	2016年6月17日	3226
今夜,跟着MISA开启夏日音乐生活	MISA筹备及开幕时间轴	2016年7月2日	3593
【MISA回声】……(15篇)	MISA每场演出回顾,艺术家点评等	2016年7月3日至2016年7月15日	—

表4　较有影响力公众号的重点内容

公众号	题目	内容	日期	阅读量
文化上海	【热点】2016上海夏季音乐节(MISA)最全攻略！	从演出、娱乐、交通三方面呈现MISA信息	2016年6月21日	3552
橄榄古典音乐	夏天乐迷到哪去？看完攻略跟我走【2016上海夏季音乐节】	从演出、娱乐、交通三方面呈现MISA信息	2016年6月19日	7536
上海音协	【热浪来袭】2016上海夏季音乐节(MISA)最全攻略！	从演出、娱乐、交通三方面呈现MISA信息	2016年6月21日	1496
上海头条播报	魔都清凉夏日首选——MISA音乐节,让飙起的肾上腺素放松一下！	介绍MISA亮点,强调学生票	2016年6月21日	22787
阿拉上海	时尚、音乐、复古、电影——MISA和夏天一个都不能少	介绍MISA亮点,强调学生票	2016年6月18日	11116

续表

公众号	题目	内容	日期	阅读量
上海好白相	魔都夏日音乐新坐标,2016MISA清凉登场!	介绍MISA亮点,强调学生票	2016年6月25日	10134
乐活上海滩	第七届上海夏季音乐节强势来袭!侬来伐?	介绍MISA亮点,强调学生票	2016年6月20日	3326
约在魔都嗨	第七届上海夏季音乐节(MISA),给你不一样的夏天~	介绍MISA亮点,强调学生票	2016年6月21日	8
格瓦拉演出	今年的MISA有点猛,从爱马仕到小鲜肉,从纽爱到柏林。吃土嘛?	主要介绍嘉宾	2016年5月30日	1782
	安迪·沃霍尔:最是那一低头的温柔	主要介绍民谣波普专场演出	2016年6月20日	275
取走	有趣又有意义!2016MISA音乐教育论坛	介绍MISA音乐教育论坛	2016年7月1日	6238
艺享会	猜猜谁会来2016上海夏季音乐节?	嘉宾及演出介绍	2016年5月29日	2028

四 国际媒体舆情分析

(一)国际媒体报道量少:总体介绍+关注纽爱驻场

上海夏季音乐节的国际报道主要出现在2016年6~7月,数量并不多,在factiva数据库里一共搜到相关报道6篇,并且也都不是知名媒体。其中2篇来自美通社PR Newswire,即一家将企业和机构的新闻和信息向目标市场和受众快速发布的媒体公司。2篇来自China Weekly News,一家美国的提供关于中国、日本、东南亚信息的周刊。1篇来自Entertainment Newsweekly,一家美国的娱乐新闻周刊。还有1篇来自Foreign Affairs. co. nz,一家新西兰的提供亚太地区各类信息的媒体。

音乐节正式开始前，Entertainment Newsweekly 和 Foreign Affairs.co.nz 都对上海音乐节作了前瞻式介绍，音乐节向六十年代致敬的主题受到关注，多样的音乐节内容也是报道重点。

Entertainment Newsweekly 早在 6 月 10 日就发布长篇报道《上海交响乐团将 2016 上海夏季音乐节献给"摇摆的六十年代"》。文章强调音乐节要改变人们对严肃的古典音乐的传统印象，更强调活力以及青年口味。文章就音乐节的跨界、多元、娱乐性、零门槛、低票价策略（"有史以来最颠覆的定价"）以及音乐节增加互动元素、音乐教育环节和学生参与等各方面开展了全景式介绍。

Foreign Affairs.co.nz 于 6 月 29 日也登载了强调 60 年代元素的报道《音乐节：上海唱响对 60 年代的赞歌》，该篇内容与《中国日报》基本相同。

PR Newswire 非常注重报道纽约爱乐乐团与上海交响乐团合作培养中国青年音乐人，两篇都与之有关。7 月 7 日发布的《纽爱重返上海第二次驻场夏季音乐节》一文强调其教育型音乐会品牌——"年轻人的音乐会"（Young People's Concert）是纽约爱乐乐团此次驻沪的一大亮点，"小作曲家工作坊"（Very Young Composers workshop）吸引了诸多 19 岁以下的上海青少年的参与。其 7 月 6 日关于上海交响乐团和纽约爱乐乐团联合培养的上海乐队学院毕业典礼的报道，也提到 4 名毕业生将马上参加纽约爱乐乐团在上海夏季音乐节的演出，作为合作教育的成果。China Weekly News 也转载了这两篇报道。

（二）国际社交媒体舆情分析

1. 知名艺术家和乐团乐于分享自己的参与信息和心情

参加音乐节表演的著名音乐人余隆、著名主持人大山、著名小提琴家沙哈姆都发送推文进行了分享。余隆记录了开幕式，介绍了参演的著名钢琴家特里福诺夫，获得点赞 10 次，转推 3 次。大山则分享了自己参加的演出，获得点赞 13 次。

沙哈姆的社交媒体与他此次音乐节的重要合作伙伴纽约爱乐乐团的互动性颇强，加强了传播效果。沙哈姆的推文分享了自己的演出之乐，获得点赞53次，转推15次，这一推文还被纽约爱乐乐团转推，纽约爱乐的脸书官方账号也进行了转发，使之获得更多关注。

此外，纽约爱乐乐团还在脸书的官方账号上分享了沙哈姆与上海乐队学院学生一起排练的信息，以及该乐团在上海城市音乐草坪的演出。演出的录像也被放入，获得近6000次播放，使得音乐节内容得到广泛传播。

2. 观众分享参与信息和心情

一名观众在Instagram上多次发表图文传递参加音乐节活动之一"柏林12把大提琴"的信息和心情。他表示对能够参与感到非常兴奋。他还发文赞扬音乐厅的音响效果以及演出的精彩，介绍演出人员，强烈表达自己的热爱之情，但也婉转地提到了中国观众的礼仪问题。

> 能参加上海交响乐团的第七届上海夏季音乐节感到很兴奋。
>
> 看见了柏林爱乐的12位大提琴手。不知道他们是否配有麦克风，但音乐厅音响效果很好。不过观众是另一回事。中国人对古典音乐有着长期的热爱历史，但礼仪方面还需进一步打磨。12琴表演真精彩！
>
> 看见柏林爱乐的12位大提琴手。他们是现象级的，他们是阿斯托·皮亚佐拉的一部分，我觉得很了不起！戏剧性，丰富，激发性！
>
> 昨天看见柏林爱乐的12位大提琴手。昨晚简直是痴迷不已。要是能有韦斯·安德森与吉尔莫·德尔·托罗合作的电影，配乐全部是柏林12琴演奏的阿斯托·皮亚佐拉乐曲就好了！那将是史诗般的作品。

另一名观众则在Instagram上连发两条图文信息，分享自己观看岩井俊二演出的信息和兴奋之情，同时也引来同伴羡慕的评论。

看着岩井俊二的电影长大，终于遇到男神本人。这次他带着乐队在夏季音乐节上演奏电影配乐以及他们创作的许多歌曲。投影打出的歌词就像在看他电影里的一幕幕场景。曲终人未散，谢谢你赐予的青春记忆。

羡慕！

应该会经常有这个活动的，下次有机会你也参加呀！

希望他经常来。上海场我买不到票了，伤心，太想看了！

肯定会的，他之前还在电影节宣传电影的呢。他自己音乐会上也说经常来上海的哈哈。

下次相约上海。

由此可以看出知名艺术家的吸引力，观众对参加自己喜爱的明星的演出活动比较兴奋，更愿意分享相关信息和心情。

五　观众反馈

（一）观众调查反映的趋势

本调查通过"取走"微信公众号平台在7月2～15日发布。共回收中文问卷5673份，英文问卷93份。由于有受访者没有回答问卷中的一些问题，因此在统计不同问题的答案总数时，总数数值会产生一定差异。

1. 观众画像：常住上海的中等收入中青年女性音乐爱好者

由于音乐会在上海召开，因此吸引的观众大部分是常住上海的，这部分接近90%的比例（见表5）。上海是一线大城市，本地有足够多的市民具有对国际文化活动的欣赏水准和消费兴趣。数据也同时反映了音乐节的区域文化辐射力仍有提升空间，上海应在国际文化活动方面形成地区龙头，扩大地区影响力，吸引更多江浙地区甚至华东地区的观众。

表5 是否常住上海

选择	数量	百分比(%)
是	4689	89.7
否	536	10.3
总计	5225	100.0

从观众的性别分布来看，MISA观众以女性为主，其占比几乎是男性的2倍，女性还是对艺术活动更感兴趣，是消费主力（见表6）。从年龄层看，25～45岁的中青年是观众中的主力，占比接近65%，其次19～24岁的青年占比21.4%，可以说就年龄而言，上海夏季音乐节的观众占据了主流人群（见表7）。就收入而言，以普通收入人群为主，2万元月薪以上的只占少数，2万元月薪以下的各个收入档分布较为均衡，相对较为集中的是属于中间层次的6001～10000元（33.8%）以及3001～6000元（29.6%）（见表8）。可以看出音乐节在上海绝不是高消费，是比较符合中等收入人群消费层次的文化活动。

表6 观众性别

性别	数量	百分比(%)
男	1880	35.9
女	3361	64.1
总计	5241	100.0

表7 观众年龄

年龄	数量	百分比(%)
19岁以下	184	3.5
19～24岁	1121	21.4
25～45岁	3404	64.8
46～55岁	257	4.9
55岁以上	284	5.4
总计	5250	100.0

表8 观众收入水平

收入	数量	百分比(%)
0~3000元	809	15.3
3001~6000元	1560	29.6
6001~10000元	1785	33.8
10001~20000元	876	16.6
20000元以上	245	4.6
总计	5275	100.0

另外，数据显示此次音乐节主要吸引了大量的音乐业余爱好者。非从事音乐专业的观众占比超过80%（见表9）。可见音乐节的大众化程度还是很高的，起到了文化艺术普及的作用。当然观众中也不乏专业人士，占比近20%，这也从某种程度上说明了音乐节的专业水平。

表9 观众的专业性情况

是否专业人员	数量	百分比(%)
是	1001	19.1
否	4236	80.9
总计	5237	100.0

2. 观众接触上海夏季音乐节的方式

上海媒体在观众知晓上海夏季音乐节的渠道中起到了重要作用，在各种信息渠道中排在第一，占比31.4%。微信也是重要渠道，排名紧跟上海媒体之后，占比接近29%。相比而言，微博并没有微信那样显著的作用，占比未到10%。相反，朋友、同事的人际传播渠道甚至超过了微博，占比接近14%（见表10）。此外，国内的外地媒体占比超过5%，家人、户外广告、其他渠道等都在3%左右。对于外国观众而言，国内的英文媒体也是重要信息渠道（见表11）。

表10 观众了解音乐节的渠道

了解渠道	数量	百分比(%)
上海媒体	2909	31.4
国内的外地媒体	492	5.3
境外媒体	161	1.7
微博	796	8.6
微信	2661	28.7
脸书/推特	92	1.0
户外广告	317	3.4
朋友、同事	1284	13.8
家人	297	3.2
其他	268	2.9

表11 外国观众了解音乐节的渠道

外国观众了解渠道	数量	百分比(%)
上海当地中文媒体	28	20.0
外地中文媒体	9	6.4
中国主流英文媒体	20	14.3
在华外国人办英文媒体	17	12.1
国外媒体	8	5.7
微博/微信	17	12.1
脸书/推特	4	2.9
朋友同事	28	20.0
家人	5	3.6
其他	4	2.9

第一次来到上海夏季音乐节的观众占到了大部分，占比为70%，另有30%的观众今年已不是第一次参加音乐节活动，基于对往年活动的兴趣和良好印象今年继续参加（见表12）。

表12 观众是否第一次参加音乐节活动

是否第一次	数量	百分比(%)
是	3857	70.0
否	1656	30.0
总计	5513	100.0

从购票渠道来看，自掏腰包购买普通票的观众占到了将近一半的比例，可见音乐节具有足够的吸引力让观众愿意为此买单，并且也可见票价还是在观众可负担范围内的（见表13）。

表13　观众的购票方式

购票方式	数量	百分比(%)
购买普通票	2481	45.8
购买学生票	600	11.1
观看免费场次	1293	23.9
获得主办方赠票	1040	19.2
总计	5414	100.0

3. 观众的评价

总体来讲，观众对音乐节的评价较好，给予良好评价的观众接近90%，其中近60%的观众给予"很好"的最高评价。给予"不好"和"很差"评价的观众总共未超过1%。可以说音乐节的观众接受度是相当高的（见表14）。

表14　观众的评价

评价	数量	百分比(%)
很好	3033	56.7
好	1664	31.1
一般	421	7.9
不好	32	0.6
很差	9	0.2
不知道	188	3.5
总计	5347	100.0

就活动存在的问题，在所有的选择里，"没有问题"的比例接近20%，由此可见观众的满意度。就观众选择的问题来看，没有占比特别突出的选择，相对而言，"票价贵"是占比最多的选择，近27%。其次是"买不到票"，占比近21%。可见对部分观众而言，音乐节票价仍不是一个可以轻

松承受的价格，另外购票方式和渠道也需进一步改进，当然这跟一些热门演出一票难求有关。演出水准、管理问题和其他问题的选择都在8%左右，可见一些观众对音乐节提出了较高的标准，尤其是不对号入座的管理方式，观众有些微词，需要进一步探索。对于活动精彩程度的苛责是选择最少的，不到5%（见表15）。

表15 音乐节尚存的问题

问题	数量	百分比（%）
票价太贵	1684	26.6
买不到票	1325	20.9
演出水准不高	460	7.3
管理有问题	477	7.5
活动不精彩	312	4.9
其他	533	8.4
没有问题	1212	19.2
不知道	325	5.1

就上海夏季音乐节的社会效应而言，评价总体还是非常积极的，对提升市民文化素养以及提升上海国际化程度的评价，认为比较有利的观众都接近90%，其中选择非常有利这一最高评价的，二者都超过了50%。选择没有作用的这类较低评价的观众都在3%以下，可见大众对上海打造此类活动开展城市文化建设的认可（见表16、表17）。

表16 音乐节对提升市民文化素养的作用

对提升文化素养的作用	数量	百分比（%）
非常有利	2860	54.5
有利	1701	32.4
一般	448	8.5
没有作用	145	2.8
不知道	92	1.8
总计	5246	100.0

表17 音乐节对提升上海国际化程度的作用

对提升国际化程度的作用	数量	百分比(%)
非常有利	3005	57.2
有利	1668	31.8
一般	413	7.9
没有作用	104	2.0
不知道	61	1.2
总计	5251	100.0

4. 观众对具体活动和场所的喜爱程度

就具体的活动形式来看，纯正的古典乐演出与流行、前卫、视觉影像等跨界演出受到了相当程度的喜爱。对于中国观众而言，两者都在40%以上，后者略高于前者（占比分别为41.3%和43.1%，见表18）。外国观众则相对更喜爱古典音乐（占比分别为44.1%和35.3%，见表19）。由此可见，观众在对纯正的、学院派的高雅音乐艺术认可的同时，也非常欣赏一些符合当下大众趣味，并有所创新的跨界表演，音乐节对这两种形式都需要重视。学生的音乐表演和活动也得到一定认可，选择的比例超过了10%。

表18 中国观众喜爱的音乐活动

喜爱的活动	数量	百分比(%)
国际乐人纯正的古典乐演出	2961	41.3
国际乐人的流行、前卫、视觉影像等跨界演出	3088	43.1
学生的音乐表演与活动	941	13.1
不知道	176	2.5

表19 外国观众喜爱的音乐活动

外国人喜爱的活动	数量	百分比(%)
国际乐人纯正的古典乐演出	45	44.1
国际乐人的流行、前卫、视觉影像等跨界演出	36	35.3
学生的音乐表演与活动	9	8.8
不知道	12	11.8

就演出场所而言，对交响乐团音乐厅和音乐草坪都很喜爱的观众占到最多，占比近37%。更喜欢正式、严肃的音乐厅的观众略多于更喜爱亲民自由的音乐草坪的观众（32.7%、26.7%）（见表20）。因此这两种形式的表演场所的安排是合理且符合观众需求的。

表20　观众喜爱的音乐场所

喜爱的场所	数量	百分比(%)
上海交响乐团音乐厅	1729	32.7
上海城市草坪音乐广场	1412	26.7
都喜欢	1941	36.7
都不喜欢	80	1.5
不知道	129	2.4
总计	5291	100.0

（二）观众访谈的反馈意见

1. 总体评价较高：越办越好，只有上海办得到

对于上海夏季音乐会的整体感觉，受访观众的评价是比较高的，尤其是参加过以往音乐节的观众表示MISA有越办越好的趋势。比如，袁先生就表示以前2012年、2013年来过，感觉音乐节越办越好。他认为今年MISA搬到了上交，就升级蛮多的。张先生则认为音乐节包装做得很好，一路有很多MISA的展示，做得越来越好。庞先生也认为确实越办越好，很多的策划，包括请的艺人，都很有想法和构思，整个演出编排都是很有概念感。

演出水准也得到了观众的肯定。谢先生认为在音乐节上能听到世界各国的音乐，水准也很高。一位瑞士游客表示演出很棒，观众看起来也很享受。一位特地从苏州赶来的大学生表示虽然不是很了解古典乐，但是觉得很棒很精彩。

不少观众对于演出环境非常满意。程先生表示上海交响音乐厅这个场地很好，虽然这次的场地可能比别的地方小，但是效果很好。沈先生则表示，音乐草坪的地段是比较好的，环境很不错，很多市民都会选择过来。一位六

十多岁的老先生更是认为音乐草坪整个现场的环境氛围都比预期的还要好一些。那位瑞士游客也认为音乐草坪的场地很棒。

不少观众认为这类文化活动非上海莫属。沈先生就表示这种音乐节是很少有的，只有在上海。瑞士游客也表示之前在北京没有找到这种音乐会的消息，所以对音乐会很期待，并表示有机会的话还会再来，因为草坪音乐会对于像他们这样的游客来说很方便。她还称赞这样的音乐会是绝妙的想法。

2. 知名乐团与艺术家明星效应足

不少观众都是冲着心仪的艺术家或乐团来参加夏季音乐会的。一位中年女性观众就表示是奔着她喜欢的纽约爱乐乐团来的。一对跨国夫妇（女方中国人，男方德国人）也是为纽乐爱乐慕名而来。一位冯女士则因为巴赫音画的小提琴手吉尔·沙哈姆而参加音乐会。一名法国设计师表示是冲着蒂埃里·巴拉斯演绎平克·弗洛伊德而来的。还有两位大学生因为喜爱岩井俊二而来，还特别关注了岩井俊二的相关微博。

3. 对于混搭跨界概念，理解各有不同，褒贬不一

第一类是支持跨界和混搭的。袁先生认为跨界很好，他最喜欢的老生王珮瑜也出现了。袁先生表示有花脸、青衣和老生，搭配男低音、男高音和女高音，觉得非常新鲜，非常不错。刘小姐认为演出感觉蛮特别的，在音乐厅里听摇滚乐的演奏感觉很新颖。庞先生则认为映画和演奏相结合的方式很值得提倡。美国、欧洲的古典音乐会都已经采用这种方式，包括歌剧甚至一些交响曲、管弦乐都会配合一些画面。庞先生还认为多元化的曲风能够满足观众不同的需求和口味，这是 MISA 的特色。一名法国学生表示很喜欢世界名曲和中国风格的音乐结合，是有很有趣的尝试。演出嘉宾大山则表示音乐会很明显地体现了中西结合，在尽量把高雅艺术通俗化。

第二类是表示无感或不太理解。对于混搭音乐和影像艺术的巴赫音画，冯女士表示小提琴手不错，但对画面没什么感觉。周女士则表示没有完全明白演奏的音乐和展示的映画之间的关系，"这个大师好像是拍广告和电影的，我不是很了解，所以没有很懂"。

第三类是排斥混搭和跨界，尤其是一些资深乐迷。一位美国教授表示，作为一个比较老派的人,还是比较喜欢标准的交响乐,例如莫扎特等,个人不是那么喜欢电影或是节目中的交响乐表演。吴女士则表示比较在意音乐本身,视觉其实不是太关心的地方,感觉有点喧宾夺主。韩女士则认为所谓多媒体令她非常失望,就是挂个银幕,虽然上面的画面比较精美,但如果多媒体仅仅是这样,觉得没有意义,太初级。韩女士还建议应该把上交场地布置的东西利用起来,上面挂的几块板都是能够反射投影的,第一场开场的时候她来看过,图片就在那上面走,感觉整个非常震撼人的。韩女士认为多媒体应该做到这样才行。何医生则表示从一个古典音乐乐迷的角度来说,这种音乐是乏善可陈的,但他也承认古典音乐不可能有这样的受众,他听过几百场音乐会,从来没见过这么多人,排这么长的队伍,有这么多人签名,再大牌的指挥家,也不会有这么大的阵势。

4. 肯定亲民思路,提出改进意见

观众普遍认可音乐节的亲民作风。

首先,就价格而言,那对中德夫妇认为 150 元的票价既负担得起(affordable),又体现价值(valuable)。

就亲民的音乐风格而言,龚女士认为国外主要是老年人比较多,国内的话,可以先把年轻人吸引到剧场里来,再慢慢培养古典市场,也是一个比较好的思路。刘小姐也认为现在的音乐节更贴近老百姓,只要感兴趣的都可以来听,不像有些高雅音乐,要具备音乐素养才能欣赏,因此慢慢地市民素质会有所提高的。龚女士还认为跨界就是为了亲民,"跨界,引入爵士,混搭风格,不像之前是纯粹古典音乐。可以吸引更多观众关注古典音乐,关注这个音乐节,这是挺好的想法"。

大山则表示,他的加入帮助把这个事情做得更加通俗易懂,成为普及型的,而不是高端的。"观众无论是中国还是加拿大,他们对这种高雅艺术(交响乐)有一种非常的敬仰,有时候还觉得离自己很远,有点可怕,怕自己听不懂。"大山认为这方面还有很多普及型的工作需要去完成,并希望能利用自己比较轻松的风格,以开玩笑、说说笑笑、聊天式的方式把大家带进艺术表演里。

还有一些观众表示亲民方面还可以做得更好。谢先生表示免费演出的票不太好抢，他是特地早上九点在艺票通上抢票，"一开始规定每人能买两张或四张，后来变成十张，就容易被抢光"。庞先生就7月13日的安迪·沃霍尔《试镜》这场演出表示，演出严格来说有一定的文化背景，如果观众不了解安迪·沃霍尔还有"银色工厂"那个时代的艺人、名人，可能会在接受上有一定的困难。"说实话，有些艺人可能在中国知名度不是很高。今天很多人应该都是冲着Nico、Lou Reed等来的，这些人的人气比较高。别的艺人很多都是英年早逝、被埋没的。而且，Andy Warhol这个文化本身就是亚文化、次文化，不是很多大众会去了解。"

5. 有利于打造国际化大都市，提升市民素质

很多观众认为音乐节请来的乐队和音乐家属于国际高端，具有较高国际影响力，显示了上海的吸引力。一名中年女性观众认为，只有在上海这个大都市，所有的具国际水准的交响乐团都会来演出，这真的对上海市民来说是一个很好的机会。音乐节能够提升自己的音乐素养和品位，满足上海市民对这种音乐欣赏的需要，因此她认为办这类活动的钱花得值得，最好一直有这样的活动。

王女士肯定了音乐节对市民素养的提升，她表示以前好多名曲可能只知道名字，对不上曲子，歌词也不知道，而这次票价也不贵，来听音乐会一次性欣赏到很多名曲，言下之意性价比较高。金小姐表示如果没有这样的音乐节的话，一般的市民在音乐方面的素养还是比较有限的，有了这样一个音乐节，大家参与的积极性也还是比较高的。

张先生则认为音乐节做得非常国际化，有很多外国人参加。音乐节能让国外的人找到归属感，也能让市民接触到一些新鲜的音乐形式。法国留学生则表示，这次音乐节可以丰富她们的生活和上海文化，希望今后有更多这种形式的活动。

大山对此也表示充分肯定，认为这样的活动很有意义，很有影响力。他说："这个影响非常大，绝对不是所有的城市都能办的。像北京、上海、深圳可能也就差不多了，但是上海还是最国际化的城市。另外一种影响，世界各地顶级的艺术家很多会在上海认识，然后建立一个网。像今天的指挥乔舒亚·格尔森我在上台以前才知道他第一次来亚洲。我想就是对他这种年轻有为的艺术家，也是通过这次来上海接触很多其他的艺术家，然后建立联系。所以艺术家之间的交流越来越多，越来越国际化。"

6. 对于今年首创的不对号做法，意见不一

不少观众尤其是年轻观众表示可以接受。法国女学生表示个人还挺喜欢，无所谓要不要坐好位置。王女士表示，她是100块的票，来得比较早，就得到一个后边区域的最靠前的位子，觉得还蛮自由。高女士觉得都无所谓，感觉坐得远或近音乐效果都非常好，而且表演者的互动也不错。周小姐和陈先生夫妻觉得座位上比较自由的话还是比较合理的，这样大家会为了一个比较好的位置到得比较早，还是能接受的。冯女士表示，今年打破了座位的局限，这点非常好，很有特色，觉得这样传达一种"平等"的思想。夏季音乐节，就是要放松一点，让更多的人接受古典音乐。一位男观众甚至认为最大特点就是票子不对号，要抢座，"因为抢座，所以票价也就降下来了，更亲民了，可以让更多的人欣赏到"。

也有不少观众表达了不同想法。袁先生觉得可以接受，不过还是更喜欢对号入座。金小姐表示这种做法对很平民化的、面向广大市民的音乐会还是比较合适的，但如果是常规的音乐活动的话，还是规定座位号比较好。汪先生觉得初衷是蛮好的，就是想让大家都放松一点，想要营造一种比较轻松的氛围。但是他认为效果不是特别好，因为很多人的座位出现了一点问题。一位年长男士还是希望有座位，而不是随便坐。这样会有种令人困惑的感觉。一位带着孩子的母亲建议可能要引导观众中场之后还是要坐回原来的位子。

还有一些观众对此表示强烈不满。一位老先生表示这样很乱，大家每次出去上个洗手间回来都得重新找位子，最好还是规定好座位号，在秩序上比较好一些。一位六十多岁的女士抱怨："我们刚刚出去上了个厕所，位子就没有了。我们这个钱出了应该是要有个座位号的喽！我们也不知道会出现这样的情况，会有人把我们的位子坐了，要不然就一个人坐，一个人去（上厕所)了。现在我们也只好去坐别人的位子了,将心比心,我们也知道别人会不高兴的。我们150块的位子现在被人家占掉了呀!很有可能会有人钻这个空子的呀。"

一位韩女士甚至认为,这样的做法让她觉得夏季音乐节好像比别的音乐会档次要低一点。因为她经常听音乐会,认为音乐会应该是一种高雅的活动,现在搞得就像老妈妈排队买菜,要抢位子。她感觉很不适应,跟音乐会的氛围不是很合适。韩女士觉得这种做法在别的地方可以,用在音乐会上绝对不恰当。

7. 对于现场观众的素养评价

总体评价还比较高。一对年轻情侣觉得来的人素质都很高,因为中间(节与节之间的间隙,此处按照国际惯例不应鼓掌)都没有鼓掌的。一位年长男士表示观众素质是可以的,真的很少有人拍照,而且全场没有声音非常好。何医生则表示上交的观众的纪律应该是最好的,整场演出下来,纪律秩序出人意料的好,哪怕添加了互动,纪律也保持得很好,可以说至少是超出了预料。大山也对观众素质表示肯定,认为上海观众的国际化程度比较高。

不过那对中德夫妇还是觉得有欠缺。他们表示,还是和国外的有点不一样,很多听众还会用自己的手机去拍照,还会讲话,"这个我希望以后(观众)会越来越多地对于performer(表演者)多一些尊重"。

8. 观众的建议

不少观众希望能有当场活动的介绍。吴女士表示没有看到场刊,希望能看到,这样观众可以前期学习一下,了解一下音乐家,包括音乐节本身。周女士指出,网上查到的资料比较少,官网上的资料好像只有一些演奏者的名字,没有具体的背景信息。

韩女士则特别强调节目单非常重要。她说:"我听音乐会,再贵的节目单,必须要买。听音乐会起码要提前十五分钟来,笃笃定定进来,把节目单看完。我跑到这里问节目单,说没有,说要去微信上找微节目单。我去找微节目单,字比较小,我没带平板电脑,怕重,所以我根本就看不清楚。这是一个问题。第二个问题，微节目单非常简单，只说明每个曲目下面几个乐章。我们需要的不是这样的节目单。我们需要的是有详细内容介绍的节目单。"韩女士进一步解释道："这个曲目，是哪一个乐章，表现的是什么。上次上海音乐学院副院长杨燕迪也提出来，她说有的音乐会根本就没有节目单，或者只是把曲目一写就完了。古典音乐本身就有一个普及的问题。这么简单的节目单，很多观众坐里面听，有多少人能听懂？办音乐节的意义就去掉了很大一部分。"韩女士还严正表示，节目单的问题把音乐节的档次拉低了，如果不改进就不会再来了。

还有一些观众希望能增强互动。沈先生和李小姐都表示音乐草坪的表演如果果进一步加强与观众的互动效果会更好。杨先生甚至认为，在一些略带流行因素的表演中，还可以增加观众拍照的互动环节。

徐女士，自身作为专业小提琴手，也觉得音乐草坪的活动可以进一步亲民。因为她带着孩子，觉得活动氛围对小孩子来说太过于严肃了。她举例说，在香港每年都会有一个海边的音乐会，大家都可以坐在地上，随便吃点东西，就像野餐一样，小孩子可以到处乱跑的。

另有一些观众希望演奏时间可以再缩短一点。法国学生认为演奏时间长，没有休息时间，建议这方面可以提升观众体验。徐女士也认为表演时间可以缩短一点。

关于增强现场的引导，也有观众提出自己的意见。瑞士游客认为在音乐草坪如果能有大的海报，以及一些标志性的指示牌之类，会更好一些，这样路过的人也会清楚这里有什么活动，该怎么走。袁先生则认为在京剧和歌剧混搭的跨界演出现场，旁边要有工作人员提示一下大家鼓掌时机，不然会把音乐破坏掉。

六 关于上海夏季音乐节提升影响力的建议

综合课题组对音乐节的多元调查，本报告现就提升上海音乐节的影响力总结几条建议。

（一）国际知名艺术家和乐团的加盟非常重要，就此可以继续深化和提升

本届上海夏季音乐节的调研显示，知名艺术家和乐团在吸引观众前来参加音乐节、吸引媒体报道以及在社交媒体的传播影响方面都发挥了重要作用。主办方应该进一步发掘资源，吸引更多高档次的国际著名艺术家和艺术团体前来参演。原来已经合作的资源可以进一步深耕，创造出合作的品牌效应，比如纽约爱乐与上海交响乐团的长期合作，包括纽爱的驻场演出和人才培养，都是不错的经验。另外，还可以进一步策划与艺术家及乐团的联合传播策略。

（二）跨界、混搭、亲民的风格值得继续探索

本届上海夏季音乐界尝试的跨界、混搭、亲民风格是一种很好的尝试，引起了媒体的广泛关注，得到了很多专家和观众的认可。这种多元融合对于吸引广大观众、提升影响力是比较有作用的，而且可以触发创新，非常可贵。这种风格也有助于形成上海夏季音乐节的品牌。当然如何通过深度融合多元音乐元素，既走近大众，又不失古典音乐的高雅大气，赢得资深乐迷的认可，是值得不断探索，需要不断创新的。

（三）创新"互联网＋"的立体传播和营销策略，打造音乐节 IP

本届上海夏季音乐节的信息得到了网络与新媒体平台的广泛传播，微博微信各自发挥不同作用，表现抢眼，网站报道数量则远超传统媒体。但是仍感觉此次音乐节传播资源的整合还没有完全到位。显然，要加强上海夏季音乐节的影响力，必须具有借助互联网平台开展立体传播的意识。对"上海夏季音乐节"的传播运营应树立打造音乐节 IP 的概念，进一步加强策划，深耕并整合线上线下资源，多层次全方位地开展营销和传播。

（四）管理上的细节提升

细节决定成败。对于上海夏季音乐节这样的活动，细节决定了观众和演出者的体感。对于此次音乐节，观众就一些安排细节还是有不少想法的，包括信息资料的提供、座位的安排、现场对观众的引导、亲民氛围的进一步提升等，有的甚至表示如果这些细节没有做到位就不愿意来参加了。管理细节的到位是国际化大都市的魅力所在，对于城市形象的打造至关重要。主办方根据此次音乐节的反馈可以在细节方面进一步探索，使管理进一步到位，真正满足参与活动者的需求。

2016年第18届中国上海国际艺术节国际影响力报告[*]

相德宝 刘玉瑶[**]

摘　要： 第18届中国上海国际艺术节于2016年10月12日至11月15日在中国上海举行，引起国内外媒体广泛关注。本报告通过深度访谈和问卷调查以及对国际、国内传统主流媒体、社交媒体报道对上海国际艺术节的国际影响力进行评估，主要发现如下：(1) 上海国际艺术节在国际社交网络引发热议，但在国际主流媒体缺少关注；(2) 国内传统主流媒体和网络媒体深度聚焦上海艺术节，盛赞艺术节彰显上海"中外交融、兼收并蓄"的城市特质；(3) 艺术节整体满意度较高，提升国际影响力，涵养上海市民精神和上海文化；(4) 本地、受教育程度较高、中等收入为主的年轻女性是上海国际艺术节的主要受众画像；(5) 上海本地媒体成为上海艺术节报道的主力军；(6) 上海国际艺术节官微发文量大，关注多，预热周期长；(7) 微信对艺术节的关注主要集中在旅游文化、娱乐主题；(8) 民众对艺术节的定位、公众参与、内容安排、

---

[*] 本报告的数据采集受到上海市文化广播影视管理局重大活动办公室童颖、邓晶琛的大力协助。中英文问卷调查数据通过"取走"自媒体合作平台现场扫码以及受众线上收集。参与本报告的访谈以及媒体资料整理工作的有上海外国语大学新闻传播学院刘玉瑶、张弛、吴帆、韦婉、乐文婉、王静君、孙珂、杨杜、田乃方、许文静、何雨薇、王子佳、武子毓、黄秋野、林欣瑶、陆瑶等同学，同时还包括上海外国语大学多语种新闻班的贾荟玉、高心怡、陈星宇、文偲瑞、张雅倩、朱玉恒、殷佳琪、韩爱佳等同学。

[**] 相德宝，上海外国语大学新闻传播学院副教授、中国国际舆情研究中心研究员。刘玉瑶，上海外国语大学新闻传播学院国际新闻专业硕士研究生。

管理细节提出建议。

关键词： 中国上海国际艺术节　国际影响力　主流媒体　社交媒体　文化传播

一　概述

本报告通过深度访谈和问卷调查以及对国际、国内传统主流媒体和社交媒体报道对上海国际艺术节的国际影响力进行评估，发现以下特点。

（1）上海国际艺术节在国际社交网络引发热议，但在国际主流媒体上缺少关注，上海国际艺术节国际传播力有待提升。

（2）国内传统主流媒体和网络媒体深度聚焦上海艺术节，盛赞上海国际艺术节彰显上海"中外交融、兼收并蓄"的城市特质，展示上海在文化上的旺盛活力，比肩纽约、伦敦等国际一线城市，助力上海"全球卓越城市"建设。

（3）艺术节整体满意度较高，76.1%的国内观众和58.8%的国际观众对艺术节表示满意。艺术节"内容丰富、高端、国际化"；艺术节彰显上海多元、国际化文化大都市气质，提升国际影响力；艺术节是"上海百姓的眼福"，涵养上海市民精神和上海文化。

（4）本地、受教育程度较高、中等收入为主的年轻女性是上海国际艺术节的主要受众画像。国际艺术团经典演出是国际和国内观众最喜爱的艺术节板块。

（5）上海本土媒体（包括《新民晚报》、《文汇报》、《解放日报》等）成为上海艺术节报道的主力军。东方网、光明网、解放网是艺术节报道的主要网络媒体。

（6）上海国际艺术节官微发文量大，关注多，预热周期长。微信对艺术节关注主要集中在旅游文化、娱乐主题。

（7）与此同时，民众对艺术节的定位、公众参与、内容安排、管理细节提出建议，希望上海艺术节兼顾"阳春白雪"和"下里巴人"，提升市民参与空间，让上海艺术节成为大众的"狂欢节"。加强细节管理，提升艺术节人文关怀。

二 境外媒体报道分析

（一）国际主流媒体报道分析

国际主流媒体对上海国际艺术节整体关注度低，艺术节国际传播影响力有待提升。Factiva数据库关于艺术节的国际主流媒体报道共计2篇，态度积极正面。

The Malaymail online 在2016年11月8日的报道《值得一看的上海国际当代艺术展上的新画廊》中称，虽然上海国际当代艺术展才开展四年，但是还是在不断发展并吸引着世界各地的画廊参展。报道称作为第18届上海国际艺术节的一个板块，上海国际当代艺术展旨在为各国艺术家、画廊以及艺术机构提供展示的平台。文章中提到今年在主画廊单元和APPROCH单元（以个展的形式呈现画廊提交的艺术家独立展览或单件作品展示，或者是画廊策划的不多于3位艺术家的群展）参展的81家画廊中的28家皆为首次参展。报道还详细介绍了参展的多家来自世界各国的老牌或新型的画廊及艺术家。

The Stage 在10月27日的报道中提到，中国上海国际艺术节正在迅速成为世界艺术节日历上的重要部分。本届艺术节开展的70余项国际项目和表演中有28个节目有国外公司的参与。其中包括上海戏剧艺术中心和英国公司Gecko合作的梦想家，以及由上海戏剧艺术中心、画家莎士比亚公司和俄罗斯赛蒙扬奇剧团合作出品的《亨利五世》。除此之外，也有由中国公司呈献的独立国产作品，例如张军昆曲工作室的《我，哈姆雷特》，以及焦媛实验剧团的《阮玲玉》。

（二）国际社交媒体报道分析

1. 上海国际艺术节在社交网络 Twitter 及 Facebook 引发热议

以 Shanghai International Arts Festival 以及缩写 CSIAF 为关键词在国际各大社交媒体进行搜索，结果显示，2016 年 7 月 1 日到 2016 年 11 月 30 日，共得到 75 条与上海国际艺术节相关信息及报道。其中 Twitter 15 条，Facebook 29 条，Instagram 12 条，俄罗斯社交媒体 VK 6 条，Youtube 13 条。

在 75 条报道中，报道态度非常正面的有 37 条，比较正面的有 17 条，报道呈中性的有 21 条。

2. 艺术节报道主要集中在艺术节开幕，10月份达到峰值

在 75 条报道中，10 月份的报道数量为 52 条，其余时间的报道数量为：7月、8月均为2条，9月有4条，11月报道数量为15条（见图1）。

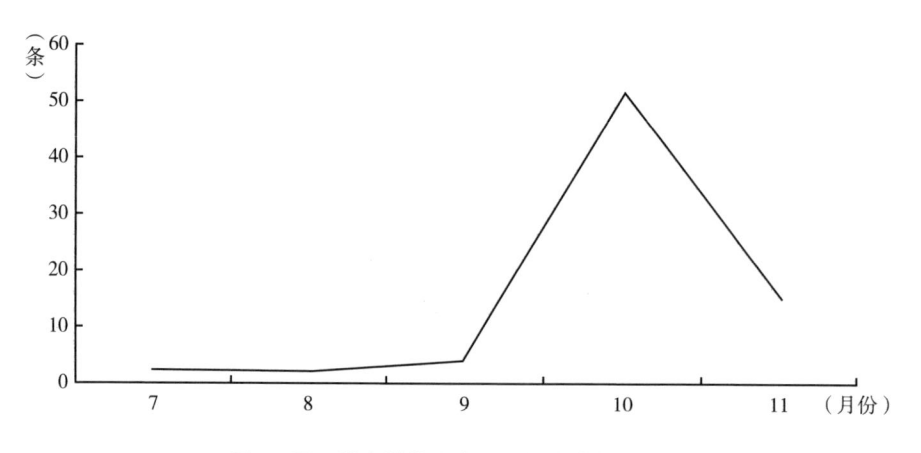

图1 国际社交媒体上海国际艺术节报道数量

3. 报道主要是对参加艺术节演出的宣传和推广，态度积极正面

例如，10 月 17 日的推特称"Trinity Boys Choir"艺术团为中国总理李克强献上演出（@TrinityBoysChoi give the Chinese Premiere of my "Music of the Spheres" in the Shanghai International Arts Festival this Thursday evening）。以及用户@DanzadanceOrg 10 月 19 日的推特称俄罗斯马林斯基剧院在第18

届上海国际艺术节将带来歌剧、交响乐、芭蕾等演出（Mariinsky Theater to present opera, symphony, ballet in Shanghai | 18th Shanghai International Arts Festival）。

发布者对本国参与上海国际艺术节演出、交易会、论坛等活动的报道。

例如，印度驻上海领事馆的脸书主页10月13日发的帖子称印度文化关系委员会与中国在上海国际艺术节上签订共同制作电影"流浪者"的剧院版本。（ICCR signs MoU with China-Shanghai International Arts Festival for joint theatrical production of "Awaara" movie.）

艺术家、艺术团体将能够来参加上海国际艺术节作为一件令人自豪的事情进行报道和宣传。

例如，爱沙尼亚作曲家发帖称自己将参加上海国际艺术节交易会，并称上海国际艺术节交易会是目前为止中国"最国际化、最有效的交易会"[Helena Tulve will be represented at the ChinaSPAF 2016. As a major part of the China Shanghai International Arts Festival（CSIAF）, the China Shanghai International Arts Festival Performing Arts Fair（ChinaSPAF）is annually held during the opening period of CSIAF and has become the most international and effective event of this kind so far ever held in China.]。立陶宛文化组织（Lithuanian Culture Attache in China and South Korea）10月14日发布帖子称其派出代表参加上海国际艺术节并附上现场的照片。

4. 传播者多为参加本届艺术节的各国艺术家

在新媒体平台上搜集到的75条数据中，有21名发布者来自中国，3名来自美国，1名来自德国，1名来自澳大利亚，1名来自韩国，6名来自印度，1名来自匈牙利，5名来自意大利，1名来自冰岛。发布者中媒体从业人员4人，政府职员2人，教师1人，其余发布者均为艺术节参与者、表演者、艺术家及艺术团体。

用户具体案例如下。

（1）艺术家、演出者

用户@RussHepplewhite是一名来自英国的作曲家，被评为"最有潜力的 1000 名青年艺术家"之一。

（2）艺术机构、公司负责人

例如，用户@neacon 即为艺术机构"Shakespeare's Globe"的首席执行官。用户@girishjohar 是印度电影协会的负责人，粉丝数量较大，其发布的关于上海国际艺术节的推特获得 22 次转发。

（3）艺术家、艺术团体的粉丝

例如，用户@CelticWomanFans 是女子艺术团体 Celtic Woman 的歌迷的主页，其在主页上发布了该艺术团体在上海国际艺术节上的演出信息等。@pecsibalett 是来自匈牙利布达佩斯的芭蕾舞团，其在脸书主页上也发布了其参加上海国际艺术节的帖子，获得了 118 个赞及好评。

（4）艺术机构、剧院等组织

如@nogravity_dance 为舞蹈演出艺术公司，@AmazonLabel 为一家音乐、娱乐艺术公司。

（5）其他国家艺术节主页

如@blnfestspiele 为德国柏林艺术节的主页，其主页主要邀请各国艺术家们来到柏林艺术节展示其一整年出品的音乐、戏剧和舞蹈等成果。用户@EuropeanFestivalsAssociation（EFA）是欧洲各国艺术节的联合组织［The European Festivals Association (EFA) is the umbrella organisation for arts festivals across Europe and beyond］。

5. 中国外宣媒体对艺术节报道在国际社交媒体上产生一定影响力

在 75 条信息中，原创信息为 65 条，转载信息数量为 7 条，原创加转载 3 条。其中转载媒体包括中新网（1 条），CCTV News（1 条），新华社（3 条），*Hindustan Times*（1 条），*Global Times*（《环球时报》）（2 条），*China Daily*（《中国日报》）（1 条），CRI 中国国际广播电台（1 条）。转载国家包括中国、印度、澳大利亚和俄罗斯。

对于上海国际艺术节，中国媒体例如 CCTV、《环球时报》等在脸书平台发布的单条帖子分别获得了 536 次及 1931 次的关注和点赞，产生了一定的影响力。

6. 艺术节在国际社交媒体主要形成4个传播子群

（1）第一个传播子群以用户@pingpongarts为中心。用户@pingpongarts是一家艺术策划公司（We bring China and the world together through the performing arts.）。其包装的古佳妮舞蹈作品《插销》将参加上海国际艺术节，这条帖子获得3次转发。

（2）第二个传播子群以@girishjohar为中心。用户@girishjohar是一名电影制作人，其发布帖子"印度电影《流浪者》将参加上海国际电影节"（Raj Kapoor Sir's Awaara to be re released… will be part of China's Shanghai International Arts Festival）。Girish Johar拥有2.92万粉丝，在业界较有影响力，其帖子获得22次转发。

（3）第三个传播子群以@auscouncilarts为中心，该用户为澳大利亚政府的艺术基金和咨询机构（The Australian Government's arts funding and advisory body），拥有3.71万粉丝，在艺术界应该有较大影响力。其发布的帖子支持澳大利亚艺术家参加上海国际艺术节及交易会，获得4次转发（EOIs for support to attend the China Shanghai International Arts Festival and Performing Arts Fair closing 8 August）。

（4）第四个传播子群以@eringeraghty为中心，该用户为一名欧洲艺术家。

7. 艺术节在艺术界形成了一定影响力，普通公众影响力仍有待提高

社交媒体平台关于上海国际艺术节信息的发布者来自美国、中国、意大利、爱沙尼亚、冰岛、澳大利亚、匈牙利、印度等几个参加上海艺术节的国家和地区，并且发布者身份和职业基本上均为艺术家、参演者及各个国际地区的艺术机构或者艺术策划公司，普通民众较少。这些发布者关于艺术节的消息也基本上与自身或机构参加艺术节活动相关，直接关于艺术节的报道基本没有。这些发布者的辐射范围也局限于同行或圈内其他艺术家，辐射到普通公众中的能力较小。而外国主流媒体在社交媒体平台上关于上海国际艺术节的报道也很少，因此上海国际艺术节在国际艺术界已经有了一定的影响力，但通过大众传播手段渗透进外国普通公众中的能力尚且不足。

三 国内媒体报道分析

（一）国内传统主流媒体和网络媒体报道分析

据中文数据库慧科统计，2016年10月8日至2016年11月22日（艺术节期间），传统媒体对第18届中国上海国际艺术节的报道量为637篇（见图2），网络媒体的报道量为2939篇（见图3）。

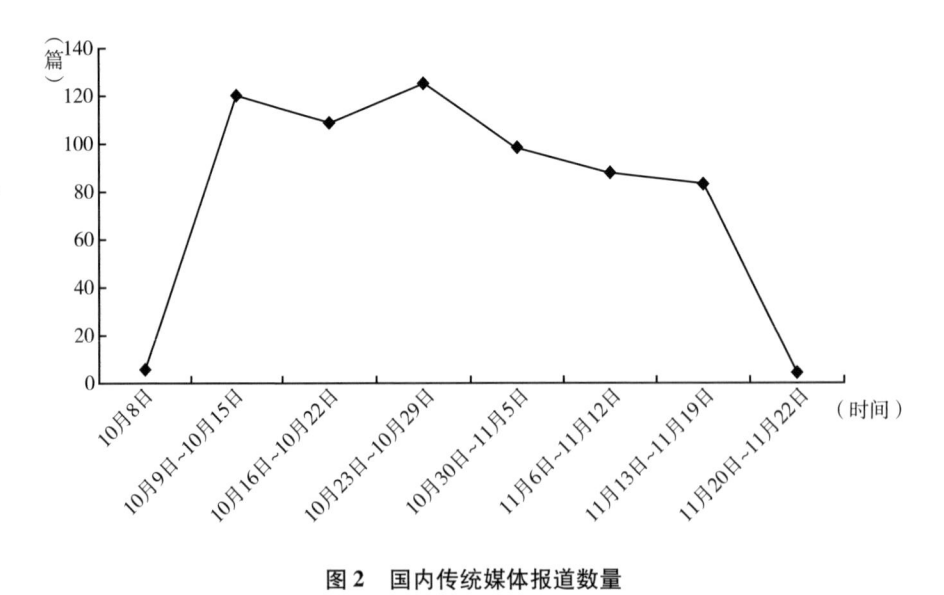

图2 国内传统媒体报道数量

1. 传统媒体报道基本情况

中文传统媒体的报道集中在上海本地媒体。

报道最多的是《新民晚报》（109篇），其后依次为《文汇报》（70篇）、《解放日报》（59篇）、《东方早报》（47篇）、《新闻晨报》（39篇）、《青年报》（32篇）（见图4）。

报道较多的中文传统媒体主要集中在上海、北京、江浙等地（见图5）。

2016年第18届中国上海国际艺术节国际影响力报告

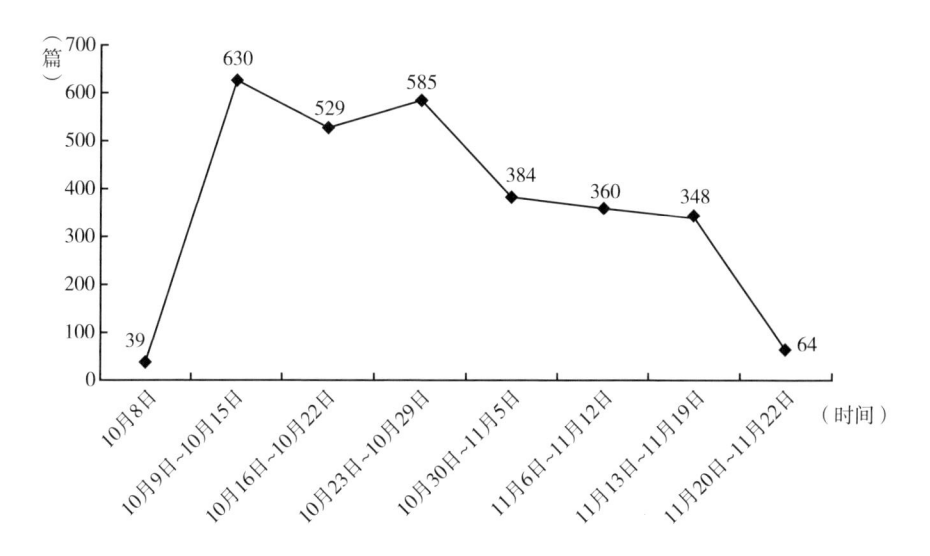

图3 国内网络媒体报道数量

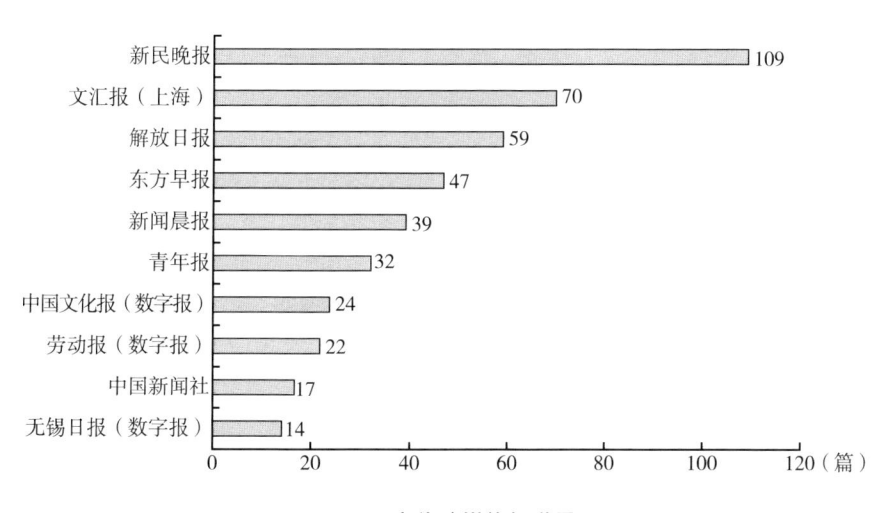

图4 国内传统媒体报道量

中文传统媒体的报道以消息为主（见图6）。

1000字以下的报道有350篇，占报道总数的54.95%，1000~2000字的报道为189篇，2001~5000字的深度报道为86篇，5000字以上的深度报道仅12篇。

135

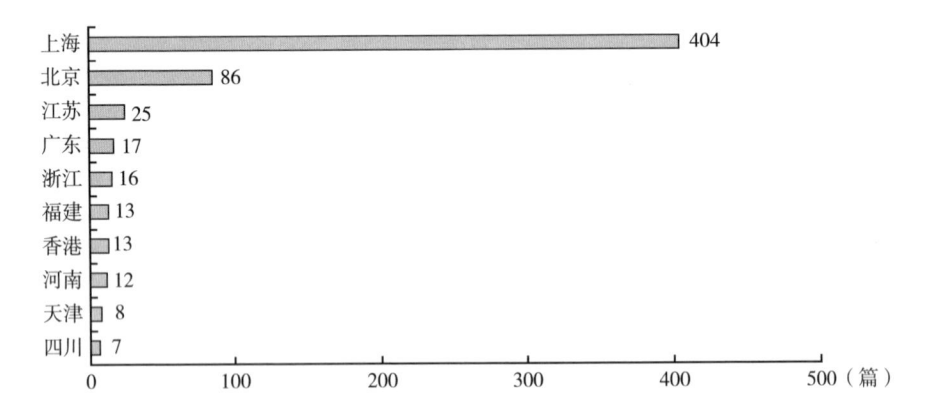

图 5　国内传统媒体报道传播量地区分布

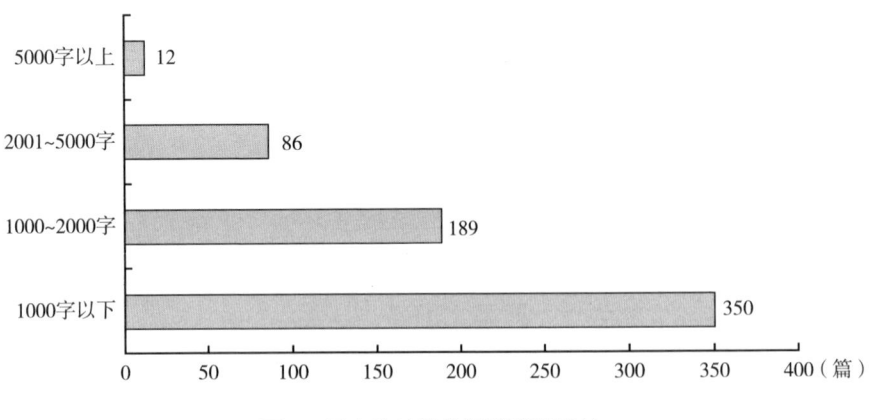

图 6　国内传统媒体报道篇幅统计

2. 网络媒体报道基本情况

网络媒体的报道集中在上海本地网站。

报道量超过 90 篇的网络媒体依次为东方网（137 篇）、光明网（136 篇）、汉丰网（123 篇）、解放网（112 篇）、和讯网（91 篇）、新民网（91 篇）（见图 7）。

报道较多的网络媒体主要集中于上海和北京（见图 8）。

网络媒体的报道绝大部分以消息为主。

网络媒体的报道中 1000 字以下的报道为 1417 篇，占总报道篇数的

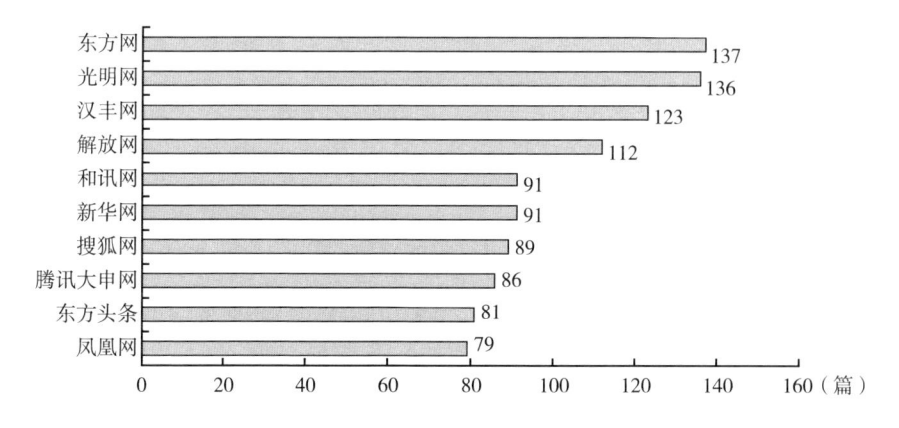

图7 网络媒体报道量

媒体	报道量（篇）
东方网	137
光明网	136
汉丰网	123
解放网	112
和讯网	91
新华网	91
搜狐网	89
腾讯大申网	86
东方头条	81
凤凰网	79

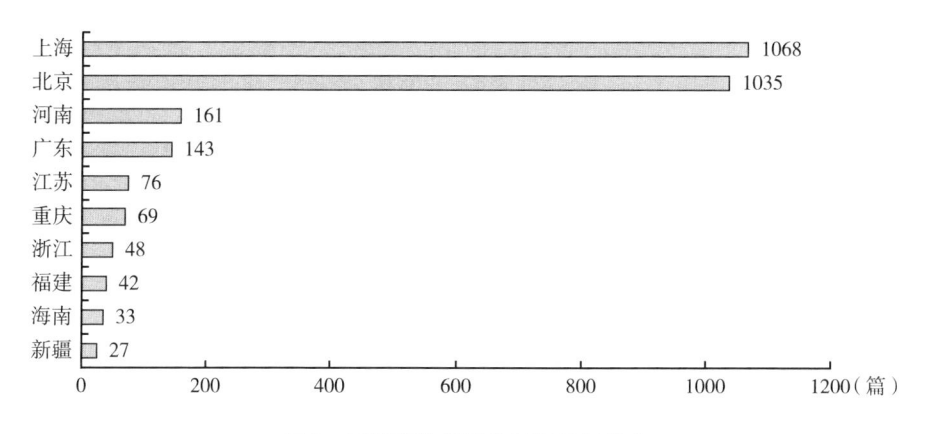

图8 网络媒体报道传播量地区分布

地区	报道量（篇）
上海	1068
北京	1035
河南	161
广东	143
江苏	76
重庆	69
浙江	48
福建	42
海南	33
新疆	27

48.21%，1000~2000字的报道有1132篇，2001~5000字的报道有339篇，5000字以上的深度报道有51篇（见图9）。

（二）国内媒体报道焦点

1. 关注上海国际艺术节对"一带一路"多层次、立体化的呈现

2015年，18个国家的22个艺术节在中国上海国际艺术节发出"一带一路"文化艺术合作倡议之后，本届艺术节在多项板块中都加入了"一带一路"元素，注重强调文化融合，国内媒体对此进行了大篇幅的报道。

网络媒体报道篇幅统计：
- 500字以上：51
- 2000~5000字：339
- 1000~2000字：1132
- 1000字以下：1417

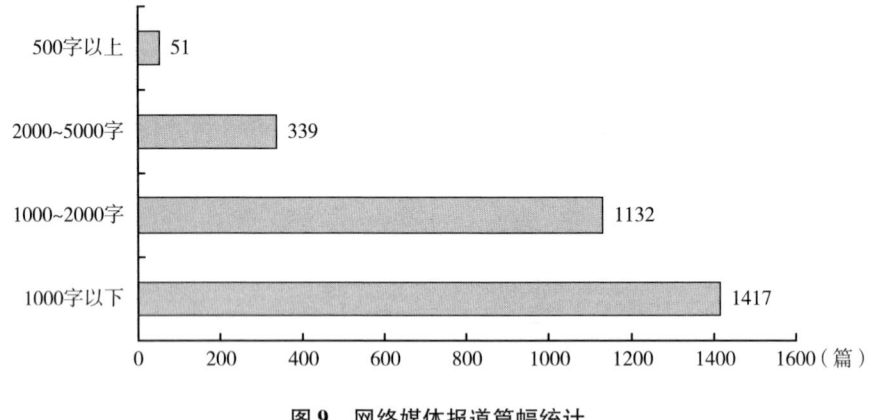

图9　网络媒体报道篇幅统计

《平凉日报》、《赤峰日报》、《三晋都市报》援引新华社《诗意·感人·和谐·青春上海国际艺术节难忘镜头扫描》一文，称2015上海国际艺术节发起"一带一路"文化艺术合作倡议，2016年就有俄罗斯、捷克、以色列等"一带一路"沿线国家的10多部作品出现在艺术节舞台上。"艺术丝路"从历史走向了今天。报道称本届上海国际艺术节集聚世界名家名团，荟萃经典佳作，展示国外优秀文化成果，特别呈现了"一带一路"沿线国家多元文化的魅力。

《中国文化报》（数字报）在2016年11月16日的报道《坚持文化自信推进艺术创新》中称本届上海国际艺术节以多层次、立体化体现了"一带一路"色彩，围绕"多元共享的文化艺术新活力"主题，以"一带一路"沿线国家艺术节合作发展网络建设为基础，热烈讨论"一带一路"文化艺术资源的开发、交流与合作，紧扣时代主题，将共建"一带一路"贯穿始终，紧紧呼应日益密切的文化交流合作。

《光明日报》（数字报）11月16日在《在对话与融合中书写中国故事——写在第十八届中国上海国际艺术节闭幕之际》一文中也提到本届艺术节将"一带一路"主题进一步贯穿始终，且务实讨论了"一带一路"文化艺术资源的开发、交流与合作。

《青年报》11月16日在《第十八届中国上海国际艺术节昨晚闭幕平均

出票率和上座率均超九成》一文中引用中国戏剧家协会主席濮存昕在主旨发言中的讲话："'一带一路'倡议是中国面向21世纪贡献给世界和平发展事业一个充满情怀、充满智慧的贡献。各国人民将互相了解、认识，形成艺术审美的互相欣赏、互相喝彩、共同发展的美好前景。"文章指出，本届艺术节对于提升中国本土文化自信和加强与不同民族、国家文化交流的重要意义。

《东方早报》11月16日刊发了《以上海的文化气质书写中国故事 艺术节助力上海国际文化大都市建设》。文章指出，为了更好地服务于"一带一路"国家倡议，本届艺术节在各板块的内容中多层次、立体化地呈现了"一带一路"内容策划。展演板块突出"融合"主题，集合了来自俄罗斯、匈牙利、捷克、以色列、卡塔尔、埃及等沿线国家的10多部作品，展现了"一带一路"丰富的文化艺术资源。

主旨论坛则以"一带一路"沿线国家艺术节合作发展网络的建设为基础，务实讨论"一带一路"文艺资源的开发、交流与合作。

2. 认为艺术节彰显上海"中外交融、兼收并蓄"的城市特质，助力"全球卓越城市"建设

《人民日报》于10月12日发表《城市是文化的容器》一文，称上海国际艺术节的魅力在于对经典的传承和创新，这些都丰富和塑造着上海这座城市，在不同文化碰撞中，在不断的艺术创新中，上海才能不断发展。

《赤峰日报》援引新华社报道《诗意·感人·和谐·青春》一文，报道中称马林斯基剧院的捷杰耶夫说，上海是一座了不起的城市，中国的发展巨变令人目眩神迷。报道称，上海国际艺术节组委会副主任、上海市委常委、宣传部部长董云虎寄言，上海将进一步树立全球视野、坚持国家定位，充分发挥中外交融、兼收并蓄的城市特质，努力把上海国际艺术节打造成为全球一流剧团、一流艺术家展示才艺的平台，努力把上海建设成"文化交流的码头、文艺创新的源头"。

《东方早报》在11月16日的《以上海的文化气质书写中国故事 艺术节助力上海国际文化大都市建设》一文中写道，在上海建设国际文化大都

市，突出"文化兴市、艺术建城"理念背景下，上海国际艺术节成功助力上海建设"全球卓越城市"，以上海的文化气质书写中国故事，推动了中外文化交流。

《东方早报》在11月16日的报道《艺术进入生活、改变城市》中称上海正向着一个越来越美好的城市飞奔。报道称，艺术节不仅是世界一流艺术的交汇之地，也是中国原创作品的展示舞台，更是中国艺术走向世界的交流平台。因为艺术节，世界各国的艺术工作者都来到上海。在这里，世界能看到中国，中国也能看见世界。

《新闻晨报》在《"爆款"迭出，申城观众越来越懂经了》一文中报道了本届艺术节上发生的罕有的"撞车"事件——两个世界一流的芭蕾舞团在同一座剧院上演同一出剧目。与马林斯基版《罗密欧与朱丽叶》"同台打擂"的斯图加特芭蕾舞团艺术总监里德·安德森表示在一周时间里吸引两个世界顶尖舞团演绎同一部剧目，上海在文化上的旺盛活力，比肩纽约、伦敦等国际一线城市，"这正是这座城市吸引我的地方"。

3. 关注"扶持青年艺术家计划"，探索文艺创新与文化发展

多年来，艺术节培养青年艺术家已形成立体、多样的梯级扶持机制。已成功创办运作五年的"扶持青年艺术家计划"（以下简称"扶青计划"），共委约59位青年艺术家推出了50部原创作品，为青年艺术家探索艺术的无限可能提供机会与平台。2016年，"扶青计划"继续发力，10部原创委约作品体现了以传统文化为根基，探究中西文化碰撞、融合与对话的特点，表达了当代中国青年艺术家对文化传承与创新的独特思考。

《东方早报》11月16日在《以上海的文化气质书写中国故事 艺术节助力上海国际文化大都市建设》一文中将"扶青计划"比作"打造青年人才的蓄水池"。

"扶持青年艺术家计划"是艺术节最重要的原创板块，也被年轻的艺术工作者称为"理想的摇篮"。实施5年来，"扶青计划"诞生了50部原创舞台艺术作品，委约了59位活跃在各个领域的青年艺术家，他们中的很多人或已成为国内舞台冉冉升起的新星。

2016年，"扶青计划"继续发力。经过三轮评选和工作坊，艺术节从海内外近百项报名候选作品中，选出10部进行委约：青年钢琴家顾劼亭的音乐剧场《当德彪西遇上杜丽娘》，用钢琴、昆曲、影像将舞台划分成若干区域，展开东西文化的穿梭对话；青年编舞家古佳妮在舞蹈《插销》中融入武术，诠释了当代社会的人际关系；创作过多首网络"神曲"的金承志，携手上海彩虹室内合唱团推出了最新合唱套曲《落霞集》……

谭盾说，"没有年轻人的艺术是会衰老的"。艺术节表示将不忘初心，继续打造"扶青计划"这个青年人才的"蓄水池"。

《东方早报》同日特刊文章《青年艺术家："扶青计划"帮得多，管得少》回顾了"扶青计划"五年来的发展，并报道了参与计划的青年艺术家的成长历程。

五年过去，"扶青计划"已经委约了59位活跃在各个领域的青年艺术家，制作出50部原创舞台艺术作品，成为原创作品和青年艺术人才的孵化器，更是国际文化交流中输送优秀作品和人才的纽带。

过去五年，"扶青计划"还与美国亚洲协会、线圈艺术节、匈牙利布达佩斯之春艺术节、中国香港视野艺术节、英国南岸艺术中心等建立了紧密合作，部分作品已经或将至德国、法国、匈牙利、美国、英国、印度等地演出。

本届艺术节"扶青计划"暨青年艺术创想周举行了一系列五周年特别活动。除了推出"五周年特别委约剧目"，还举行了"五周年回顾与展望座谈会"，并由上海文艺出版社出版《青春绽放艺术节——中国〈上海国际艺术节〉"扶青计划"五周年回顾与展望》一书，今年五岁的"扶青计划"，也将迈入一段新的历程。

青年戏剧导演王翀是"扶青计划"第一年的参与者，5年后，他带来了在上海的第十部作品《大先生》。他说："我一直想感谢上海艺术节把我们推上国际的平台。一直以来有一种对青年艺术的偏见，青年艺术属于体制外的、比较粗糙的艺术创作。其实之所以有可能是粗糙的，是因为我们没有获得好的平台的支持。我有幸能够进入〈上海国际艺术节〉这么好的平台，获得特别充分的资金支持，又跟谭盾这样的大师面对面，获得他的帮助。"

青年导演佟童今年和新西兰艺术家一起创作的国内首部数字App浸没戏剧《双重》，成为整个"扶青计划"五周年的特别委约作品，也吸引了最多的目光。而她和"扶青计划"的缘分，却始于四年前："我第一次与上海'扶青计划'结缘是在2013年，那时我带来了由我编剧导演的《长城大风歌之梦人》，在创想周进行邀约的展演。2014年，我第一次编剧导演的多媒体原创话剧《M先生的盛宴》成为当年的委约作品，我也成为'扶青计划'委约的艺术家。"

随着委约创作的成熟化，"扶青计划"也开始更关注观众的整体观剧体验，一些作品也引起了观众的热烈反响。

环境浸没式戏剧《双重》在每场演出结束后均举办了演后谈，为接下来的每一场提升改进空间。观众的发言也积极踊跃，为演出的形式提出了很多想法。

2016年，"扶青计划"委约作品也开始加大后续演出及"走出去"的步伐，通过艺术节交易会平台助推这些作品走向世界。在国内演出方面，《唐诗逸舞》、《当德彪西遇上杜丽娘》、《五脊六兽》都已确定于2017年在北京等地展开剧目巡演。

4. 深描国际知名艺术家及中西文化的碰撞交融，彰显上海国际艺术节国际化特色

《文汇报》11月19日的文章《台北三大乐团首次齐聚上海》报道了台北三大乐团——台北市立交响乐团、台北市立国乐团和台湾吹笛人室内乐团首次齐聚上海，举办三场音乐会，两岸艺术家倾力合作，为上海艺术节添上一抹亮色。同时，还详细介绍了这三大乐团的基本情况。

> 台北市立交响乐团为"台北音乐周"开锣。上海音乐会由该团首席指挥吉博·瓦格领军，并邀请获得比利时伊丽莎白女皇国际小提琴大赛首奖的小提琴家陈锐担纲独奏。音乐会上乐团演奏了布鲁赫的《苏格兰幻想曲》和肖斯塔科维奇《第十号交响曲》两个作品。
>
> 台北市立国乐团是台湾成立最早的专业民族乐团，是次与上海著名舞蹈家黄豆豆、台湾大提琴演奏家邱应钦合作、上海著名导演陈薪伊执导、大陆著名作曲家赵季平作曲的大提琴协奏曲《庄周梦》，融悠然梦幻的乐曲与仙逸、灵动的舞姿于一台，营造了2000年前庄子所述虚实莫辨的哲思梦幻意境。
>
> 台湾吹笛人室内乐团的演出曲目风格多变、曲意丰富，以极具创意的方式诠释法国作曲家梅湘的代表作品《黑鸟》、美国作曲家多尔第的《水晶》、日本作曲家酒井格的《早安》四重奏等，并特邀上海音乐学院何声奇教授及周佳音两位长笛演奏家，参与这场两岸文化交流的音乐盛会。

此次艺术节，我国著名舞蹈艺术家谭元元带着《谭元元和她的朋友们》舞蹈专场亮相于上海国际艺术节的舞台上。

为了表彰中外艺术家对中国《上海国际艺术节》的支持与贡献，本届艺术节把"特别贡献"荣誉称号授予了著名指挥大师夏尔·迪图瓦和著名舞蹈家谭元元。

《时代报》（数字报）在11月18日的文章《我才39岁，离退役还很远》中向读者展示了谭元元对艺术的追求和推动。

> 如今，她仍旧毫不避讳自己的年龄，自信满满，"我今年才39岁，距离退役还很远。最成熟的年纪，为什么要止步？我的目标是一直跳到50岁。"

芭蕾舞演员背后有着不为人知的辛苦和努力。台下的谭元元，即便是吃一顿饭，都要根据规定严格控制；喜欢旅游的她，无论去哪儿，首先要做的就是找一间练功房，因为她不能随便停止每天必做的训练。"休息一天自己知道，两天老师知道，三天观众就知道了，因为你脚下就会打滑、站不稳。"谭元元说。

虽然在旧金山芭蕾舞团跳舞多年，至今仍是团里的顶梁柱，但她并未止步于自身的发展。谭元元的舞蹈工作室在上戏已成立，她一直试图以自己的资源和人脉，帮助、扶持有潜力的芭蕾新秀们站上更高的舞台。"古典芭蕾是芭蕾演员的基地，而现代演绎是在基地上建高楼。"谭元元坦言，"我们应当有更多元的现代舞作品，尽情展现舞者积累的才华。在最成熟的年纪，不应止步。"

本届艺术节聚集了捷杰耶夫、艾申巴赫、贝洛拉维克、迪图瓦、安德鲁·曼泽和迈克尔·蒂尔森·托马斯等世界知名指挥家。大提琴家王健与钢琴家陈萨两位华人演奏家强强联手，连加座都被卖空。

俄罗斯马林斯基剧院由63岁的艺术总监捷杰耶夫率领马林斯基剧院交响乐团、歌剧院、芭蕾舞团等400多名精英，携十余个集装箱装备亮相艺术节，坚持每晚都亲自登台挥棒。

在上海国际艺术节的平台上，既能领略传统之美，也能感受现代之变。黄梅戏《大清名相》和晋剧《于成龙》以当代视角重新审视历史，也进一步打开传统戏曲的格局。当代昆曲《我，哈姆雷特》标新立异，由昆曲王子张军一人串演生、旦、净、丑4个行当，将莎士比亚与汤显祖名著中的人物同置于一个舞台维度，达成了汤显祖与莎士比亚对话、昆曲王子与莎剧王子互动的奇妙交融，让东西方不同文化认知产生碰撞。

同样，浙江小百花越剧团别出心裁，大胆创新，排练了一部穿越题材新剧《寇流兰与杜丽娘》，以深厚的中国传统艺术底蕴，让莎士比亚和汤显祖的经典珠联璧合，以现代演绎手法讲述了古罗马传奇将军寇流兰为坚守自我理想而战的悲剧人生，以及杜丽娘与柳梦梅的传奇故事。该剧导演郭小男表示：

在400年后的今天，当我把这两部作品中最有力的片段通过构作和拼贴的手法同时呈现在一个舞台上的时候，观众看到的不光是穿越400年的一次莎士比亚和汤显祖的对话，它同时也向观众们展示了一次400年前就存在的、中西方思想于文化上的神交。

《新闻晨报》11月16日的报道《"爆款"迭出，申城观众越来越懂经了》中写道：

本届艺术节上，还发生了罕有的"撞车"事件——两个世界一流的芭蕾舞团在同一座剧院上演同一出剧目。与马林斯基版《罗密欧与朱丽叶》"同台打擂"的斯图加特芭蕾舞团艺术总监里德·安德森也很意外，"这是我第一次遇到这样的事情"。在他看来，在一周时间里吸引两个世界顶尖舞团演绎同一部剧目，上海在文化上的旺盛活力，比肩纽约、伦敦等国际一线城市，"这正是这座城市吸引我的地方"。

5. 着力中国文化的国际表达

10月12日，上海大剧院、上海民族乐团原创新作音乐现场《海上生民乐》揭开了本届上海国际艺术节的序幕。这是中国上海国际艺术节首次使用民乐作品作为开幕剧目，用中国音乐母语与世界对话，充分挖掘中国民乐在表达上虚实结合的写意意境。作品在风格上呈现出传承创新、开放包容的特点，不仅结合书法、戏曲、舞蹈等艺术门类，还与不同民族、国家音乐文化相呼应，体现"民族音乐、国际表达、当代气质"，这是一次用中国音乐与世界对话的自信尝试。

《新民晚报》10月15日发文《大美民乐乐和天下》引用了《海上生民乐》总策划的话对该表演做了评价：

在整个策划中，我们坚持16个字：中国元素、国际表达、中国故事、世界演绎。我们认为，民乐要走向世界，必须不断国际化。这样，才能在世界舞台上出现越来越多的中国制造的民族音乐作品，用中国音乐的母语，讲中国的故事，与世界进行对话，这是整场演出的灵魂。

《海上生民乐》不仅是上海民乐的最高演奏水平，还体现了海派文化兼收并蓄和时尚多元的风格，重质感而清新，重内涵而轻盈。

全场通过古老的乐器、经典的曲目、精湛的演奏，及其三者交融，来抒发山河之爱、家国之爱、生命之爱。并且，运用开放的音乐风格，来抒发生活的祥和、美丽的梦想，最终体现出"乐和天下"的主题，以及"大美民乐"的意境。《海上生民乐》以全新的面貌和姿态，赋予海派民乐新风采，尽显上海文化开放、自信、包容、创新的新格局。体现了民族音乐当代气质、国际表达。

《东方早报》11月16日刊发的《用"国际表达"讲好中国故事》介绍了2016年入围"扶青计划"的10部委约作品，并认为这些作品的共同特点就是"中国故事、国际表达"。

五周年之际，"扶青计划"委约创作受到更大范围的关注。今年共收到来自国内外报名作品73部，报名者不乏来自美国、荷兰等地的青年艺术家。最终入围的10部原创作品形式多样丰富，涵盖戏剧、舞蹈、器乐、声乐等各种类型。

而这10部委约作品，虽在题材、表演形式上各不相同，但呈现的作品不约而同有一个共同特点，那就是"中国故事、国际表达"。

常年旅居法国的青年钢琴家顾劼亭是巴黎国立高等音乐学院首位华人钢琴硕士，钢琴和室内乐最高演奏家文凭获得者。此次委约创作的作品戏剧×音乐事件《当德彪西遇上杜丽娘》（剧场版）将钢琴与昆曲相结合并融入戏剧中，用全新方式来阐释东西方文化、古典与当代艺术的共融。

青年电子音乐人马海平创作的音乐·剧场作品《折·城》。以快速的机械律动和闪光的合成音，构建出一座未来都市的宏伟场景。

青年舞者唐诗逸，现任中国歌剧舞剧院首席演员。曾多次在《水月洛神》、《孔子》、《丝海梦寻》等中国古典题材作品中演绎主角的她，此次借扶青平台转变身份担任编舞，创作了舞蹈剧场《唐诗逸舞》，以现代人的视角走进唐诗。

古佳妮是曾受过多年古典芭蕾与中国古典舞训练的青年舞者。她的肢体作品《插销》试图解读人与人之间相连接的部分。

青年编剧杨浥堃导演的作品《五脊六兽》讲述了由一张"冥途路引"而引发的故事。一部充满怪诞色彩的黑色喜剧，用肢体剧的形式，展现了蕴含中国文化的有趣故事。

由上海市委宣传部、市文化广播影视管理局指导的原创大型交响诗剧《长征：不朽的丰碑》也为第18届中国上海国际艺术节"爱我中华 砥砺前行——纪念长征胜利80周年系列演出"添上浓墨重彩的一笔。《解放日报》10月17日刊发《革命史诗海派特色国际表达原创大型交响诗剧〈长征：不朽的丰碑〉文化广场首演》。文章提道：

宏大的音乐气势结合戏剧独有的特色，描绘出一幅别开生面的巨制场景。音乐、舞蹈、话剧、诗词交织融合，展现出长征的壮丽篇章和伟大精神。这一形式不但具有上海包容开放的海派文化特色，更融汇了国际艺术的表达方式。

6. 注重艺术教育，让更多观众亲近艺术

2015年，艺术节全新启动的艺术教育项目一经推出，便受到热烈欢迎。《解放日报》、《东方早报》、《新闻晨报》等媒体都关注了该项目并做了相应报道。

《解放日报》10月13日发表《名家力作争口碑让更多观众亲近艺术》，介绍了2016年的艺术教育环节。

为了帮助观众不仅看热闹，还能看出更多门道，今年艺术节早在20天前就启动艺术导赏活动。首次导赏会上，音乐史专家王勇、舞蹈表演艺术家吴洁、昆曲表演艺术家谷好好、沪剧表演艺术家吕贤丽和李建华作为"艺术导师"库代表，由中国"上海国际艺术节"中心总裁王隽颁发聘书。吴洁直言，"艺术是需要多元化途径进行传播的，除了舞台表现外，互动、交流式的讲座，更能够让观众看得懂门道。身为'艺术导师'的我们起到的正是一个纽带作用，一方面向观众推荐优秀的作品，一方面也为剧目吸引观众打开通道"。

今年艺术教育从讲座与导赏、艺术工作坊、艺术进校园、学生进剧场以及特别活动五个部分推出60场艺术教育活动，打造汇聚更多艺术节粉丝的新磁场，建立提升大众艺术素养的新课堂。如果说去年"艺术磁场"旨在提升大众艺术素养，那么今年的艺术教育则把目光聚焦在中小学戏剧教育上。为此，艺术节策划了一系列面向青少年儿童的教育活动——"向大师致敬"上海市中小学戏剧教育实践活动艺术工作坊、艺术大师班、艺术进校园、学生进剧场等，希望通过戏剧教育普及的低龄化，激发青少年走近和热爱戏剧艺术的源动力，让艺术节"校园行"不虚此行。

《人民日报》（数字版）于10月12日发表的文章《第十八届中国〈上海国际艺术节〉在沪开幕国际艺术再现"上海盛典"》也介绍了艺术进校园板块。

在艺术教育方面，艺术节注重将社会主义美育与青年德育相结合，将艺术教育与艺术素养普及相结合，通过与上海市教委、专业协会、剧场等的深层互动，举办活动100多场。

艺术进校园板块将艺术节的主板内容带到校园，包括文化周、知名院团、喜剧节、木偶艺术节优秀作品等四个系列的19场演出。同时，紧密围绕主板内容的主题策划，邀请学生走入上海各大一流剧院，欣赏艺术节的精彩演出和展览，剧目观摩数量做到全覆盖。

《文汇报》在11月18日发表的专题报道《打莲湘：非遗进校园的典范 艺术育新人的创举》详细地介绍了"非遗"民间艺术"打莲湘"被上海市金山区廊下小学引入校园成为"常景"，融入教育成为"常态"，渗入课程成为"常规"。通过廊下小学对学生以莲湘文化的熏陶呈现了艺术教育的重要性，并评价道：

> 如果说，从地域莲湘到校园莲湘，是打莲湘的起步，那么，从校园莲湘到莲湘教育，则是打莲湘的进步，而莲湘教育到教育莲湘，更是打莲湘的跨步。廊小呈现的打莲湘，展现的莲湘教育，是对文化传承的重大建树，也是对校园文化的重大建业，更是对立德树人的重大建功。

（三）国内社交媒体报道分析

1. 微博舆情分析

本报告的微博舆情分析围绕关键词"上海国际艺术节"，对2016年7月1日至12月31日从微博上采集到的13079条信息进行了分析。微博声量最高峰出现在2016年10月18日，当天共有2251篇相关微博言论；总体来说，整个微博事件的发展趋势较为突出。

（1）艺术节开幕，引爆社交媒体关注

从图10可以看出，国内社交媒体对艺术节整个事件报道的爆发点是2016年10月13日，原创类型的数据较为突出，加上转发和媒体的关注，将艺术节事态发展推向高点。从传播途径来看，艺术节板块、相关艺术赛事、演出剧目等微博账号在艺术节舆情传播链条中发挥了重要作用（见图11）。

（2）微博热点词分析

图12为本届艺术节上的热点词，根据词语在微博上出现的频率高低生

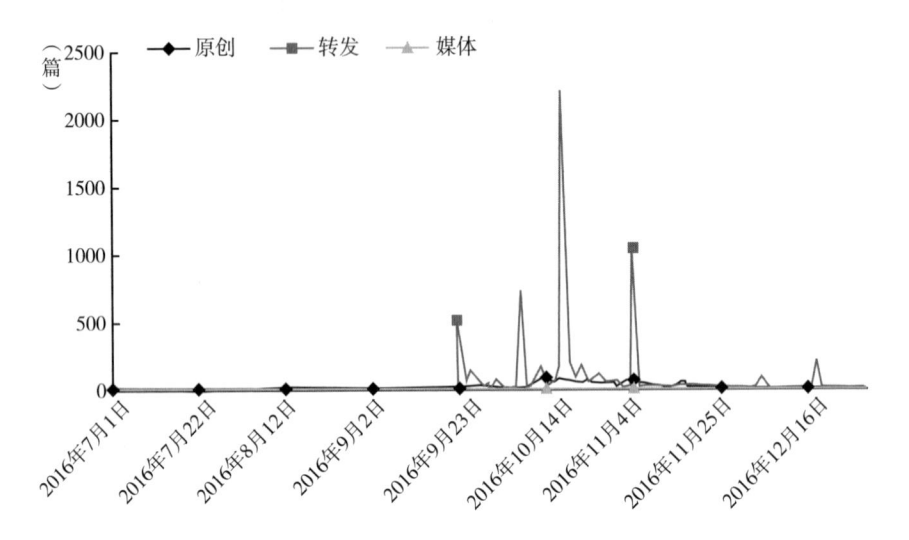

图10 微博舆情走势

[7月20日11点]【中国上海国际艺术节】#第18届中国上海国际艺术节#锵锵锵锵锵！2016年"扶青计划"委约名单公布！"扶青计划"五周年了，似乎正值这个伟大项目的青春期——经历着经验与成长，变革与创新；经历着不满足和自我期许；经历着视野和观念的拓展；经历着学习障碍和才华横溢；经历着困惑与无果；经历着渴求独立和期待关注……

[8月11日18点]【中国上海国际艺术节】#第18届中国上海国际艺术节#中国戏曲，600年多历史，300多个剧种。每个剧种都蕴含着一个地域的历史与文化，每个剧种都历经数代艺人心血造诣，淬炼出各自的名戏，风格各异，各领风骚，每个剧种都有每个时代的代表人物。http://t.cn/Rt0fKXp

[11月27日18点]【中国之声】#节目互动#讲述中国故事，融汇世界风景，春华秋实十八载，我们又一次走近上海国际艺术节这方艺术的舞台。民乐、交响、戏曲、戏剧……极致展现中华文化，共同沐浴西方经典。《海上生民乐》、京剧《正考父》、南音《风求凰》、话剧《北京法源寺》、卡塔尔爱乐乐团《梦幻阿拉伯之夜》、乐歌剧《伊戈尔王》

[12月11日15点]【不再漫长盼望】今年最贵重的礼物！遗失多年的偶像#陈百强#1991年参加上海第三届国际艺术节压轴表演的视频在25年后重建天日。看着视频隔着手机屏幕我也忍不住和上海现场的观众一起呼喊着你的名字"丹尼丹尼！"我们终于在2016完美收官。在此特别谢谢提供视频的热心歌迷宋先生敏敏极品猫咪！http://t.cn/RIAZMxX.

[12月21日9点]【中国上海国际艺术节】为了让身处国际文化大都市的上海市民更好地共享上海城市文化发展的成果，中国上海国际艺术节中心携手上海市群众艺术馆推出以"艺术中的真善美"为主题的市民征文比赛，获得了广大市民的热情参与。http://t.cn/RISozng

图11 微博舆情传播途径

成。其中，"艺术"与"国际"是两大热点词语，说明艺术节的国际化程度受关注度较高；"微博"、"艺术节"也较为醒目，微博作为国内社交媒体舆论主力,在艺术节舆论场中的作用不容小觑。此外,"演出"、"青年"、"10月"等艺术节的板块及演出内容也获得较高提及频率。

图 12 第 18 届中国上海国际艺术节热点词

(3)意见领袖

传播艺术节信息的意见领袖中,《新民周刊》、《江南晚报》、东方网、《解放日报》等媒体官微积极参与传播艺术节舆情信息,获得粉丝广泛关注;高人气中国内地男团 ZERO-G、著名作家虹影、中国内地女导演田沁鑫等作为人气偶像或文化名人,也积极关注本届艺术节动态,并转发相关信息,获得较高关注度。

(4)热门微博与转发

从热门微博来看,内容主要关注剧目预告、名人名团、票务信息等,其中,明星效应构成了热门微博的重要因素之一,艺术节中的明星偶像组合在微博中关注度颇高,吸取大量粉丝转发。

从艺术节信息转发量排名前八的微博内容进行分析后发现,热门微博内容聚焦艺术节创想周中国男团 ZERO-G 与日本男团 BOYS AND MEN 联袂演出这一事件,该事件获最高转发量,吸引大量粉丝参与话题讨论,获得较高关注度。此外,上海国际艺术节《了不起的安徒生》经典童话展、明星刘晓庆生日当天转发艺术节《武则天》演出信息、艺术节"面面观"艺术教

151

育活动等事件也在热门转发之列，形成艺术节微博舆情主要关注点。

（5）粉丝分布及转发

从粉丝分布来看，粉丝数量在49人以下的普通账号总量最多（7692），而粉丝数量在2000人以上的较有影响力的微博账号总量为1626，仅次于普通账户总量（见图13）。说明普通账户在数量上占据绝对优势，在艺术节微博舆情中具有较高活跃度。

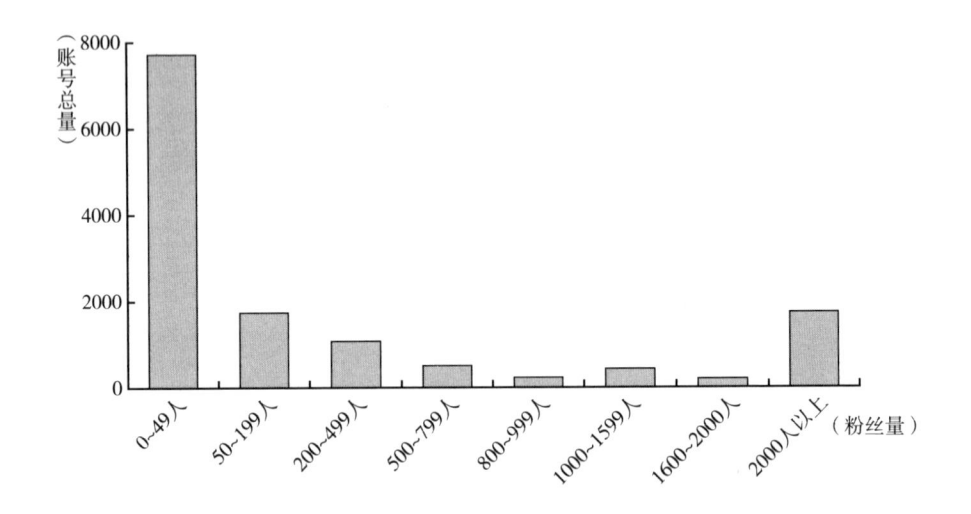

图13　粉丝分布

从转发情况来看，转发微博比例（76.79%）是原创微博比例（23.21%）的三倍之多，说明大部分公众并不具备艺术节微博舆情的原始生产能力，主要借助转发意见领袖微博、热门微博等参与舆论传播（见图14）。从转发层级来看，一次转发（76.13%）占据主力，二次转发、三次转发、四次转发比例呈依次下降态势（见图15）。

（6）微博情绪

从微博情绪来看，粉丝对艺术节信息总体持积极态度。绝大部分微博用户在转发时使用"爱心"表情，而使用"鼓掌"、"大笑"及"点赞"等积极表情的用户也占据主力，总体看来，公众所呈现的艺术节微博情绪是肯定与赞扬（见图16）。

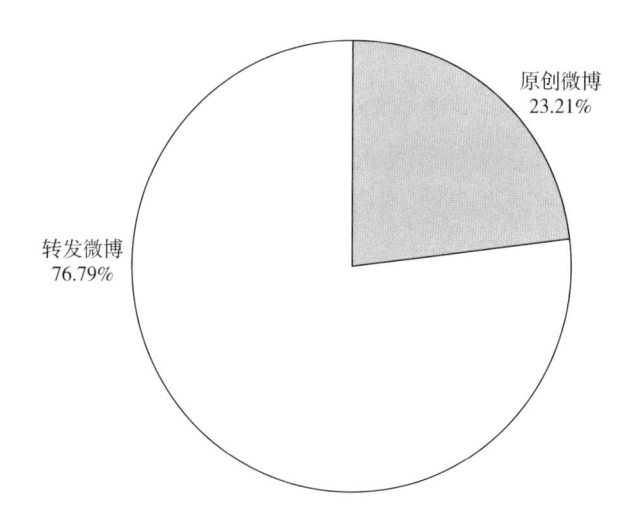

图14　原创微博与转发微博分布情况

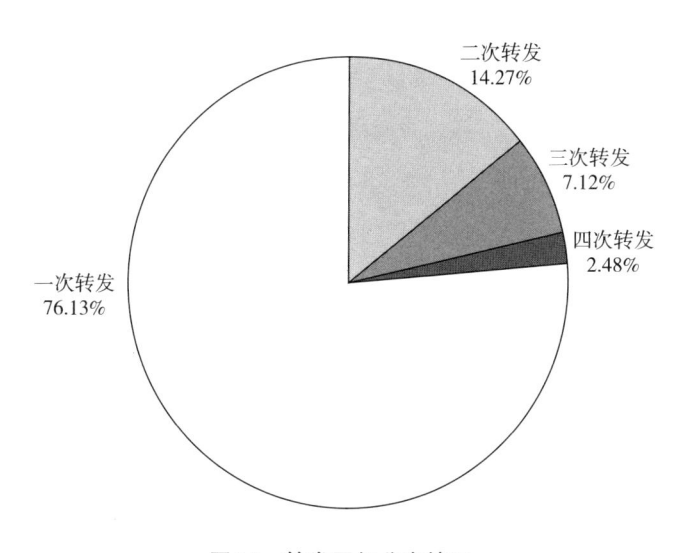

图15　转发层级分布情况

（7）评论分析

通过微舆情平台分析艺术节的粉丝评论，发现粉丝主要围绕创想周中国男团 ZERO-G 与日本男团 BOYS AND MEN 联袂演出这一事件进行评论，粉丝们对明星的关注构成主要话题（见图17）。

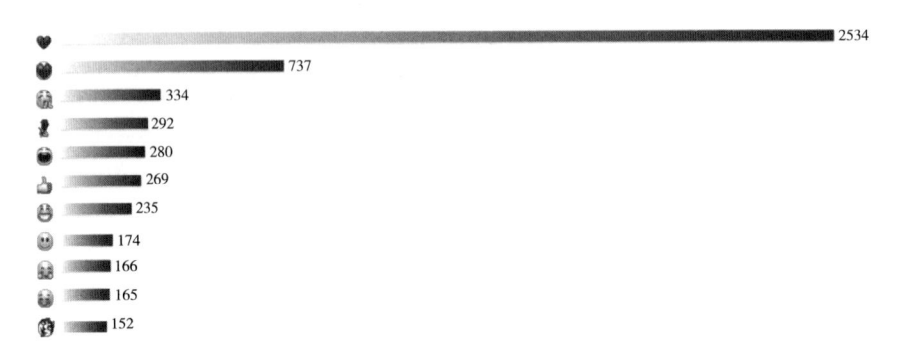

上海文化活动国际影响力报告（2017）

```
                                                              2534
                              737
                334
                292
                280
                269
                235
                174
                166
                165
                152
```

图 16　微博情绪分布

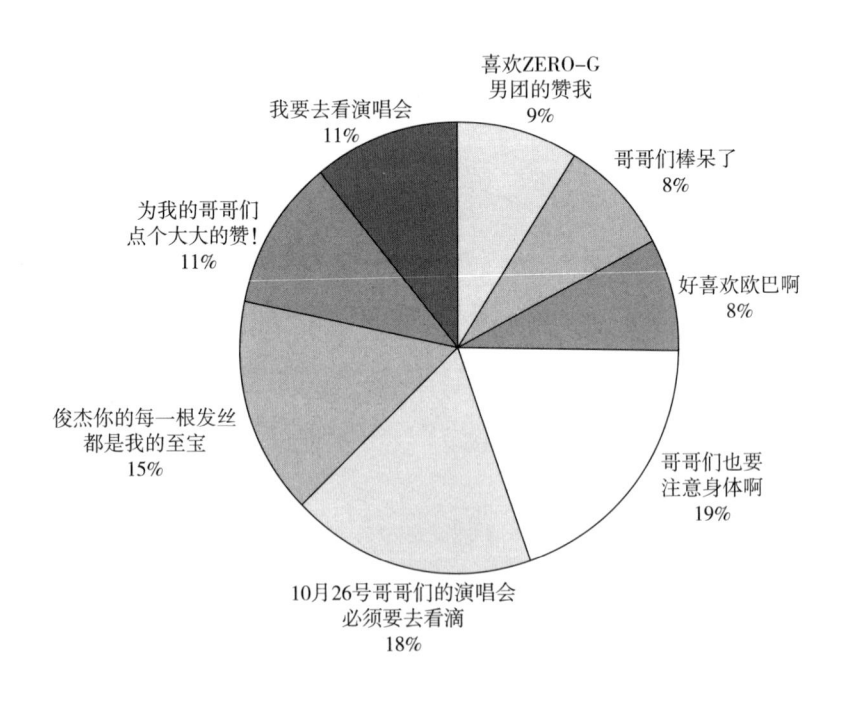

图 17　微博评论

饼图数据：
- 喜欢ZERO-G男团的赞我 9%
- 哥哥们棒呆了 8%
- 好喜欢欧巴啊 8%
- 哥哥们也要注意身体啊 19%
- 10月26号哥哥们的演唱会必须要去看滴 18%
- 俊杰你的每一根发丝都是我的至宝 15%
- 为我的哥哥们点个大大的赞！11%
- 我要去看演唱会 11%

2. 微信舆情分析

通过搜狗微信搜索平台对艺术节微信信息进行搜索，在 2016 年 7 月 1 日到 2016 年 11 月 30 日期间，以"上海国际艺术节"为关键词，共找到约

2054条微信文章，总结出以下信息传播特点（见图18）。

（1）微信对艺术节关注主要集中在旅游文化、娱乐主题

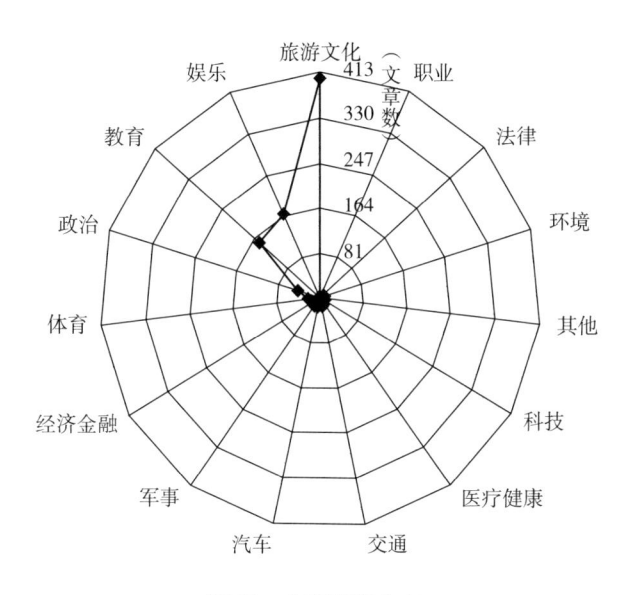

图18 文章类型分布

（2）艺术节官微发文量大，获得关注多，预热周期长

中国上海国际艺术节（微信号artsbird2306）是中国上海国际艺术节的官方手机窗口，即时发布艺术节的"一举一动"，该公众号在艺术节期间发文量大，对第18届艺术节预热周期长，文章内容获得广泛关注。

中国上海国际艺术节官微于2016年1月14日发表首篇与本届艺术节相关文章《走进艺术节之纽约疑云》，文章提到了即将在第18届中国上海国际艺术节上演的作品，为公众设置悬念；在后续发布的《纽约挂起的中国风》《2016年"扶青计划"委约创作/邀约展演征集启动！》等文章中，通过委约作品介绍与作品征集，对本届艺术节进行持续预热。

4月26日至7月29日，发布11篇艺术节相关内容文章，关键词包括"昆曲"、"汤显祖"、"莎士比亚"、"北京法源寺"、"创想周"及"扶青计划"等，从7月开始，公众号月度发文数量明显增加。

8月1日至10月12日，共发布艺术节相关文章94篇，集中对艺术节参演剧目进行全方位介绍，内容丰富，涵盖人物、剧目、名家名团等多方面内容。

从10月12日开始到12月底，艺术节期间对演出内容进行回顾、预告，艺术节结束后对艺术节影响进行评析、关注艺术节征文比赛，发表文章《演出交易平台助力文化"走出去"》、《"艺术教育"打造为市民普及艺术的桥梁》等，获得较高关注。

（3）艺术节演出剧目、票务信息类文章被广泛转发，关注度高

本届艺术节演出信息受多方关注，获得较高转发量。文化上海（微信号wenhuashanghai）在9月12日发布文章《【首发】第十八届中国上海国际艺术节十月开幕（附剧目汇总）》，阅读量近2万；上海早知道（微信号shzzdyw）在同日发布文章《第18届中国上海国际艺术节参演剧目与展览节目表》，阅读量超过6万；此外，上海市旅游局官微乐游上海（微信号shanghaitourism）、艺享会（微信号 Artsclub）、申江服务导报（微信号ishenbao）等休闲类、文化类、服务类微信公众号也较关注艺术节相关文章，进行原创或转发推送。

非官方微信号对艺术节相关文章的推送主要包括剧目介绍、票务购买、名家名团推广等服务类信息。

（4）艺术节不同板块官微也是发文主力军

上海国际艺术节由不同板块构成，除了艺术节官微的密集推送，艺术节不同板块的旗下官微也多方发力，有针对性地预热、实时发文、节后持续追踪，成为公众从微信获取艺术节信息的又一重要来源。

其中，扶持青年艺术家计划（微信号 RAW_ CSIAF）、中国上海国际艺术节演出交易会（微信号 ChinaSPAF）、中国上海国际艺术节校园行（微信号 ysj_ xyx）等公众号分别对艺术节扶青、演出交易会、校园行系列活动进行了预告、推广及回顾，关注重点事件及名人，与艺术节官微、各类文化艺术服务类非官微共同构成艺术节微信舆情主要力量。

四 受众调查

（一）观众满意度在线调查

1. 观众画像：本地、受教育程度较高、中等收入为主的年轻女性

艺术节的国内受众主要是这样的一个群体——年轻化、女性化、本地化，教育程度较高，中等收入为主。

国内观众中女性占62.9%，国际观众中女性占69.2%。年龄26～40岁（国内观众在该年龄段占55%，国际观众在该年龄段占41.2%）。本科及硕士学历（国内观众在该学历范围内占75%，国际观众在该学历范围占58.8%）。从居住地来看，绝大多数国内观众都来自上海（88.3%）及上海周边的江浙地区（杭州及苏州的观众分别占1.5%）（见表1）。

2. 上海本土传统媒体是民众获取艺术节信息的主要渠道

对于从何种途径了解2016年上海国际艺术节问题，67.9%的国内观众选择了上海本地媒体；50%的国际观众选择了上海本地媒体、外地媒体及境外媒体。整体来说，上海本土媒体是观众了解艺术节的主要渠道（见图19）。

表1 2016年上海国际艺术节观众基本信息

基本特征变量	国内观众			国际观众		
		数量	比例(%)		数量	比例(%)
性别	男	5373	37.1	男	12	30.8
	女	9113	62.9	女	27	69.2
年龄	19岁以下	528	3.6	19岁以下	12	23.5
	19～25岁	3605	24.8	19～25岁	3	5.9
	26～40岁	8008	55	26～40岁	21	41.2
	41～55岁	1497	10.3	41～55岁	9	17.6
	56～65岁	664	4.6	56～65岁	3	5.9
	65岁以上	256	1.8	65岁以上	3	5.9

续表

基本特征变量		国内观众		国际观众		
		数量	比例(%)		数量	比例(%)
文化程度	中学及以下	443	3.0	中学及以下	3	5.9
	大专	2483	17.1	大专	6	11.8
	本科	8705	59.9	本科	15	29.4
	硕士	2194	15.1	硕士	15	29.4
	博士	426	2.9	博士	9	17.6
行业分布前四名	在校学生	1412	9.6	设计创意行业	12	23.1
	教育	1327	9.0	自由职业	6	11.5
	金融	1191	8.1	在校学生	6	11.5
	医疗	1157	7.9	教育	6	11.5
居住地	上海	12921	88.3	上海	21	28.
	杭州	222	1.5	重庆	9	12.
	苏州	222	1.5	苏州	6	8
	南京	154	1.1	南京	6	8
月收入	0~3000元	1990	13.7	0~3000元	3	6.3
	3001~6000元	4421	30.4	3001~6000元	9	18.8
	6001~10000元	5169	35.6	6001~10000元	21	43.8
	10001~20000元	2194	15.1	10001~20000元	12	25
	20000元以上	749	5.2	20000元以上	3	6.3

注：本次观众满意度调查调查对象由15789名国内观众和48名国际观众组成。

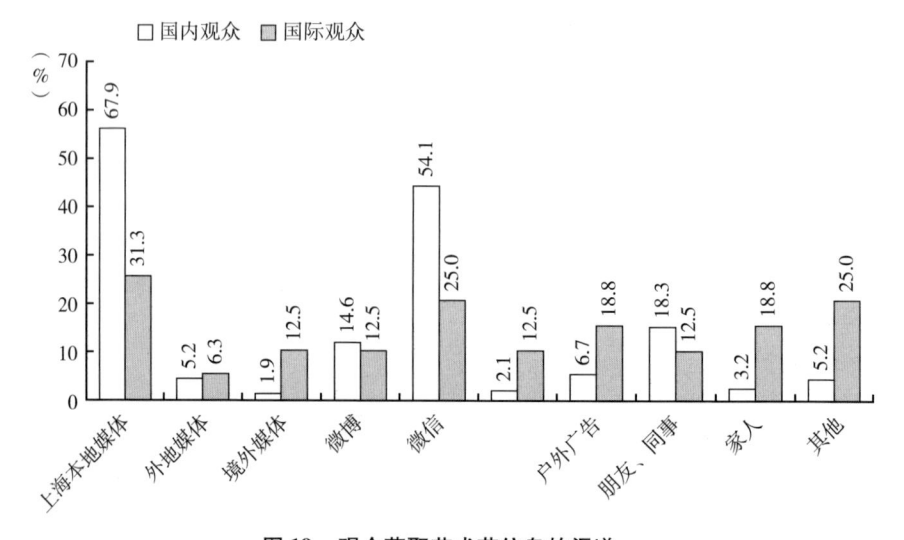

图19 观众获取艺术节信息的渠道

3. 社交媒体微信成为获取艺术节信息的重要渠道

新媒体时代，社交媒体成为国内受众获取艺术节的重要信息渠道。如表2所示，54.1%的国内观众通过微信了解艺术节信息；14.6%的国内观众通过微博了解艺术节。整体来说，近七成的国内观众都是通过微信、微博新媒体平台了解艺术节信息。微信同样成为国际观众了解上海国际艺术节的主要渠道（见表2）。

表2　您通过何种途径了解2016年上海国际艺术节？（多选）

	国内观众 数量	国内观众 比例(%)	国际观众 数量	国际观众 比例(%)
上海本地媒体	10728	67.9	15	31.3
外地媒体	817	5.2	3	6.3
境外媒体	307	1.9	6	12.5
微博	2313	14.6	6	12.5
微信	8535	54.1	12	25.0
Facebook、Twitter	324	2.1	6	12.5
户外广告	1055	6.7	9	18.8
朋友、同事	2891	18.3	6	12.5
家人	511	3.2	9	18.8
其他	817	5.2	12	25.0

4. 国际艺术团经典演出是国际和国内观众最喜爱的艺术节板块

在最喜爱的2016年上海艺术节板块中，选择国际艺术团经典演出的国内观众和国际观众分别占65.8%和43.8%（见图20）。相比之下，论坛和"扶青计划"这两个艺术节板块并不十分受观众的青睐（国内观众选择论坛和"扶青计划"板块的分别占比8.2%、9.5%，国际观众选择论坛和"扶青计划"板块的分别占比12.5%、12.5%）（见表3）。

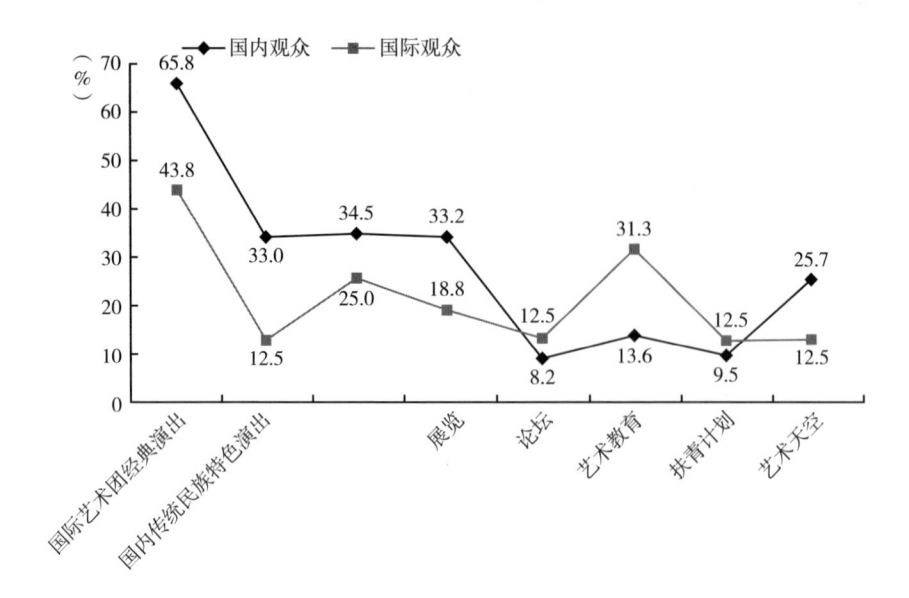

图20 您最喜爱的2016年上海国际艺术节板块

表3 您最喜爱的2016年上海国际艺术节板块是？（多选）

	国内观众 数量	国内观众 比例（%）	国际观众 数量	国际观众 比例（%）
国际艺术团经典演出	10388	65.8	21	43.8
国内传统民族特色演出	5203	33.0	6	12.5
国内现代创新节目演出	5441	34.5	12	25.0
展览	5237	33.2	9	18.8
论坛	1293	8.2	6	12.5
艺术教育	2143	13.6	15	31.3
"扶青计划"	1497	9.5	6	12.5
艺术天空	4064	25.7	6	12.5

5. 国内观众最喜爱交响音乐会、戏剧和现代舞；国际观众更青睐芭蕾、戏曲和戏剧

国内观众最喜爱的艺术形式前三名分别是交响音乐会（48.5%）、戏剧（47.8%）、现代舞（39.3%），国际观众最喜爱的艺术形式前三名分别是芭蕾（50%）、戏曲（31.3%）、戏剧（25%）（见图21）。中外观众的喜好都涉及浓重的音乐元素，但国内观众偏爱带来听觉享受的音乐会形式，国外观众更爱具有视觉冲击的舞蹈演出。国外观众对具有中国特色的戏曲类节目的喜爱也值得注意（见表4）。

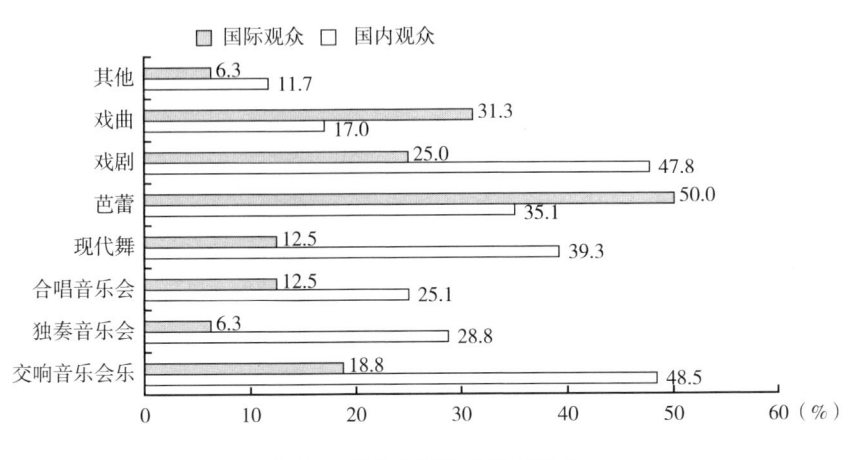

图21 观众最喜爱的艺术形式

表4 您最喜爱的艺术形式？（多选）

	国内观众		国际观众	
	数量	比例(%)	数量	比例(%)
交响音乐会乐	7651	48.5	9	18.8
独奏音乐会	4540	28.8	3	6.3
合唱音乐会	3962	25.1	6	12.5
现代舞	6206	39.3	6	12.5
芭蕾	5543	35.1	24	50.0
戏剧	7549	47.8	12	25.0
戏曲	2687	17.0	15	31.3
其他	1854	11.7	3	6.3

6. 艺术节观众忠诚度高，62.5%的国际观众，37%的国内观众曾参加过艺术节

艺术节观众忠诚度较高。根据统计，37%的国内观众曾参加过艺术节。其中，参加过两届的占18%，参加过三届及以上的占19%（见图22）。相对而言，国际观众忠诚度更高，62.5%的观众曾经参加过艺术节。

与此同时，上海艺术节又在不断加强对新人的渗透和影响。50.1%的国内观众首次参加艺术节，25%的国际观众第一次参加（见表5）。

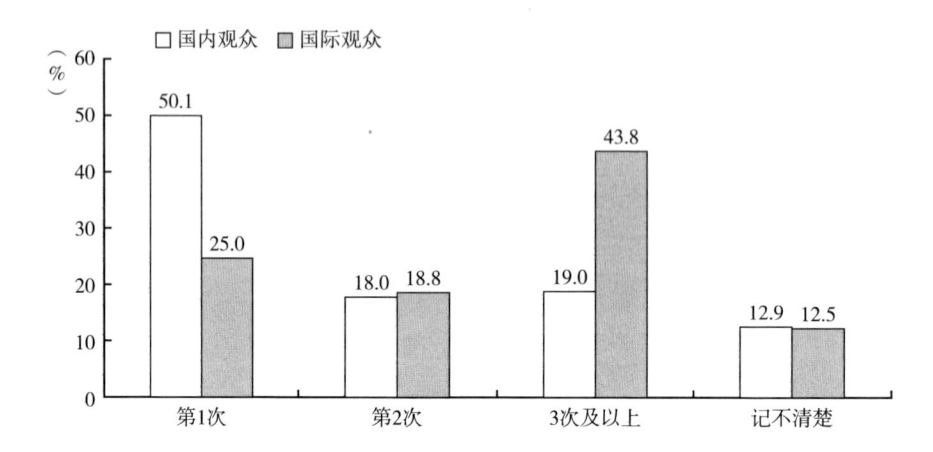

图22　观众参与上海国际艺术节的次数

表5　您是第几次参加上海国际艺术节？

	国内观众		国际关注	
	数量	比例(%)	数量	比例(%)
第1次	7855	50.1	12	25.0
第2次	2823	18.0	9	18.8
3次及以上	2976	19.0	21	43.8
记不清楚	2024	12.9	6	12.5

7. 英国爱丁堡艺术节、香港艺术节和奥地利萨尔斯堡艺术节国内知名度高；上海国际艺术节艺术表演形式更多样

在本次调查中，我们列举了世界上较为知名的几大艺术节，包括英国爱丁堡艺术节、法国阿维尼翁艺术节、奥地利萨尔斯堡艺术节、澳大利亚阿德莱德艺术节、香港艺术节等。

英国爱丁堡艺术节、香港艺术节和奥地利萨尔斯堡艺术节国内知名度较高（见图23）。

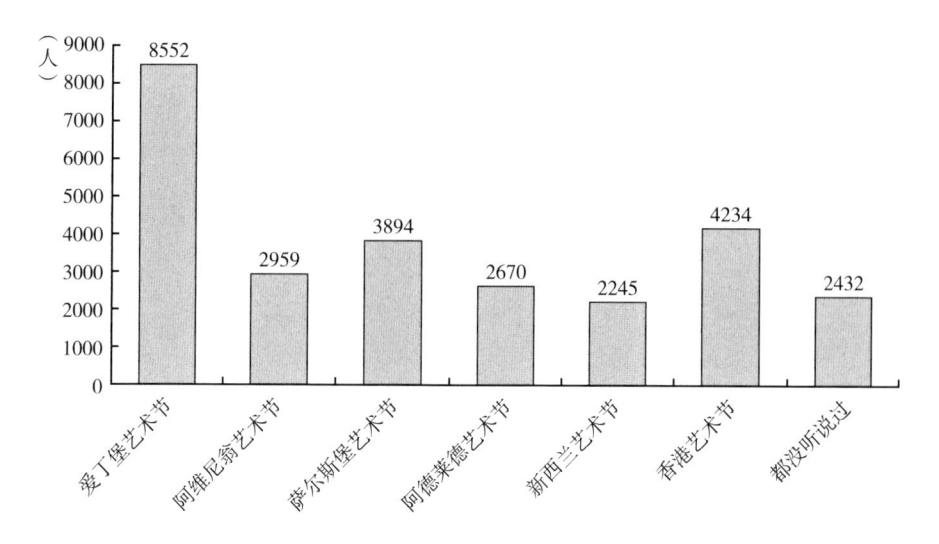

图 23　国际艺术节知名度

42%的国内观众认为与国际知名艺术节相比，上海国际艺术节艺术表演形式更丰富（见图24）。

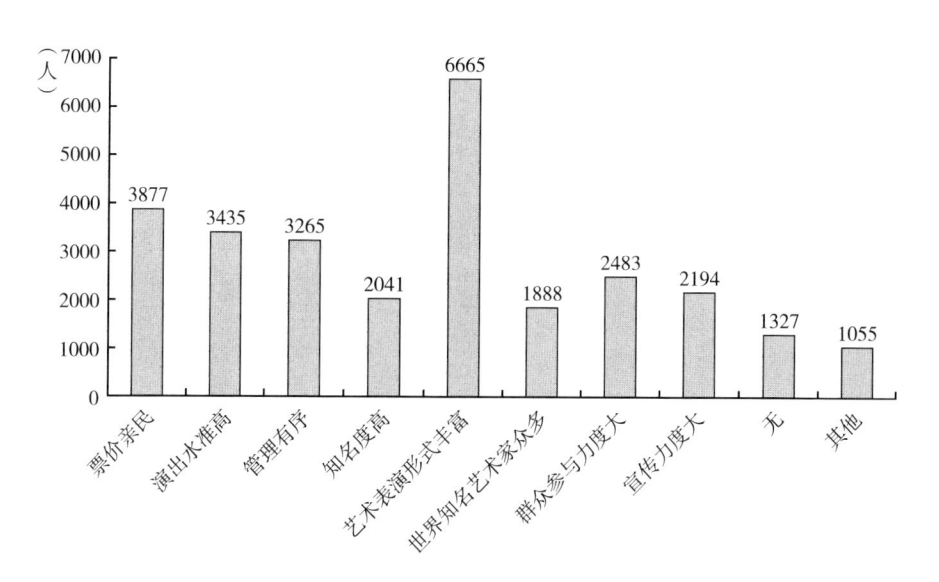

图 24　上海国际艺术节的优势

8. 艺术节整体满意度较高，76.2%的国内观众和58.8%的国际观众对艺术节表示满意

本次调查通过采用5分制要求观众对艺术节满意程度进行打分。5分代表非常满意，1分表示非常不满意。

76.2%的国内观众和58.8%的国际观众对艺术节表示满意（4分及以上）（见图25、表6）。

同时，当被问及是否会选择参加下一届上海国际艺术节时，63.2%的国内观众和37.5%的国际观众表示肯定会参加（见图26、表7）。

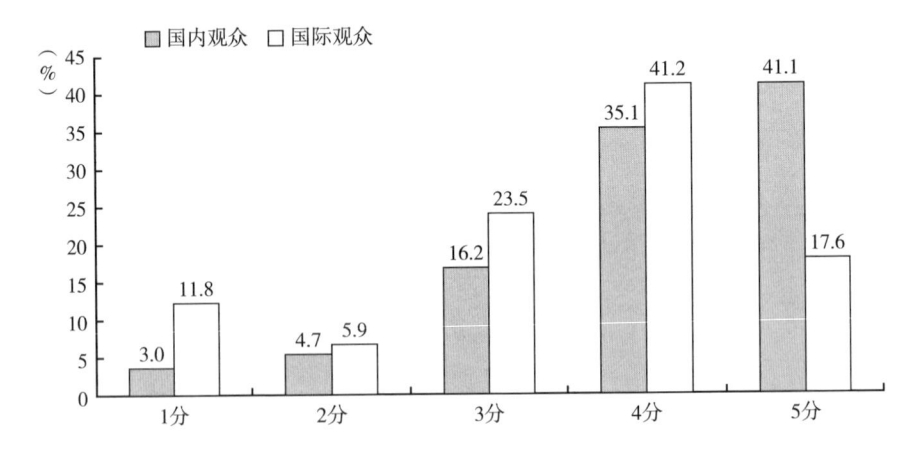

图25 观众满意度评分

表6 您对2016年上海国际艺术节整体满意吗？

	国内观众		国际观众	
	数量	比例(%)	数量	比例(%)
1分	443	3.0	6	11.8
2分	698	4.7	3	5.9
3分	2432	16.2	12	23.5
4分	5254	35.1	21	41.2
5分	6155	41.1	9	17.6

注：1分表示很不满意，5分表示非常满意。

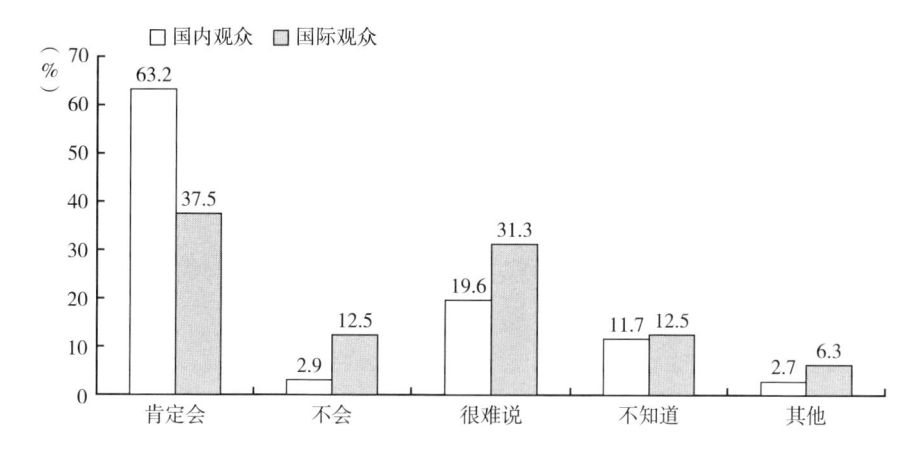

图26 是否会参加下一届艺术节

表7 您是否会选择参加明年上海国际艺术节？

	国内观众		国际观众	
	数量	比例(%)	数量	比例(%)
肯定会	9215	63.2	18	37.5
不会	426	2.9	6	12.5
很难说	2857	19.6	15	31.3
不知道	1701	11.7	6	12.5
其他	392	2.7	3	6.3

9. 八成以上国内观众认为举办国际艺术节有利于提升上海国际形象和国际影响力

对上海举办国际艺术节是否有利于提升上海国际知名度和影响力问题，分别有57.2%和25.4%的国内观众认为十分有利和有利，超过八成的国内观众对上海国际艺术节提升上海国际形象和国际影响力的作用十分有信心（见图27）。

仅50%的国际观众认为举办国际艺术节十分有利于提升上海国际知名度和影响力，其中，17.6%的国际观众认为非常有利；29.4%的国际观众认为有利。23.5%的国际观众认为一般，23.5%的国际观众认为没有作用（见表8）。

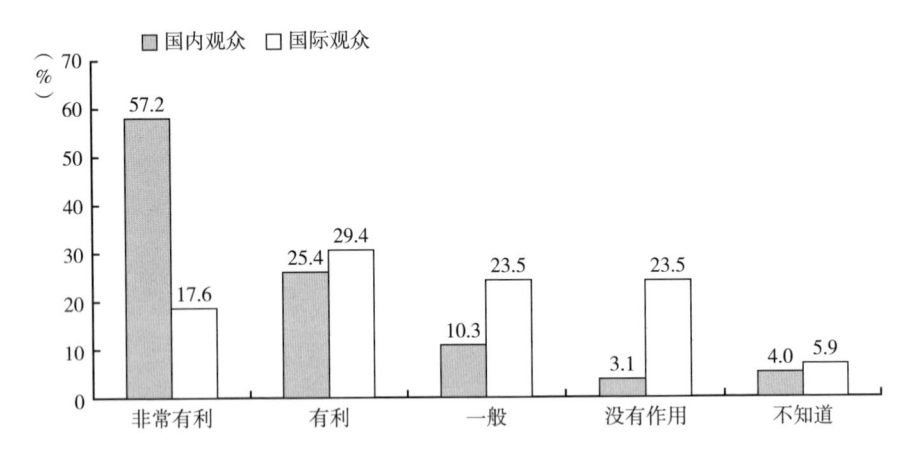

图 27　对提升上海国际形象和影响力是否有利

表 8　您认为上海举办国际艺术节是否有利于提升上海国际知名度和影响力？

	国内观众		国际关注	
	数量	比例(%)	数量	比例(%)
非常有利	8501	57.2	9	17.6
有利	3775	25.4	15	29.4
一般	1531	10.3	12	23.5
没有作用	460	3.1	12	23.5
不知道	596	4.0	3	5.9

10. 票价、前期宣传和群众参与度低是公众认为本届艺术节主要需要改进的方面

49.2%的国内观众认为艺术节的宣传和推广仍需加强，37.7%的国内观众认为票价不够亲民，28.8%的国内观众认为观众参与力度不够；25%的国际观众认为艺术节的票价不够亲民，还有25%的国际观众认为本次艺术节观众的参与力度不够（见图28、表9）。

（二）艺术节深度访谈

本次深度访谈共覆盖艺术节的17个场次，共计访谈97人，访谈对象基本特征分布见访谈对象身份包括论坛嘉宾、交易会参会代表、观众、节目表演者、主办方、媒体记者，受访人群基本特征和具体分布情况如表10、表11所示。

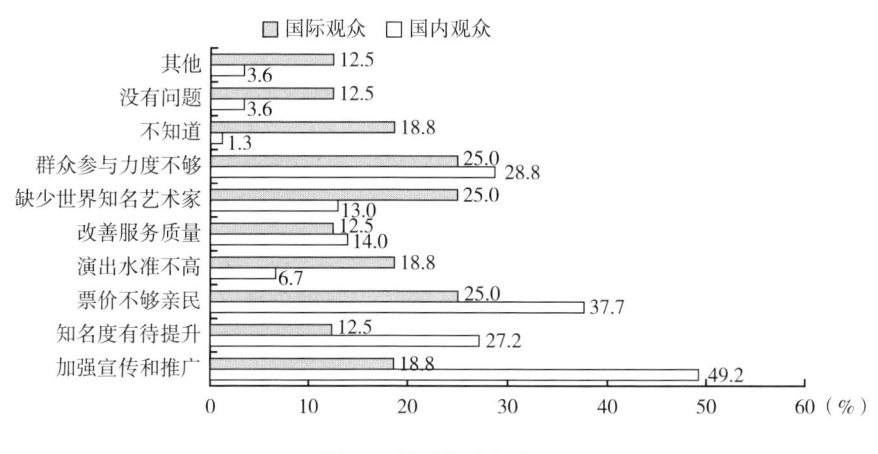

2016年第18届中国上海国际艺术节国际影响力报告

图28 需要提升的方面

表9 您认为上海国际艺术节还需要在哪些方面改进？（多选）

	国内观众		国际观众	
	数量	比例(%)	数量	比例(%)
加强宣传和推广	7770	49.2	9	18.8
知名度有待提升	4302	27.2	6	12.5
票价不够亲民	5951	37.7	12	25.0
演出水准不高	1055	6.7	9	18.8
改善服务质量	2211	14.0	6	12.5
缺少世界知名艺术家	2058	13.0	12	25.0
群众参与力度不够	4540	28.8	12	25.0
不知道	205	1.3	9	18.8
没有问题	562	3.6	6	12.5
其他	562	3.6	6	12.5

表10 受访人群基本特征

基本特征		人数（人）	比例(%)
国别	国内	87	89.7
	国外	10	10.3
年龄	18岁以下	3	3.0
	18~30岁	30	30.9
	31~40岁	38	39.2
	41~50岁	15	15.5
	51~60岁	9	9.3
	60岁以上	2	2.1

表11 访谈对象分布情况

访谈对象	人数(人)	比例(%)	访谈对象	人数(人)	比例(%)
论坛嘉宾	2	2.1	节目表演者	3	3.0
交易会参会代表	3	3.0	主办方	2	2.1
观众	85	87.7	媒体记者	2	2.1

1. 艺术节内容丰富、高端、国际化，受众整体评价高

访谈结果表明，观众普遍对本届艺术节评价较高，其中活动内容和规模尤其令观众印象深刻。许多观众表示本届艺术节"内容丰富"、"名家云集"、"突出艺术传承的特色"，同时表示，相较于以往的艺术节，本届艺术节在发掘民间艺术团体、利用新媒体渠道进行宣传、融合公益元素等方面均有显著突破。

媒体记者曹小姐认为此次艺术节活动内容安排非常丰富，艺术节的国际影响力，还有对于上海市民的普及工作，都是做得非常好的。蔡先生认为本届艺术节与往年相比，最吸引人的地方在于"规模要大很多，而且它组织了非常多的系列活动"。以前的活动以学校为主，还有艺术团队，而今年会看见一些民间的艺术活动，以往是比较少见的。

同时，艺术节交易会嘉宾对本届艺术节评价也较高，普遍认为艺术节"对全球文化产生积极影响"、"提供了信息沟通的平台"、"在亚洲范围内非常重要"等，其中，本届艺术节的国际化程度尤其受到称赞。印度德里艺术节总监派斯德·普拉拉德认为艺术节的论坛环节十分有必要，世界各国艺术总监可以轻松愉快地交流，包括如何筹款，了解最新的艺术形式等问题。

2. 艺术节彰显上海多元、国际化文化大都市气质，提升国际影响力

一名未透露姓名的观众表示本届艺术节更多元化、更国际化了，今年的国际化尤为明显。上海人民对艺术的欣赏力还蛮刁的，所以越多元化就越能满足市民，也能让大家今后更加支持艺术节。

文化传播公司经理李先生认为上海国际艺术节的国际化程度比较高，不只在于邀请多少国外的团体，而是在上海国际艺术节可以有很多机会直接跟他们接触，并且非常细节化。

主办方人员李女士则表示本届艺术节加入了比较多的公益元素，新媒体工作做得很好，与老百姓的互动也比以前的形式更多了。这一届的优势在于知名度的提高，邀请演出团队比以往更加容易了，邀请世界各国、全国各地的演出团队比较方便，大家会排出档期。

3. 艺术节是"上海百姓的眼福"，涵养上海市民精神和上海文化

徐女士表示上海举办这样的国际艺术节，对上海群众的文化交流意义重大。上海的老百姓有眼福了，不出家门就能欣赏到各个国家的艺术，这在以前是很不容易的。老百姓现在物质上满足了，吃饱穿暖，精神上的东西还是缺乏的。所以，这样的活动多一些的话，天长日久，潜移默化，老百姓整体受益很大。

曹先生则表示上海国际艺术节提升了市民的精神文明，影响还是比较大的。但是这个节目应该再深化一点，节目质量再高一些，上海市民的胃口也越来越大了。陈同学认为艺术节进校园的活动很有意义，让很多来自二、三线城市的学生了解其他国家的文化，开阔眼界。张女士认为上海国际艺术节汇聚了世界各地的优秀演出团体，市民足不出国就能体验到世界各地的艺术形式，对于市民来说是很好的机会。

4. 访谈发现，名家名团是吸引观众前往的重要动因之一，高质量的节目会激起观众的观看兴趣，忠实观众还会通过人际传播渠道带动潜在观众，进一步提高名家名团的知名度，同时扩大艺术节的影响力

业内人士姜女士表示自己已经多次参与艺术节活动，艺术节最吸引自己的地方是名家名团和高质量的演出，每年的艺术节都会高中低错落有致地搭配，适应观众的不同需求。于女士表示在听同学介绍后购买了公益票，非常喜欢《海上生明月》的大气磅礴和舞美灯光，黄豆豆的舞蹈也让自己印象深刻。郑女士则表示本届艺术节有她很喜欢的"角儿"参与，成为她参与此次艺术节的最大动机。

5. 艺术节为本土青年艺术家搭建成长平台，获得青年艺术家和百姓认可

在艺术节的所有板块类目中，公众对扶青板块为年轻艺术家提供的平台

作用认可度较高，受访者普遍认为，扶青活动为年轻艺术家尤其是学生创作者提供了很好的展示与锻炼的机会，这对个人表演的突破、优秀文化交流、上海艺术文化的提升等大有裨益。

表演者钱女士表示上海国际艺术节为学生创作者提供了很好的平台和输出口，通过这个平台能听到很多不同的声音，对演员来说是一种锻炼。法籍艺术工作者卢先生则表示，尽管上海的剧目演出数量与巴黎相比还有一定差距，但上海的潜力巨大，需求也在慢慢增加。艺术节应该多一些类似创想周的活动，支持年轻的戏剧人。

6. 中国文化"走出去"要注重文化的多样性，保留原汁原味，尊重对方的习惯

访谈发现，交易会论坛的外籍嘉宾对中国文化走向世界的策略有明显的认知分歧，有嘉宾认为中国文化应保持其独特性，而非一味迎合别国观众的品位，也有嘉宾则认为中国的文化要因地制宜，从而走向世界。

印度德里艺术节总监派斯德·普拉拉德表示文化是多元的，我们的文化有着很长的历史，改变并不容易，也不是很好地保留我们的原汁原味。重要的是，让西方观众了解每个国家都有其独特的文化，他们应该学会接受和欣赏。观众的意识很重要。文化的多样性是非常重要并且需要被尊重的。

波兰华沙亚当学院亚洲项目经理马丁·雅古比则表示，中国节目的特点是很大，很恢宏，颜色很丰富，但是不一定适合欧洲的口味和对文化的理解。如果想要文化"走出去"，深入了解当地的观众是非常重要的，要知道他们想看什么。

7. 相比于国内外其他艺术节，观众褒贬不一

访谈发现，观众将上海国际艺术节与国内外其他艺术节相比较时，评价褒贬不一。对艺术节举办规模、亲民特性等方面的进步给予肯定，但也有观众表示，在政府渗透、展览友好度等方面有待改进。

张女士认为相较于广州艺术节，上海国际艺术节规模更广、品类更多。导演王先生表示与英国、法国的艺术节相比，上海国际艺术节的专业性较强，国外的艺术节则以狂欢式居多，因此国外艺术节普通民众的参与度更高。

曹女士表示澳洲的艺术活动令自己印象深刻，澳洲由民间组织发起的艺术活动较多，而上海国际艺术节更多则是政府渗透，她认为在艺术节组织方面不同国家都有其不同的艺术节组织方式，在中国政府的参与引导是必需的。谭女士则表示与威尼斯艺术节相比，上海国际艺术节对于参展者的友好度有待改进，她认为《叶锦添：流形》展览的导览册设计不够完善，同时组织方在展品选取方面较看重最后的利润，而国外的艺术节更多地关注参展的作品。

8. 艺术节的文化品牌和影响力需要长期积淀

并不是所有观众对文化影响力持有肯定态度，波兰华沙亚当学院亚洲项目经理马丁·雅古比则表示，上海国际艺术节历史悠久但比较商业化，尽管艺术节由国家和上海政府主导，但从文化的角度看还是很注重商业成分。并且没有很多探索性的节目，大多节目都只适合广泛的观众。他认为上海国际艺术节主要受众还是针对上海市观众，是否影响到世界难下定论，辐射到其他国家的受众比较少。

法籍表演者卢先生认为"上海国际艺术节的影响力是逐渐积累的过程"，他认为上海一直在努力向国外推广中国文化，但由于语言、文化背景、节目质量等因素，使得上海"走出去"的优秀节目数量有限，他表示上海国际艺术节向国外推广中国文化更应考虑节目质量及水准，而非一味强调硬性的推广途径。

9. 观众建议反馈

（1）艺术节整体宣传力度不够，艺术节与演出剧目的关联度亟待加强

许先生表示今年艺术节的宣传力度不如去年，电视节目、广播电台、媒体报纸等对艺术节的宣传不够，缺乏媒体的深度报道，在电视里面出现的宣传也仅仅以综合介绍为主。大多数观众出于对演出剧目的兴趣而购票并观看，并非出于对艺术节的品牌认知。席女士表示如果不是有人特意告知，她并不知道自己观看的剧目是艺术节的分支。郑女士表示"不知道自己算不算参加艺术节"，她表示自己更看重演出剧目，和艺术节没有太大关系。一位未透露姓名的观众则表示自己通过 App 购买演出票，但买票时并未留意

"艺术节"。

（2）艺术节就是大众的"狂欢"，建议艺术节更接地气，内容更亲民，让普通老百姓参与进来

较多受访者认为，增加艺术节亲民性是进一步扩大艺术节影响力的有力途径，合理的观众培育会进一步提升艺术节的知名度。导演王先生表示，随着上海国际艺术节受众量、节目种类、艺术范畴的逐年增加，上海国际艺术节的国际影响力也在逐步提升。高先生则表示抓住观众是提升影响力的关键，观众喜欢，自然会主动推广艺术节，他认为艺术需要贴近民众，喜欢看的人多了，自然就有了影响力。一名未透露姓名的观众表示，艺术节应该多一些接地气、普及性、不高冷的表演，更符合普通老百姓的欣赏水准，让百姓从入门级艺术开始感悟。

（3）建议艺术节资源合理分配，合理安排观众人数，避免资源浪费

张先生表示艺术节需要合理分配资源，"他们有这么多的空位子，其实对于艺术家来说，他希望的是有更多的人来欣赏观看。我相信有很多喜欢想看的人，因为不知道信息，没能买到票；也有许多票散在了很多人的手里，这些人获得了票，但不一定来看。我们希望能在演出前，建立一个类似食物回收的票务机制，或者是把票分给学生，因为青年学生对艺术有着强烈的热情，有吸收各种有益的知识、信息、养分的愿望。"

谢女士表示，观众人数及剧目安排方面有待改进，她表示"一个是人数控制的问题，比方说有一些课和剧目很多人都想来看但是观众人数有限制。另外就是我发现有一些时间上重叠了，比如说我们想去听的讲座，一场是两点到三点，一场是两点半到四点半，中途去也不让进，这个虽然很难，但还是希望协调一下"。

（4）建议艺术节管理更加注重细节，更加人性化；更多关注退休人士、儿童、弱势群体需求

印度德里艺术节总监派斯德·普拉拉德表示，本届上海艺术节没有发放一些例如详细的日程表等，细节方面有待提高。韩国某音乐剧公司代表韩先生表示，很珍惜艺术节这样的一个机会，希望可以通过艺术节来构建自己的

交流网络，交易会论坛板块建议主办方加强组织和演出展示，比如多一些公司介绍等。

一位退休老师则表示对于退休的人来说，需要年轻的人引导参与艺术节，希望主办方在宣传工作方面考虑下退休老人的需求。徐先生则表示艺术节对小孩子的艺术养成有很大的帮助，针对孩子的活动可以开展得更多一些，让他们更多地了解艺术。

五　关于艺术节提升影响力的建议

（一）艺术节兼顾"阳春白雪"和"下里巴人"，提升市民参与空间

艺术节受众个体差异明显，包括参与动机、欣赏水平、支出意愿等，在节目偏好方面，非专业性观众多表示需要"更贴近民众"的大众化节目，而具有经常参与艺术节习惯的忠实观众则表示需要"有深度的表演"，因此，主办方应充分考虑不同受众群体的差异化需求，在剧目引进、演出安排等方面力求平衡，兼顾亲民与高雅。

而且从本质上来说，上海国际艺术节是上海老百姓的狂欢节，提升上海市民艺术节的参与力度、空间和范围尤为重要。

（二）打造优质经典内容，培育艺术节铁杆粉丝

名家名团及重点推荐剧目是公众普遍关注的文化活动事件，尤其对于具有较高艺术鉴赏力的专业性观众，高质量的演出是他们参与艺术节的重要动因之一。因此，着力打造优质内容能进一步稳固忠实受众群体。

而且，通过艺术节铁杆粉丝意见领袖的影响，更能通过新媒体以及人际传播渠道创新、扩散艺术节受众，从而有效提升艺术节的知名度及影响力。

（三）注重内容创新，融入多元文化，赢得未来受众

访谈发现，艺术进校园及扶青板块大受欢迎，尤其是艺术节与高校联

动、扶青对于青年艺术家的支持、艺术寓教于乐的积极意义等获得受众较高评价，因此，艺术节在内容及形式上可以追求进一步的创新，例如当代昆曲《我，哈姆雷特》，将中西方艺术完美结合，用中国语言讲世界故事，获得观众好评。

同时，关注年轻观众的喜好需求，充分利用网络平台、微博、微信等方式进行针对性的话题引导，使艺术节获得持久关注度，从而培养未来的艺术市场消费群体。

（四）加强艺术节品牌建设，打造艺术节品牌

观众对艺术节与演出剧目的认知关联度较低，大多数观众出于对演出剧目的兴趣而购票并观看，并非出于对艺术节的品牌认知，这说明艺术节的品牌建设工作仍需加强。

艺术节需要构建自己的品牌特色，例如打造艺术节特色主题、强化艺术节的视觉化特征、挖掘艺术节深层次的精神内涵等，在剧目选取上有意识地与艺术节主题契合，同时注重通过多种媒介对艺术节品牌宣传造势，通过各类媒介的深度传播，将艺术节品牌效应持续放大。

（五）加强全媒体营销，奏响艺术节强音

此次调研的一个重要发现是观众对艺术节前期宣传不到位。观众迫切希望增加艺术节前期宣传，扩大艺术节信息覆盖面。同时，调研发现，利用网络票务平台、手机App、微信公众平台等新媒体渠道获取演出及票务信息的观众占比较大，尤其是18~30岁年龄层的青年观众。此外，大部分观众均对艺术节的宣传工作提出要求，因此，艺术节宣传要强调新媒体与传统媒体的结合，充分考虑不同年龄层观众的信息获取渠道，有计划地进行剧目的宣传和推广。

同时，在内容为王的新媒体时代，要注意打造高质量、有深度、易与观众产生共鸣的宣传内容，借助多种媒体平台进行多维度、多视角发布，增加网络对新闻曝光率及各大搜索引擎对文章的抓取，以此来达到艺术节的有效传播。

（六）注重细节管理，提升艺术节人文关怀

公众对组织方的建议主要集中在票务、流程安排、节目时间安排等方面，其中票务问题是关注重点，观众对门票资源的合理分配、票价的优惠力度、电子票的增设等方面提出建议。因此，主办方要更加关注细节，通过完善流程、提升周边服务、优化资源配置等进一步提升公众的艺术节体验。

此外，针对学生群体、低收入群体、退休人士等特殊群体，实行一定的票务优惠政策，合理降低艺术节的参与门槛，使艺术节更加普众化，同时提升公众对艺术节的忠诚度。

（七）借鉴国内外同类节庆活动的优秀之处，提升艺术节影响力

调研发现，观众对国外艺术节印象深刻，包括爱丁堡艺术节、阿维尼翁戏剧节、威尼斯艺术节等，对国外艺术节的民众参与热情、主办方作品选取、展览友好度等方面评价较高。因此，上海国际艺术节要汲取国外优秀艺术节庆活动的优势所在，包括宣传力度、公众认可度、文化影响力等方面，着力进行多渠道宣传，打造艺术节的品牌特色，吸引更多公众参与，同时也要考虑国情与文化背景的差异，充分比对，探索艺术节合适的发展路径。

（八）内外兼顾，艺术节助推中国文化"走出去"

调研发现，交易会论坛的外籍嘉宾对中国文化走向世界的策略有明显的认知分歧，有嘉宾认为中国文化应保持其独特性，而非一味迎合别国观众的品位，也有嘉宾则认为中国的文化要因地制宜，从而走向世界。

中国文化在借力艺术节走出国门时，既需要保留中国特色，同时也需要考虑当地文化差异，因地制宜，应当根据不同国家的性质和地域文化特点，实行有区别、有差异的文化"走出去"策略。

音乐舞蹈比赛篇

Music and Dancing Competitions

2016年首届上海艾萨克·斯特恩国际小提琴比赛国际影响力报告[*]

诸 廉[**]

摘 要： 首届上海艾萨克·斯特恩国际小提琴比赛于2016年8月16日至9月2日在上海交响乐团举办，引起国内外媒体广泛关注。本报告通过对参赛选手、现场媒体以及现场观众的深度访谈和问卷调查，对国际、国内传统主流媒体和社交媒体平台上相关报道的分析，对首届上海艾萨克·斯特恩国际小提琴比赛的国际影响力进行评估。主要发现如下：第一，首届上海艾萨克·斯特恩国际小提琴比赛受到国内外主流媒体以及自媒体平台关注，在国际上，特别是专业圈内，具有一定

---

[*] 本报告的数据采集受到上海市文化广播影视管理局重大活动办公室童颖、邓晶琛的大力协助。中英文问卷调查数据通过"取走"自媒体合作平台现场扫码以及受众线上收集。参与本报告的访谈以及媒体资料整理工作的有上海外国语大学新闻传播学院杨华伟、杨杜、黄彩虹、李思燕、马珺5位硕士研究生。

[**] 诸廉，上海外国语大学新闻传播学院副院长、副教授、中国国际舆情研究中心研究员。

的影响力；第二，国内传统主流媒体和社交媒体深度聚焦本次赛事，进行了多角度全方位的报道；第三，以《纽约时报》为首的境外媒体更关注参赛选手；第四，新媒体平台上的信息互动有待加强；第五，本次小提琴比赛观众的整体满意度较高，但同时也对比赛的定位等细节提出建议。

关键词： 上海艾萨克·斯特恩国际小提琴比赛　国际影响力　文化传播

一　概述

首届上海艾萨克·斯特恩国际小提琴比赛于2016年8月16日至9月2日在上海交响乐团举办，比赛评委阵容强大，大咖云集，并且吸引了来自世界各地的青年小提琴手前来参加比赛。本次比赛的宣传工作包括在国内外自媒体上建立比赛官方账号、邀请国内外主流媒体和专业媒体进行报道和互动，以及在公共场所投放室外广告等。

本报告从国内主流媒体、国外主流媒体、互联网和自媒体，以及现场访谈调研等多个方面对本次大赛的影响力进行评估。

二　国内主流媒体眼中的上海艾萨克·斯特恩国际小提琴比赛

1. 中文媒体

从8月1日到9月15日，与上海艾萨克·斯特恩国际小提琴比赛直接相关的报道共有324篇。其中55篇为报刊报道，占比17%左右，269篇为网站报道（见图1）。

与本次比赛相关的报道进入纸媒头版的共有8次，其中，《解放日报》4次，《文汇报》3次，《东方早报》1次。

报刊
16.98%

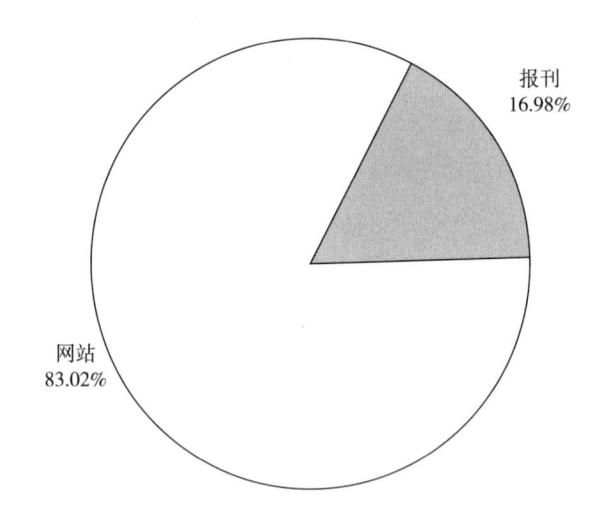

网站
83.02%

图1 中文媒体报道量

总的来说，无论是报刊还是新闻网站，媒体最为关注的都是8月中比赛开幕以及9月初颁发的各类奖项，其中9月初决赛落幕收获的新闻报道量最大，达到114篇，这也是重复稿件出现率最高的时段（见图2）。比如中国新闻网在9月5日发表的报道《首届上海艾萨克·斯特恩国际小提琴比赛闭幕》一文，被包括凤凰网和新浪网在内的16家网站同时全文转载；而新华网8月15日的《太平洋保险首席赞助上海艾萨克·斯特恩国际小提琴比赛正式开幕》报道则先后被包括凤凰网、搜狐网以及和讯网在内的13家新闻网站全文转载。同时澎湃新闻对9月2日的总决赛进行了网上直播。

另外8月24日、25日前后对以中国作品《梁祝》作为比赛指定曲目的报道量也不小，形成了一个报道量的小高峰，甚至有大约74条报道在文章标题上就直接用"梁祝"或"化蝶"来吸引读者。

本次报道的媒体主要来自上海，共有146篇报道，占报道总量的45%。其次为北京，报道占比33%。也有河南、山西、广东等地的媒体参与对本次上海国际小提琴比赛的报道，但报道量都不是很大（见图3）。

报道量最大的媒体为光明网，在整个赛程给出了15篇报道。其次为东方网，给出了13条相关报道。汉丰网也推出了13篇报道，但原创很少，大

2016年首届上海艾萨克·斯特恩国际小提琴比赛国际影响力报告

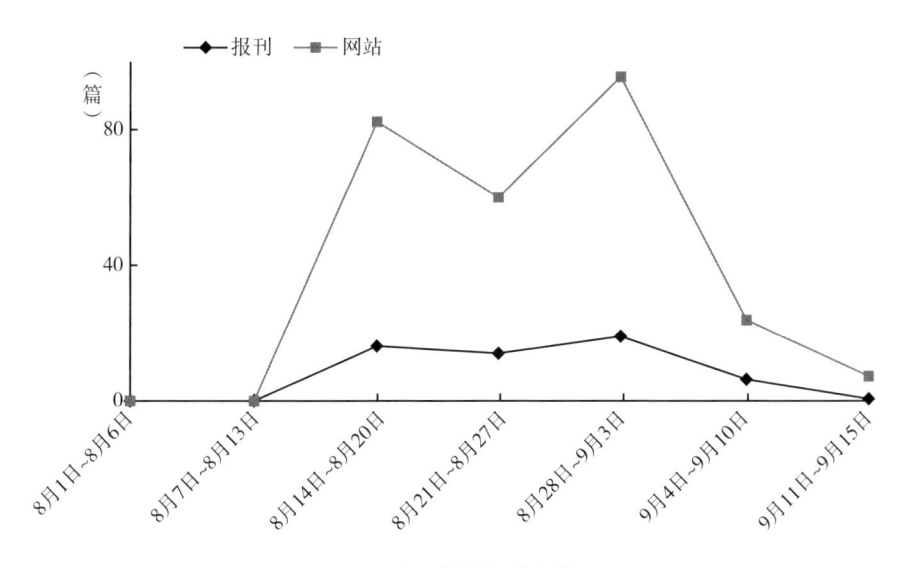

图2 中文媒体报道走势

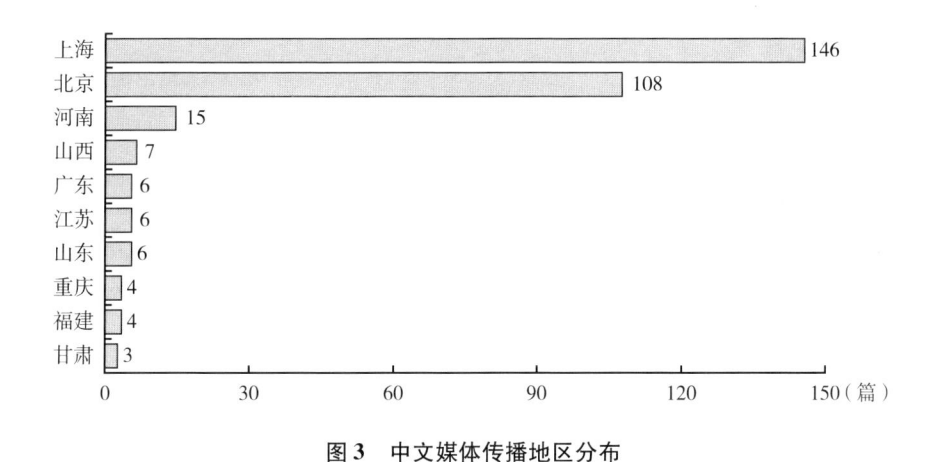

图3 中文媒体传播地区分布

多为转载（见图4）。

由于本次上海艾萨克·斯特恩国际小提琴比赛的首席赞助商为太平洋保险，不少金融网站，包括中国金融信息网、上海金融新闻网、金融界、中国保险网等都参与到了赛事的传播中。当然在这些媒体的报道甚至标题中，多次出现"太平太阳保险"或"太保"字样，多达54次，在宣传推广赛事的

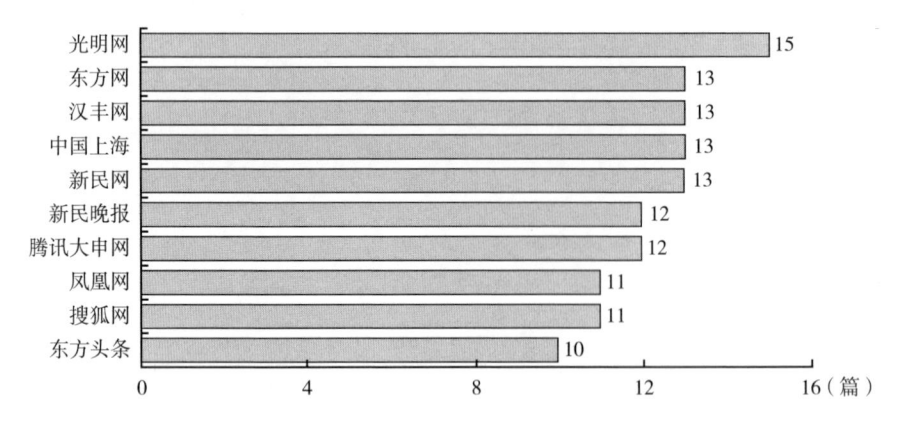

图4 报道量最多的中文媒体

同时，也在很大程度上提高了赞助商的曝光度。

从报道篇幅来看，与本次上海艾萨克·斯特恩国际小提琴比赛直接相关的报道多以简讯为主，报道长度大多在1000字以下，仅有6篇达到了2000字以上（见图5）。

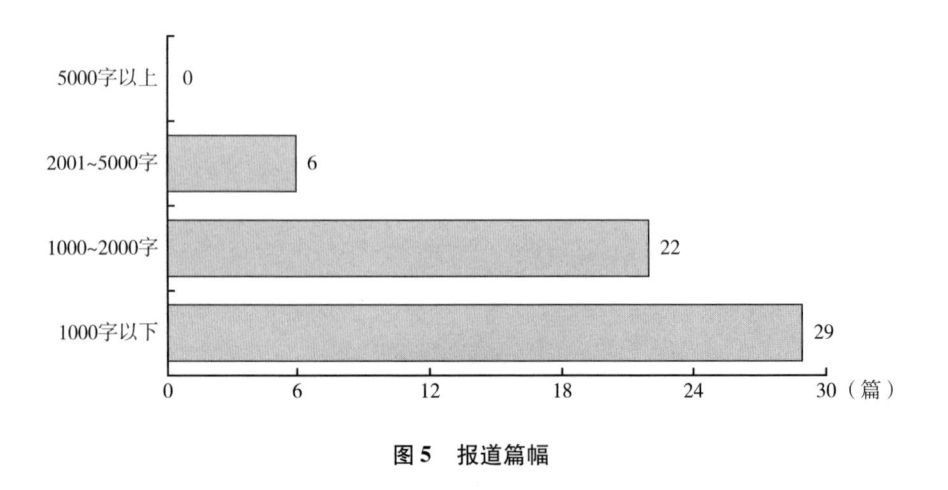

图5 报道篇幅

与本次比赛相关的报道在内容上相差不是特别大，基本都非常积极正面。除了对比赛相关内容的简单报道以及相关人物的采访以外，对本次比赛的报道中也出现一些评论性文章。从内容来看，除了对赛程的报道，媒体报道大多与赛制创新和大赛推广中国文化有关，不少报道提及本次比赛对综合音乐素养的全面考察。同时还有不少报道提及本次大赛的透明公正以及设立的"人文精神奖"。

正如上文提到的，中国媒体的很多报道聚焦在组委会选择《梁祝》为指定参赛曲目的决定上，从报道内容和相关评论来看，国内媒体普遍肯定这是"文化自信"的表现和"向世界传播中国文化"的有效做法。

比如《文汇报》8月25日的《弓弦上的"中国故事"正被世界倾听》报道称，"在国际一级赛事上，以中国曲目单独设立奖项，这是第一次"。报道同时引用大赛评委之一、海菲兹国际音乐学院创始人丹尼尔·海菲兹的话：

> 越来越多的西方演奏家对中国音乐和中国文化已不仅仅是认识，而是开始了认真的研究。

赛制创新方面，《北京日报》9月5日的报道以《首届上海艾萨克·斯特恩国际小提琴赛落幕赛制处处皆创新》为题，对本次上海国际小提琴比赛做出肯定。报道最后称：

> 一直在说中国文化"走出去"，但在这次比赛中通过这个环节的设置，让西方人主动来学习了解中国文化，同样是有效的方法。

《解放日报》9月3日则以《在这里，上海定制音乐的国际标准》为题对本次比赛作了一个总结回顾。报道引用了大赛评委会联合主席大卫·斯特恩的话：

> 我相信上海艾萨克·斯特恩国际小提琴比赛将是中国音乐史上的重要一笔，它标志着一个新时代的来临，上海正在制定音乐的国际标准。

报道指出：

> 在本次比赛中，比起选手的技术水准，将更加看重选手的综合素质和对音乐的领悟力。因此，比赛规定远远超过其他国际知名赛事的庞大曲目量，以综合评判选手对不同风格、类型、主题音乐的领悟力和表现力。

同时，报道强调以《梁祝》作为指定参赛曲目是在"向全球推广中国作品"。

在提及本次大赛的规定曲目《梁祝》时，《东方早报》同样以大卫·斯特恩的话"上海正在制定音乐比赛国际新标准"为标题报道，称本次比赛引入了赛制创新，"每一位选手在赛前都要准备长达4小时左右的曲目量，曲目量之大，难度之高，为国际同类赛事罕见"。而"中国作品的加入，是斯特恩小提琴赛的一大创新"，"全球顶级音乐赛事第一次有了中国作品，听见了来自中国的声音……这是独一无二的创举，也是文化自信的体现"。

大约有10家媒体以"制定国际新标准"的标题对赛事进行了报道，其中部分报道为转载。

另外值得一提的是，无论是标题还是内容，对本次上海艾萨克·斯特恩国际小提琴比赛的报道中出现很多重复报道。总体来说，报纸新闻很少出现全文转载其他媒体报道，报道的高重复率主要出现在网络新闻报道中。《解放日报》虽然报道量不是最大，但传播效果值得关注，因为根据网络传播途径来看，《解放日报》的报道在网上的被转载率非常高。另外根据本次上海国际小提琴比赛相关报道的传播途径来看，大多数消息是通过《解放日报》进行传播，并将本次上海国际小提琴比赛的相关消息在网络上扩散。另外两个被转载率高且传播效果突出的媒体为东方网和新华网（见图6）。

新闻发布量没有上榜的和讯网也值得一提。该网站于8月17日发布的

2016年首届上海艾萨克·斯特恩国际小提琴比赛国际影响力报告

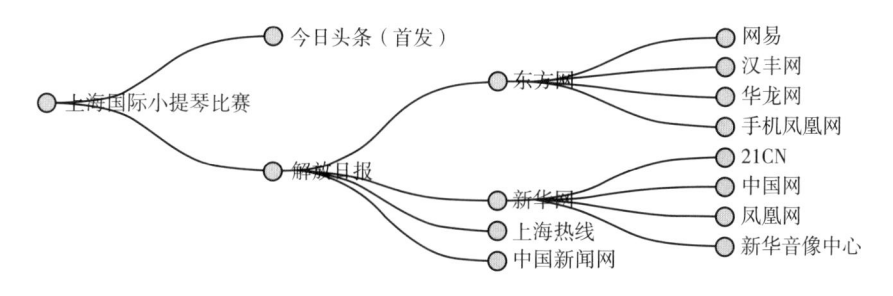

图6 报道的网络传播途径

题为《太平洋保险首席赞助上海艾萨克·斯特恩国际小提琴比赛开幕》的报道，转发量达到20次，为全网最高。

2. 国内英文媒体

《上海日报》（*Shanghai Daily*）、《中国日报（美国版）》（*China Daily US Edition*），以及《中国每周新闻》（*China Weekly News*）都对本届上海艾萨克·斯特恩国际小提琴比赛进行了报道。

《中国日报》最早在7月1日在其关于上海交响乐团和芝加哥WFMT广播台联合制作和播出世界级交响乐演奏的报道中提及"第一届上海艾萨克·斯特恩国际小提琴比赛将于8月16日至9月2日在上海举行，超过30位小提琴家将角逐奖项"，并表示WFMT广播台会为该项赛事制作专题。

9月9日，《中国日报》再次发表将近千字的长文，对上海艾萨克·斯特恩国际小提琴比赛的结果以及未来赛事的安排进行了报道，并在文末着重介绍了"人文精神奖"的获得者。

《上海日报》刊发的报道量是最大的，从8月26日到9月3日一共刊发了三篇与比赛直接相关的报道，报道形式有常规报道也有简讯。主要关注点在《梁祝》的演奏、决赛资格的选拔，以及日本选手获得最后的冠军。比如8月26日的报道称18位年轻的小提琴手进入了半决赛，即将演奏《梁祝》、莫扎特奏鸣曲等曲目以争取决赛的一席之地。报道采访了上海交响乐团音乐总监余隆以及《梁祝》的作曲何占豪。余隆称，邀请选手演奏中国著名曲目有助于传播中国文化。而何占豪则表示，他并不坚持每

183

位音乐家都完全表现中国的声音，因为不同的演绎方式可能会使这部作品更加国际化。

三 境外主流媒体眼中的上海艾萨克·斯特恩国际小提琴比赛

自 2015 年 9 月上海艾萨克·斯特恩国际小提琴比赛首次新闻发布会，直至 2016 年 9 月比赛结束，包括《纽约时报》、澳大利亚联合新闻社、西班牙埃菲社等全球境外主流媒体共发表了 17 篇相关报道，其中 5 篇为上海交响乐团的新闻稿。在所有报道中，共有英语报道 11 篇，西班牙语报道 2 篇，法语、德语、韩语报道各 1 篇。报道大多集中在开赛当天以及对决赛结果的发布，在比赛进行过程中几乎没有找到境外媒体有任何相关报道。另外，从报道形式和内容来看，与本次赛事相关的境外媒体报道以新闻消息类居多，基本没有评论性报道，也很少表现出任何态度或立场上的倾向性。

总的来说，境外媒体报道中，除非直接使用上海交响乐团的新闻稿，否则很少特别提及比赛赞助单位中国太平洋保险集团。境外媒体更多地在报道中引用艾萨克·斯特恩先生的儿子、本次比赛联合主席戴维·斯特恩先生的采访内容，并且把焦点集中在斯特恩先生生前对音乐赛事的否定态度以及斯特恩家族接受上海交响乐团提议，以艾萨克·斯特恩命名比赛的前因后果。

与本次上海国际小提琴比赛相关的国际媒体报道最早见于 2016 年 1 月 1 日。当日 Strings 发表文章《不仅是又一次比赛》（Not Just Another Competition）。报道大量引用艾萨克·斯特恩先生的儿子戴维·斯特恩的话，提到其父生前并非竞技比赛的强烈支持者，他不但不支持各类竞赛，同时也非常不赞成音乐类的比赛。因此当中国方面提出举办以艾萨克·斯特恩命名的比赛时，他和他的兄弟非常苦恼。但是最终考虑到父亲与中国的渊源，以及最初这些渊源架设起的东西方音乐的桥梁，兄弟俩决定参与这次小提琴比赛，并把它做成一场不同一般的比赛。同时这次比赛也获得了包括马友友在内的大量著名音乐人的支持。报道同时介绍了上海艾萨克·斯特恩小提琴比赛的奖项设置，并提到本次赛事奖金额度非常高。

2016年首届上海艾萨克·斯特恩国际小提琴比赛国际影响力报告

西班牙埃菲社于2016年6月8日发表文章《艾萨克·斯特恩比赛旨在促进中国的文化影响力》（New Isaac Stern Violin Contest Aimed at Boosting China's Cultural Influence）。文章开头引用上海交响乐团团长周平的话称，艾萨克·斯特恩国际小提琴比赛的目的在于开阔中国的西方古典音乐市场，促进中国的文化影响力。文章称此次比赛的规则和要求将仅次于俄罗斯柴可夫斯基国际小提琴比赛的规格，并从奖项设置、奖金额度等方面比较两者。

8月15日，PR Newswire以及AAP MediaNet Press Release发表上海交响乐团的新闻稿《首届上海艾萨克·斯特恩国际小提琴比赛正式开赛》（The 1st Shanghai Isaac Stern International Violin Competition Officially Begins），文章被AsiaNet在同日转载。报道称，随着中国经济的崛起，中国民众的音乐诉求也在提升，此次比赛正好弥补了这个空缺，而且上海的艺术文化领域也会由此更加开阔。除此之外，中国其他地方的交响乐团将会借助此次比赛，寻找潜在的乐手并帮助这些乐手发展他们的音乐事业。报道同时强调此次比赛大咖云集，规格相当国际化，专业性强，水平很高。报道还提到比赛门票很快售完，并且此次比赛将会通过电视和网络进行现场直播。另外，本次比赛的演奏曲目难度很大、数量也很多，同时特别提到选手必须演奏一首中国小提琴曲《梁祝》，以此纪念比赛是在中国举办。

Today.az也在当日就首届上海艾萨克·斯特恩国际小提琴比赛正式开赛发表了一篇简短的报道，部分引用了上海交响乐团的新闻稿，并把报道重点放在本国的参赛者身上。

9月6日，AAP MediaNet Press Release和PR Newswire再次发布上海交响乐团的新闻稿《首届上海艾萨克·斯特恩国际小提琴比赛宣布得奖名单》（Inaugural Shanghai Isaac Stern International Violin Competition Announces Winners）。除了宣布比赛获奖名单，报道强调《梁祝》作为比赛指定曲目之一促使海外选手们学习和了解中国文化，并且有效地在世界范围内分享中国传统文化。报道同时指出，本次赛事在全球范围内颁出"艾萨克·斯特恩人文精神奖"，并引用上海交响乐团音乐总监余隆的话说："从来没有哪个国际音乐比赛会颁出如此与音乐表演本身没有直接关系的奖项。"

《纽约时报》、ORI Online Deutsch 以及韩国 ACROFAN 等媒体也在 9 月 6 日或 7 日对首届上海艾萨克·斯特恩国际小提琴比赛的得奖情况做了报道。其中，《纽约时报》在 6 日的报道中提到本届上海国际小提琴比赛以艾萨克·斯特恩命名，然而斯特恩先生生前是最反对学生参加比赛的。文章引用对艾萨克·斯特恩的儿子戴维·斯特恩的采访，回顾了斯特恩家族对上海交响乐团以艾萨克·斯特恩命名比赛的纠结和矛盾。戴维同时表示，他与上海交响乐团音乐总监余隆都认为中国乃至亚洲音乐人的最大问题是过于强调技巧，因此他们希望本届赛事更强调多角度对音乐的热爱、投入和表现，而非单纯的技巧。同时本次赛事增加了不常见的室内音乐和中国音乐的演绎，因为这是斯特恩先生生前所喜欢的音乐表现形式。报道也提到了本次赛事设定的"人文精神奖"。报道最后称，对很多中国的音乐家和音乐爱好者而言，本届赛事的高质量和水准专业团队证明中国正在古典音乐世界里占有越来越重要的地位。

四　互联网上的上海艾萨克·斯特恩国际小提琴比赛

1. 互联网上的总体呈现

从 8 月初到 9 月中，互联网上与首届上海艾萨克·斯特恩国际小提琴比赛相关的报道和发布共有 312 条。这个数据包括网站和自媒体，因此总量不能算很大。由图 7 可见，网上报道和发布的时间基本与本次比赛的安排吻合，同时新闻类型的数据较为突出，再加上网站和微博的关注，将本次上海国际小提琴比赛的网络影响力推向最高潮。全网报道量最高峰出现在 2016 年 9 月 3 日，当天共产生 61 篇相关信息。

本次上海国际小提琴比赛在网络发布的源头则产生于 2016 年 8 月 3 日 14 时 32 分发布在今日头条上的消息"魔都 8 月演唱会，摇滚现场，古典音乐会指南"。后续报道主要来源于东方网、新浪微博、微信、大众网、上海观察等几大媒体。

从传播途径来看，今日头条发布的消息由于只是演出信息，并没有引发其他媒体或用户的转发。如上文所述，更多的相关报道通过《解放日报》，而

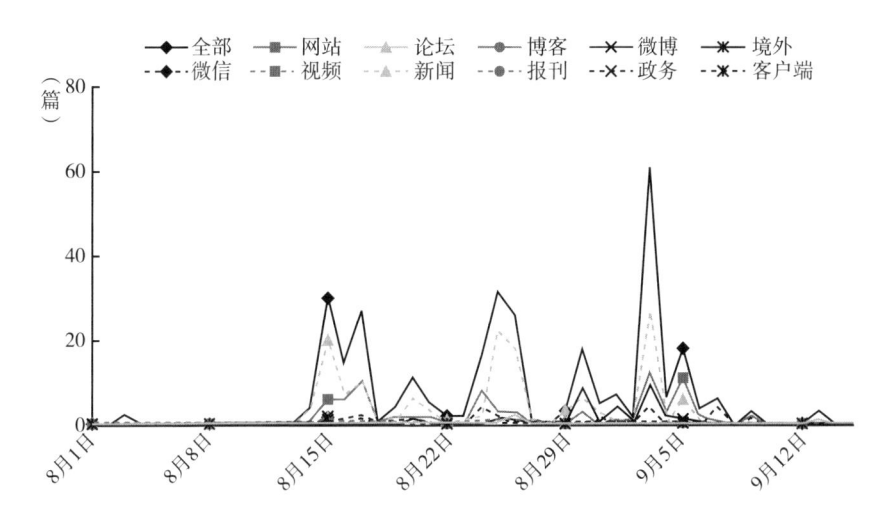

图7 报道趋势

后东方网和新华网进行传播,并将本次上海国际小提琴比赛在网络上扩散。

从网络信息来源的地区来看,与国内媒体分布类似,上海和北京是本次上海国际小提琴比赛最有影响力的地区,网络上的大部分相关信息从这两个地区发出(见表1)。

表1 网络信息来源地区分布

地区	信息数	地区	信息数
上海	103	海外	11
北京	93	江苏	9
广东	18	四川	8
山东	13	重庆	8
山西	12	河南	4

2. 国内自媒体上的相关舆情

本届上海艾萨克·斯特恩国际小提琴比赛在自媒体上的声音并不是非常突出。

以新浪微博为例,名为"上海艾萨克·斯特恩国际小提琴比赛"的官微在整个赛程中一共发布了17条相关消息。除此之外,整个赛程一共出现

24条相关消息。与互联网上呈现的总体趋势类似，这些博文和消息在9月3日达到一个高峰（当日共有6条相关消息）。

本次在微博上发布相关消息的博主大多为普通博主，占比87.5%。其中男性用户占了83.33%，且大多数为上海和北京的用户，并且没有粉丝数突破5位数的用户（见图8）。在所有发布消息的用户中，只有8%的用户疑似水军，这说明大多数的消息都是有效信息，是用户自发发布的内容。

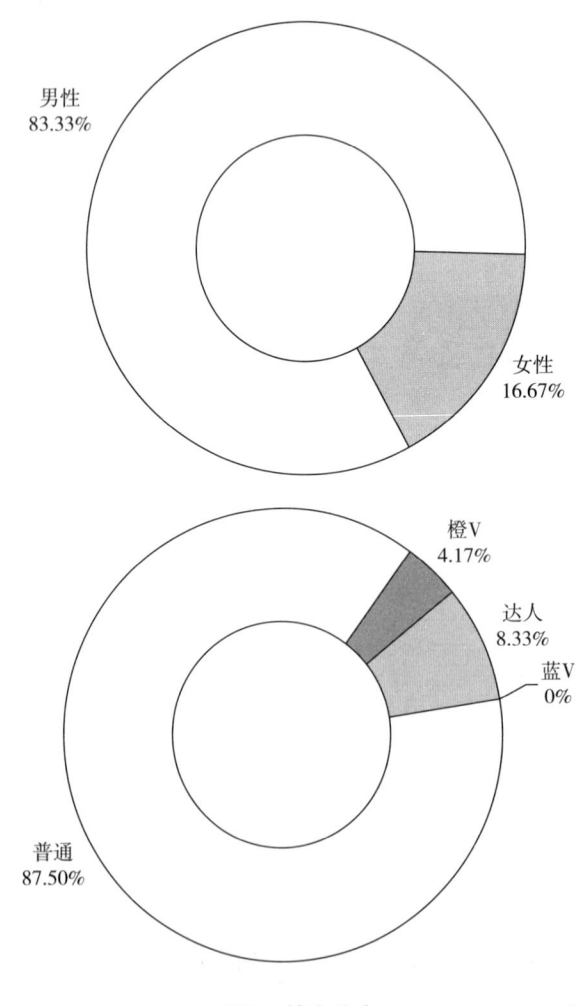

图8 博主分布

在微博上发布的这24条相关消息以原创为主,占比75%,并且没有一条消息获得超过4次以上的转发数。在被转发的消息中,也没有一条消息获得三次或以上的转发(见图9)。

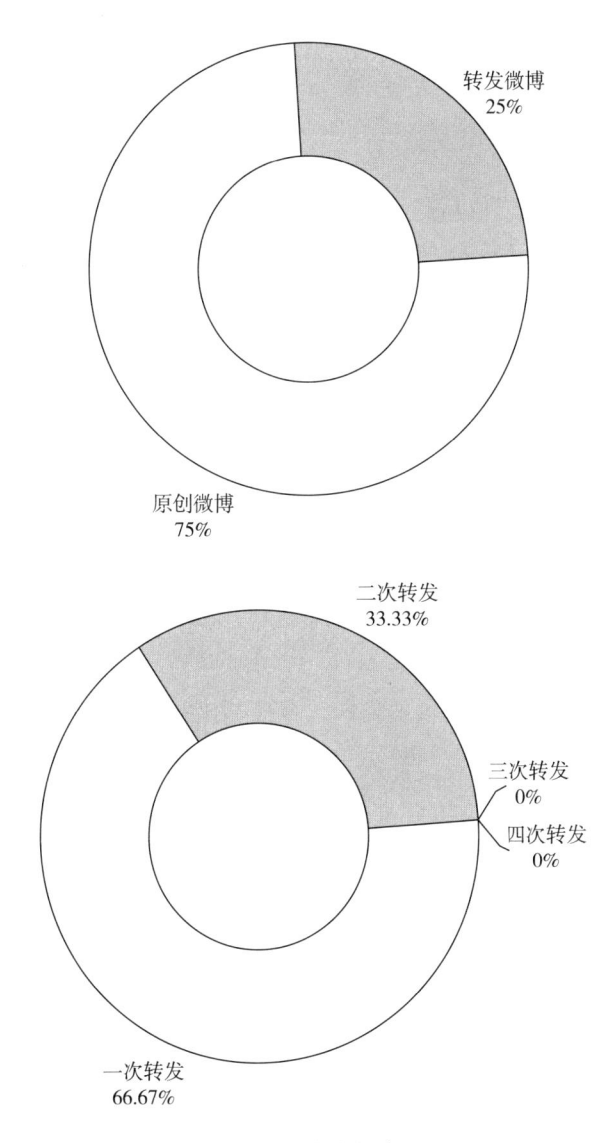

图9 微博转发情况

被转发最多次的消息出自本次比赛官微，发布于8月21日，内容为预告半决赛的日期。这篇消息共获得6次转发和1次点赞。而官微以外，获得转发最多的用户是"老牛之友"。该用户发布于8月30日傍晚的消息强调本次比赛的"教父"级人物认可中国声音可以有不同的诠释方法，共获得4次转发。其次为"乐视音乐"发布于9月3日的关于决赛结果的消息，获得了3次转发和8个赞。

另外值得指出的是，无论是官微发布还是微博上其他用户发布的博文，所获得的其他用户的评论和点赞数都非常有限。官微本身也总共获得20个关注和180个粉丝。总的来说，本次上海艾萨克·斯特恩国际小提琴比赛在国内自媒体上的传播效果非常有限。

3. 国外自媒体上的相关舆情

总体而言，上海艾萨克·斯特恩国际小提琴比赛在国外自媒体上的影响力比在国内自媒体上的影响力要大一些。YouTube、Facebook以及Twitter等主流自媒体都对比赛进行了报道并有相关视频发布。以Twitter为例，上海艾萨克·斯特恩国际小提琴比赛在Twitter上的官方账号@SISIVC2016整体影响力比国内自媒体上的官方账号更加乐观。从2016年1月加入Twitter账号以来，一共发布了72条消息，获得了1095个追随者以及39个赞。尽管账号缺乏互动方案，消息的被转发次数也还是比较少，但也多次在各种相关的消息中被提及。而其他账号从今年8月中开赛到9月底的一个半月间，一共推送了70条左右与本次大赛直接相关的推文。

与国内自媒体上的表现类似，推文量在总决赛以及之后一段时间内达到了最高。9月2日到9日，共有约50条推文，内容大多围绕总决赛冠军得主、冠军得主的表演，以及对她的采访等。尤其在9月5日当天，推文数量达到了17条。与国内自媒体表现不同的是，Twitter上对赛事的关注一直持续到9月底。

从发布者来看，国外自媒体上发布与上海国际小提琴比赛相关消息的大多为专业媒体、相关媒体从业者、音乐从业者、音乐教育者等，与国内自媒体上表现出的情况类似，普通观众的参与度相当低。这从一个侧面说明本届赛事的专业程度很高，但同时也表现出赛事不够亲民，在普通老百姓中的影响力不大。

从内容来看，国外自媒体用户大多比较关注赛事获奖者以及与自身相关的参赛者。比如@JuilliardSchool 在半决赛前发布的推文主推该校的两位参赛学生 Richard Lin 和 Sirena Huang。与国内自媒体上的用户以及国外媒体报道相似，Twitter 用户也并不关心比赛赞助商，只有@violinist 在 8 月 24 日推送了一个现场表演的链接时，放了一张带有赞助商广告语的图片。

在所有发文的 Twitter 用户中，媒体用户占了绝大多数，只有少数个人用户参与了信息的发布和推广，而这些用户也一般采用转发媒体文章或者链接的形式发布推文。因此在 Twitter 上对本届赛事进行传播的主要是媒体。

但是与在国内自媒体上的情况相似，这些推文大多没有获得很高的点赞数和转发数。三次或以上转发数更是几乎不存在。由此可见，本届大赛在国外自媒体上的影响力也相对有限。唯一的例外是《纽约时报》。

《纽约时报》对本次上海艾萨克·斯特恩国际小提琴比赛的报道 9 月 5 日就出现在其网站上，当天就被@NYT、@NYTimesChina 以及《纽约时报》记者的个人账户相继转发。事实上，9 月 5 日当天发布的所有与本次上海国际小提琴比赛直接相关的推文几乎都是转发 nytimes.com 的报道文章的，可以说正是《纽约时报》的报道造就了 9 月 5 日的推文数量最高峰。同时，9 月 2~9 日发布的关于比赛结果的约 50 条推文中，有大约 16 条转发了 nytimes.com 的报道或添加了该媒体的相关链接。

《纽约时报》在 Twitter 上的传播力还体现在其系列账号发表的推文的吸引力和号召力。比如@NYTimesChina 在 9 月 5 日的转发推文获得了 6 次转发和 2 次点赞。相比其他推文几乎没有获得任何转发数和点赞数，@NYTimesChina 表现出不错的影响力。

另外，在被大量转发了一周之后，@nytimesmusic 在 9 月 9 日转发推送了 nytimes.com 的同样内容，居然也获得了 5 次转发和 9 个赞，点赞量是全网相关推文中最高的，说明该账号在相关人群中的关注度和影响力都非常不错。

另外值得一提的账号包括@violinist、@TheStradMag 以及@violinchannel。相比其他账号只有一两条相关推送，这三个账号对上海国际小提琴比赛的整个赛程进行了跟踪，并分别就赛况发布了多条相关推文。

比如@TheStradMag 共发布了 8 条与上海国际小提琴比赛直接相关的推文报道。@violinchannel 虽然只发布了 4 条推文，但其发表的内容被不同账号转发 5 次，在传播效果方面还是做得比较出色的。@violinist 在整个赛程中一共发布了 6 条与赛事直接相关的推文报道。除此之外，该账号在比赛期间还发布了 5 条有关上海城市形象与城市文化的推文，包括以东方明珠为背景的编辑自拍照、从外滩看浦东的上海地标性建筑群、昆曲艺术、上海市民在公园里等候观看传统表演等。这些内容虽然不直接与赛事有关，但部分推文@了官方账号（SISIVC2016），与本次比赛的官方账号形成良好互动，有助于推广和宣传本次比赛。更重要的是，这类推文有利于传播上海城市形象以及城市文化。

五　现场观众眼中的上海艾萨克·斯特恩国际小提琴比赛

针对本次比赛的受众调查主要采取现场访谈的方式进行。访谈伴随赛程展开，在演出之前、之后或中场休息时进行，共采访 30 位受访者。其中，以前来观看表演的观众为主，包括少量参赛者、现场志愿者以及媒体工作人员。由于刚开始的一些场次只对音乐学院师生等特定人群开放，前来观看比赛的观众大多数为工作、学习与小提琴相关人士，包括学生、音乐教育工作者、家长和音乐家。

从访谈内容来看，大多数受访者，包括受访选手和媒体工作人员，总体认可本次上海国际小提琴比赛，认为这次比赛：

不管是选手水平还是评委水平都很高；
相当于国际最高级别的赛事；
阵容强大；

非常专业；

规格都很高，从管理到组织到观众；

总体已经达到了国际化水平……选手实力很强，比赛曲目很多，难度比较大，比赛奖金也很高。

有一位已经看了三场比赛的观众李女士很激动地说："很精彩！"另外现场有一位小提琴老师蒋先生特别提到，本次比赛赛制安排严谨，而受访选手，来自日本的新井先生也指出，本次比赛的程序和规则要比其他赛事都更严格，并对此表示肯定。

大部分受访者对主办方的各项安排表示"很满意"，并且认为主办方"准备到位"、"组织好"、整体安排"很成熟"、"非常棒"等，总体评价非常高。其中，一位音乐附中的教师魏女士认为"跟国际比赛相比，已经完全接轨了"。另外也有普通市民李先生表示，"票价能接受"。

也有少数受访者提出，在比赛过程中，特别是在前几场，工作人员出现各种失误，比较不熟练，有点尴尬（观众杨先生、马先生）。也有少数受访者提到预售票的数量太少，比如上海音乐学院的教师宋先生和西安音乐学院的袁同学等都提到，尽管场内并没有次次满座，很多人还是不得不从黄牛党手中买票，希望能开放更多预售票。另外，现场有包括一位音乐学院的老教授在内的部分观众提到，上海交响乐团的赛场非常漂亮，就是"空调太低，简直是在冰窖里看比赛"。

媒体受访者都对主办方表示满意，称提供的素材对宣传报道非常有利。但现场也有一位不愿透露姓名的摄影师表示，希望主办方能为受邀记者办理采访证件，让媒体能有更多机会接触选手。

就本次上海国际小提琴比赛是否有助于提升上海的国际影响力，大部分受访者对此表示认可，比如现场观众李女士表示，本次比赛"有一定的影响力"；另一位观众徐先生则认为"影响力挺大"。一些选手在受访中指出，高水准高知名度的评委让"大家都会去关注"本次比赛。观众韩先生则进一步指出，这只是第一届比赛，将来影响力"还会逐步提高"。也有包括音乐学院学生在内的一些现场观众提到，本次比赛"最大的意义应该就是能够促进我们中国人对国外音乐的交流和认识，更好地融入世界音乐体系"。

值得指出的是，不少现场受访者提到，本次上海国际小提琴比赛的国际影响力还是在专业圈子里的，"主要还是圈子里的人"。

在被问及本次比赛宣传是否到位时，不少受访者直白地表示本次上海国际小提琴比赛的影响力可能更局限于专业圈子。比如音乐老师魏先生明确说，这次比赛的宣传"在圈子内做得很好"；来自杭州的观众任先生则在认可本次比赛"宣传力度挺大"的同时指出，"基本上关注小提琴界的人都会知道"；而一些前来观看比赛的学生，则是"通过老师知道的"。现场观众蒋先生和宋先生说，对于普通老百姓，"宣传可以再尽力一点"，并且"媒体还得多报道"，毕竟老百姓关心奥运会或明星八卦之类的新闻多一点，这类高雅新闻想上头条或者引起重大关注还是有点难度的。

受访媒体对比赛的宣传基本持肯定态度。有受访者提到主办方对媒体和新闻发布会等宣传细节非常重视，比如现场一位摄影师表示：

> 新闻发布会上，那些重磅的评委都来了，而且全部都来了。要知道一般在新闻发布会上，评委们很少会全部到齐的，说明他们还是很重视的。

另一位 SMG 支持人则指出：

> 从去年开始就有报道出来……分不同阶段做了大篇幅的报道，包括对选手的采访等……像今天的网络直播，他们也提供了很好的安排，包括选手采访和评委采访等，这非常好。

其他观众也对本次大赛的宣传工作给予肯定，不少受访者评价说"很好啊"，比如武汉音乐学院的刘先生在现场被问及赛事宣传工作时说：

很好啊，无论是从平面媒体，还是从网络、微信的推送等，都有相关的信息。

之前提到中国媒体对本次上海国际小提琴比赛的很多报道集中在主办方选择中国曲目《梁祝》作为赛事指定曲目之一，大力推广中国传统文化。对此，受访者基本表示肯定，认为这很有意义，是创新，有助于把中国作品推向世界，并且在上海举办的国际赛事"就应该加入中国元素"。

我觉得很好，它能够把我们中国的作品慢慢推向全世界。

这次比赛的意义，在于它能够把我们国内的小提琴曲让更多人知道。

比赛也很有上海特色，比如说此次比赛加入的中国曲目《梁祝》，她的诞生地其实就是在上海。从曲目的安排上来说，肯定跟我之前看过的不一样，也是这次比赛的一个创新。

小提琴演奏家周先生在现场说：

这样的安排一方面说明我们国家经济水平上来了，另一方面也说明我们国家的小提琴水平也上来了。

而国外参赛者的精彩表现也让现场观众李女士认为：

这一点很欣慰，因为从侧面说明了中国音乐正在慢慢地走向世界舞台。

值得一提的是，尽管大部分受访者对这样的安排表示认可和自信，也有观众直接表示，出乎他们意料之外的是，很多外国选手表现得比中国选手更好。

> 我本以为在这首曲子上外国选手应该有劣势，毕竟他们可能接触不多。但是看完比赛我发现一些外国选手也能精湛地完成这首曲子，甚至比中国选手还要好。
>
> 我觉得今天国外选手演奏的《梁祝》，不论是技法还是感情，都比中国选手更胜一筹。
>
> 中国选手的演绎，偏守旧；外国选手起点不一样，反而去钻研，呈现的效果来说是他们更有想法，再加上他们技术更加全面，因此这些外国选手相比我们中国选手更加突出。

这些评价与最后比赛结果也不谋而合，可见本次比赛的现场观众大多非常专业。当然现场也有一位音乐学院的教授丁女士提出：

> 比赛中规定选手都得拉《梁祝》，我觉得初衷是好，宣扬中国文化，但我怕效果可能会适得其反，因为那么多选手都拉《梁祝》，评委、观众几个轮回听下来说不定就觉得枯燥了。其实除了《梁祝》，中国还有很多比较好的曲子。

最后，关于本次上海国际小提琴比赛对上海市民的影响，大部分受访者认为是积极正面的，特别是对专业人士而言。

> 这个比赛对上海和上海市民的整体小提琴艺术修养肯定是有提升的，毕竟是在家门口比赛，有时间都可来看一下。
>
> 多举办这类比赛对整个城市的艺术修养是有提高作用的。
>
> 对普通市民也是一个慢慢熏陶的过程吧。
>
> 会有一个熏陶的作用，毕竟有些东西看不出来。但可以肯定的是，对专业的人帮助是很大的。
>
> 首先是提高小提琴的整体水平，其次是提高上海这样的国际大都市的小提琴水平和教学的发展，能够提高上海整体的威望。

很有意义呀！……大家可以亲身感受这个比赛的气氛。

当然也有不同意见，比如音乐学院附中的马同学和小提琴老师蒋先生在受访中表示：

意义我觉得不是很大，毕竟现在古典音乐的市场比较冷清嘛。而且上海这个比赛一开始就这么高规格，容易曲高和寡。

意义不是很大。这个还是和社会的整体气氛有关吧……关键是我们现在国民文化素养比较差，这就造成了人民对很多东西不一定能感悟到。

六　总结

总的来说，本次上海艾萨克·斯特恩国际小提琴比赛举办得相当成功。作为一项专业性很强的赛事，本次比赛在专业圈子和专业媒体平台上的曝光率都不低。国内主流媒体、国外主流媒体、互联网和自媒体，以及现场的媒体、观众、受访选手等，都对本次国际小提琴比赛给予了总体上的认可以及非常积极的评价。

国内媒体的很多报道大多集中在赛事结果、比赛开幕，以及《梁祝》作为必选曲目的设置上。对于如此专业的比赛，国内主流媒体的报道量还是比较大的，报道形式也相对比较多样化，有消息，也有评论，并且评论大多正面积极，从强大阵容、赛制安排、评审公开、竞技曲目选择、奖项设置（人文精神奖）、文化自信和文化推广、国际影响力等多个方面对本次上海国际小提琴比赛做出了肯定。参与此次报道的国内主流媒体涉及多个层次，其中《解放日报》、新华网、东方网等主流媒体的报道发挥了巨大的影响力，在不同平台的中文媒体中起到了非常好的传播效果。

国内自媒体对首届上海艾萨克·斯特恩国际小提琴比赛的评价也非常正面。除了媒体账户，也有个人用户在自媒体上发表与比赛相关的信息和评论，官方认可多种声音演绎中国《梁祝》的消息获得了相对比较高的关注度。但总的来说,由于比赛本身专业度非常高,自媒体上的个人用户对本次比赛的传播非常有限。

显然国外媒体更加注重对赛事本身、赛事进程以及得奖结果进行报道。在这个过程中,不少媒体提到上海此次举办这样的国际性音乐赛事,并且把中国曲目《梁祝》定为参赛指定曲目之一,意在促进中国文化影响力。但媒体报道和国外自媒体都没有过多地聚焦在《梁祝》的选曲和由此带来的中国文化传播上。同时国外媒体对著名音乐人,比如大卫·斯特恩、周平以及余隆等人的采访和引用出现比较多,艾萨克·斯特恩先生与中国的音乐渊源也多有报道。

国外自媒体上的相关消息更多聚焦在参赛选手和本届比赛的冠军。其中《纽约时报》刊载的内容在自媒体上得到了广泛传播,其相关自媒体账号的影响力也相对突出,是本次海外宣传的一个亮点,对整个赛事和上海整体形象的提升都有所帮助。另外,海外一些专业媒体的自媒体账号(比如@violinist)也在赛事和上海城市形象的宣传和推广上起到了积极有效的作用。本次比赛在国外自媒体上的官方账号表现也相当不错,但是信息传播的互动性还有待加强。

纵观国内外各类媒体平台,显然信息传播者大多为媒体和音乐专业平台,普通老百姓的参与度不是很高。这从一个侧面说明本次比赛的专业度非常高,这使比赛在专业圈子以外的影响力受到了局限。

比赛现场访谈结果也比较正面。大部分受访者对比赛本身的接受度很高,认为赛事组织到位,整体规格很高,基本等同于国际最高级别的音乐赛事,而且对上海城市形象的提升非常有好处。几乎所有受访者都对《梁祝》选曲给出正面评价,积极态度与国内媒体报道保持一致。但是也有观众指出,相比一些国际高水平选手,中国小提琴手的水平还有待提高。

2016年第5届上海国际芭蕾舞比赛国际影响力报告[*]

诸 廉[**]

摘 要： 第5届上海国际芭蕾舞比赛于2015年12月3日启动，2016年8月3～11日正式举行。本报告对在此期间国内外传统媒体及自媒体上的第5届上海国际芭蕾舞比赛的相关呈现进行了分析，同时对观看比赛的现场观众随机发放问卷，并进行抽样访谈，以综合评估本次赛事的国际影响力。主要发现如下：第一，第5届上海国际芭蕾舞比赛获得媒体和观众的积极评价，被认为有利于提升上海国际城市形象；第二，国内媒体对本次赛事的报道量不小，但内容重复性大；第三，自媒体平台上的报道形式多样、内容丰富，且互动性强，因此传播效果较为显著；第四，外媒报道不多，赛事海外影响力有限；第五，赛事的海外影响力主要来自赛事官方自媒体账号以及国内媒体的海外账号。

关键词： 上海国际芭蕾舞比赛 国际影响力 文化传播

---

[*] 本报告的数据采集受到上海市文化广播影视管理局重大活动办公室童颖、邓晶琛的大力协助。中英文问卷调查数据通过"取走"自媒体合作平台现场扫码以及受众线上收集。参与本报告的访谈以及媒体资料整理工作的有上海外国语大学新闻传播学院方婵娟、景晓童、唐玮、李焱、杨华伟、黄彩虹、刘玉瑶、杨杜、马珺、徐勤、黄野11名同学。

[**] 诸廉，上海外国语大学新闻传播学院副院长、副教授，中国国际舆情研究中心研究员。

一 概述

第5届上海国际芭蕾舞比赛于2015年12月3日召开首次新闻发布会,并于2016年8月3~11日进行正式比赛。本次上海国际芭蕾舞比赛除了赛事本身,还安排了开幕演出、论坛、大师班、颁奖礼等活动。根据主办方提供的信息,本次比赛的宣传包括建立第5届上海国际芭蕾舞比赛的新媒体账号、邀请国内外主流媒体和专业媒体进行报道、在公共场所投放室外广告等。

由此,本报告对国内外传统媒体以及国内外自媒体上的第5届上海国际芭蕾舞比赛进行了分析,同时对现场观众随机发放问卷,并进行抽样访谈,以综合评估本次赛事在国内外的影响力。

二 国内媒体报道分析

自2015年12月初召开首次新闻发布会以来,全国64家媒体对第5届上海国际芭蕾舞比赛进行了报道,相关报道的总量达421篇。其中网络媒体的报道量远超纸媒,是其6倍左右(见图1)。

就媒体分布而言,对此次比赛进行报道的主要国内媒体为上海媒体(41家),其次为包括中央电视台在内的北京媒体(13家)。天津、陕西、河南等地媒体也对此次比赛略有关注(见图2)。因此,此次比赛的国内影响力主要集中在上海和北京。媒体当中,给出报道量最大媒体为腾讯大申网(8次报道),其次为《文汇报》(5次报道)和新民网(5次报道)(见图3)。上海本地的英文媒体《上海日报》也从7月初的新闻发布会开始,对此赛事做了5次报道。总体而言,网络平台上的相关新闻发布量远超传统媒体,它们对赛事的关注度也远远大于传统媒体。

综观所有报道,文章的篇幅大多在1000字以下。比赛期间没有出现5000字以上的长篇评论或报道,但也有9篇报道达到2001~5000字的篇幅。

就媒体关注的焦点而言,虽然新闻发布会本身吸引了一些媒体的报道,

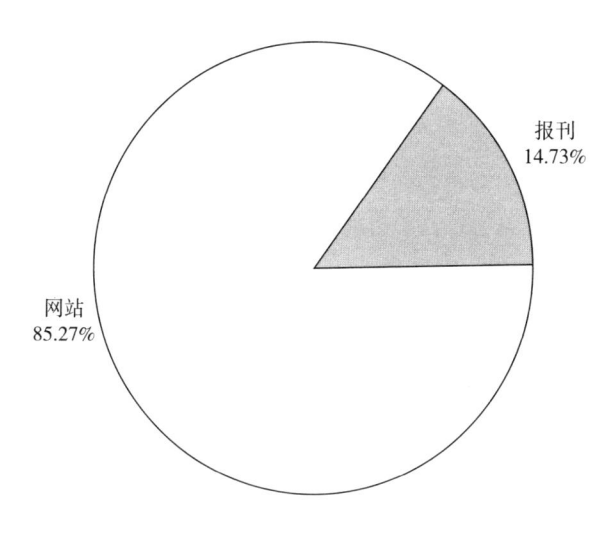

图1　媒体类型分析

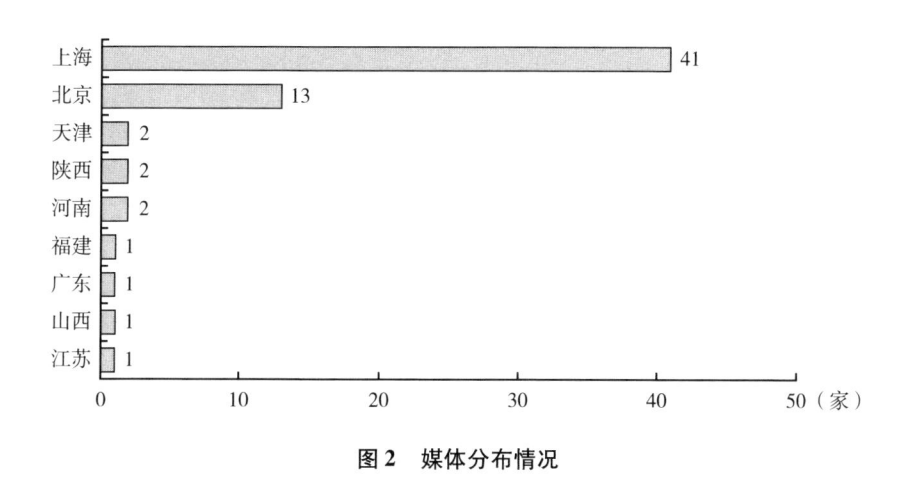

图2　媒体分布情况

但对此次比赛的主要报道大多集中在2016年8月开赛以后，特别是在最后的颁奖仪式及获奖选手GALA演出之后，报道量呈明显的上升趋势（见图4）。与此同时，开幕演出（8月3日）以及大师进校园活动（8月6日的报道）也受到一些媒体的关注。这一点上，纸媒与网络媒体呈现相同的趋势（见图5）。而上海本地的英文媒体除了关注比赛结果，并提及大师进校园活动外，还不止一次在报道中提到新落成的上海国际舞蹈中心和上海舞蹈

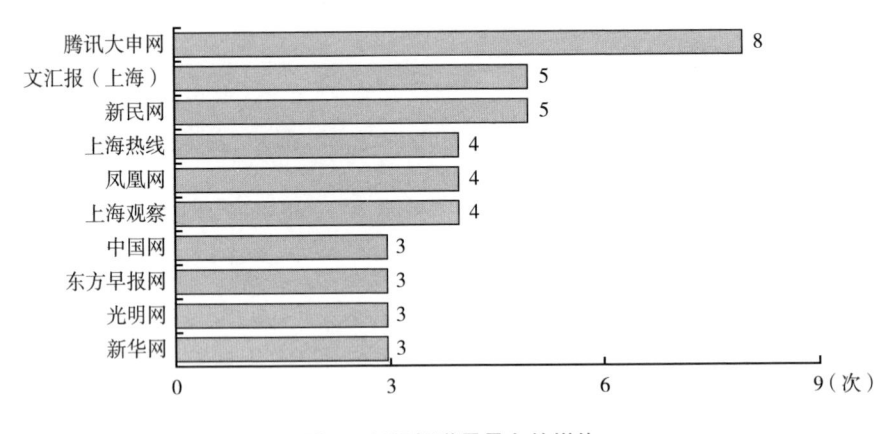

图 3　新闻报道量最多的媒体

学校，称上海拥有良好的硬件条件和人才培养环境，假以时日定能在国际芭蕾图谱上占据一席之地。

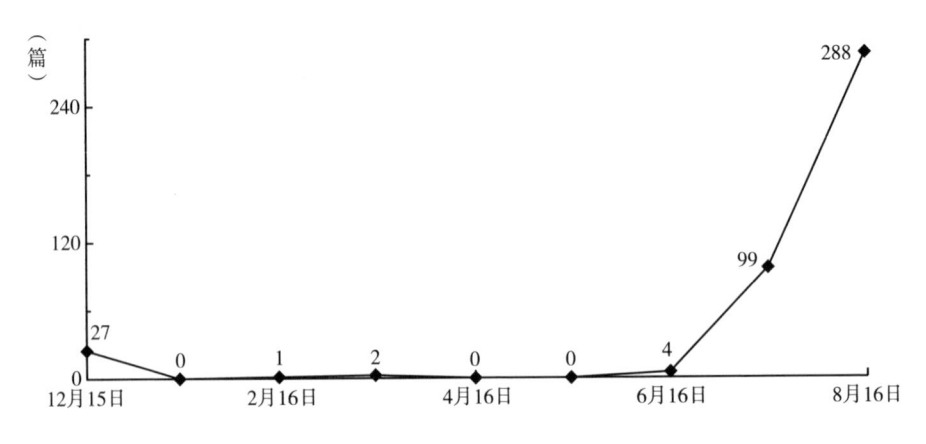

图 4　媒体新闻报道总量趋势

总体来说，国内主流媒体的报道内容，无论线上线下，对本次大赛都持有比较肯定的态度，认为大赛本身会聚了来自世界各地的顶尖评委和优秀参赛者，且整体活动策划完整，获得了国际同行的高度认可。主流媒体报道对获奖选手特别是中国获奖选手也进行了一定量的报道，特别是在决赛和颁奖礼之后，同时对中国芭蕾的未来进行了展望。

然而，细看国内主流媒体的报道可以发现，消息类报道为主，大多是

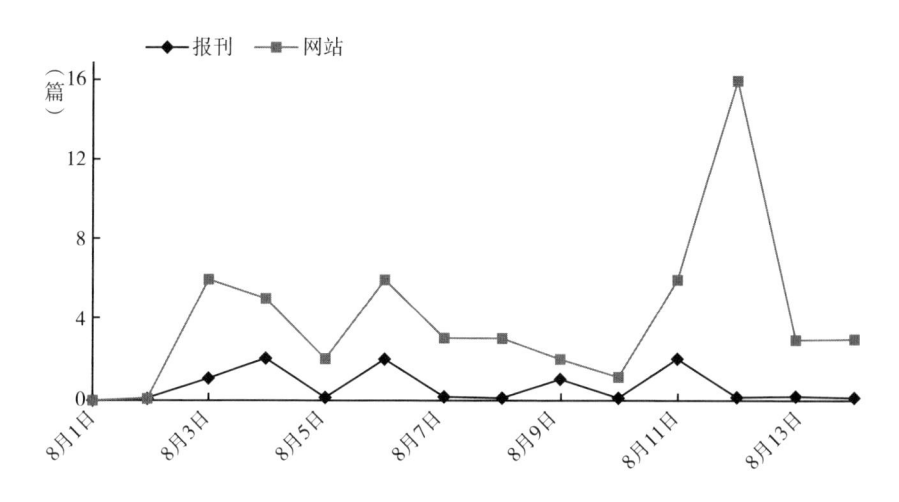

图5 媒体报道趋势

针对本次赛事本身进行报道，并且内容的重复率非常高，评论性文章非常少，很明显是大量使用了主办方提供的素材或通稿。正如本次上海国际芭蕾舞比赛的媒体策划推广单位《芭蕾在线》的编辑在接受现场访谈时说到的："对于媒体而言，我们采用的是比较中规中矩的方式，毕竟一般的媒体都不是专业芭蕾出生，只能说是我们引导他们，基本的素材也会尽量提供给他们。"

三 国外媒体报道分析

与国内媒体明显的报道量不同，本次上海国际芭蕾舞比赛并没有吸引很多境外主流媒体的报道。港澳台地区主流媒体并未就该赛事进行报道，只有意大利新闻通讯社 Adnkronos 在 2016 年 8 月 12 日就赛事结果发布了消息。关于赛事之前的发布会、赛事进程、其他相关活动等，基本没有西方媒体进行报道。

另外《伦敦标准晚报》在 8 月 9 日发表的两篇标题不同但内容相近的文章中，因报道上海芭蕾舞团即将赴伦敦进行表演而提及正在进行的上海国际芭蕾舞比赛。即便如此，报道中并没有明确指出第 5 届上海国际芭蕾舞比赛，而是在文章开头就观众在上海大剧院观看表演的情形稍做描述，只是因为报道的日期与比赛日期重合，才让人想到文中所指为上海国际芭蕾舞比赛。

四 国内社交媒体舆情分析

相比第5届上海国际芭蕾舞比赛在境内外传统主流媒体上的影响力而言，新媒体平台，特别是自媒体，给予了本次比赛相当大的关注，不论是主办方还是芭蕾舞表演者、爱好者以及媒体等都发出与本次芭蕾舞大赛相关的帖文。以"上海国际芭蕾舞比赛"作为关键字，在新浪微博网络舆情平台中进行搜索，自8月1日到8月15日，共有2646条信息发布在网络自媒体中。其中，新浪微博有1774条相关帖子，媒体来源占比中微博占89.01%，活跃度排行第一，其次是东方头条、搜狐媒体平台、微信以及今日头条等媒体。从微舆情提供的该时段内信息数量分析图可见，8月13日的发帖数量达到了最高峰，超过700条，通过分析可知，大多都是对其颁奖典礼暨闭幕式进行的相关报道。

此外，通过微舆情生成的地域分布图可以看出，发布本次上海国际芭蕾舞比赛相关信息的地域集中在上海、山东、北京、广东四地，而前十名中海外地区排到第五，其他地方相对较少，说明本次国际芭蕾舞比赛的影响力集中在一线大城市以及海外地区。

鉴于新浪微博占据了所有新媒体平台相关内容的89.01%，并且位列网络活跃度排名第一，这里主要通过新浪微博上采集到的1668条信息来分析本届上海国际芭蕾舞比赛在自媒体平台上的影响力。

（一）用户结构

新浪微博的1668条信息中，82.61%由普通非认证用户发出，说明本次国际芭蕾舞比赛的受众广泛分布在普通老百姓中。从性别上看，男女基本都有所关注，但总体上女性比男性关注人数更多，占60%以上。从地域上看，93.76%的用户在国内，海外用户只占6.24%（见图6）。尽管这一数据与新浪微博平台本身立足中国有关，但从本报告之后会提到的受众分析来看，本次比赛的确吸引更多国内观众。

2016年第5届上海国际芭蕾舞比赛国际影响力报告

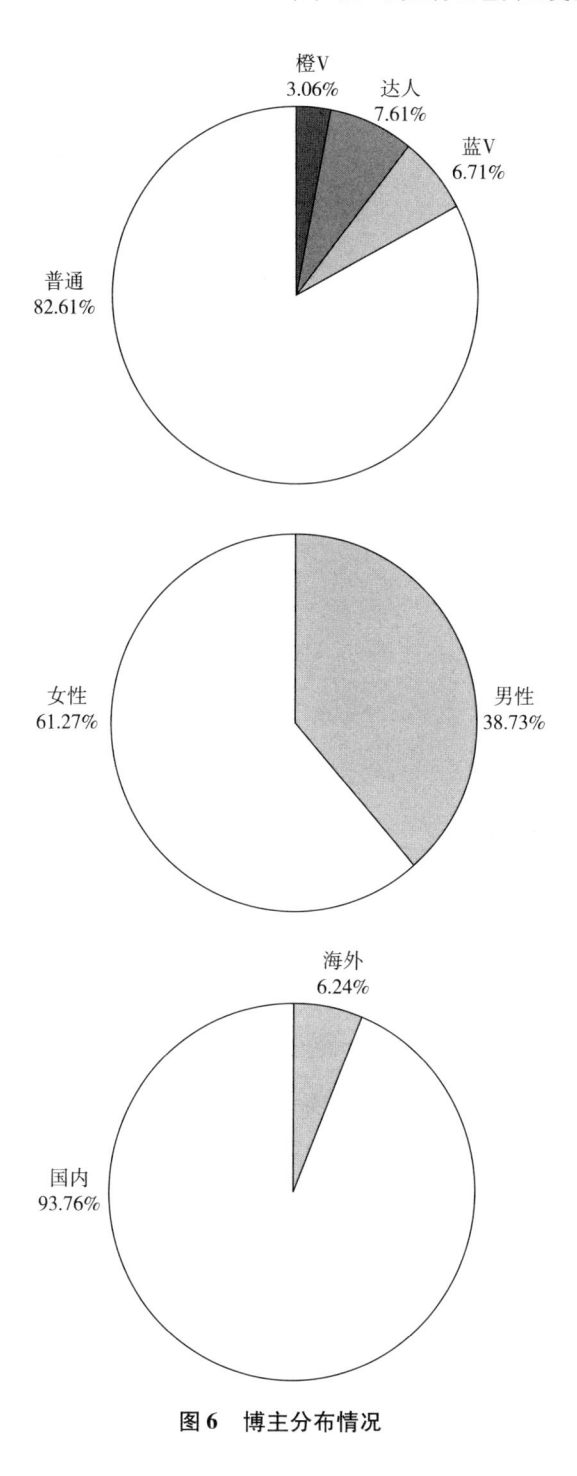

橙V 3.06%
达人 7.61%
蓝V 6.71%
普通 82.61%

女性 61.27%
男性 38.73%

海外 6.24%
国内 93.76%

图6 博主分布情况

205

（二）传播趋势

从内容来看，微博声量最高峰出现在2016年8月13日，当天共有638篇相关微博言论。疑似源头的微博信息出现于2016年8月1日，由用户@上海jiajun发布。总体来说，整个微博事件的发展趋势较为明显。从图7可以看出，整个事件的爆发点是2016年8月12日到13日，内容大都与颁奖和闭幕式有关。相比媒体关注以及原创内容，转发类型的数据最为突出，这也使本次芭蕾舞比赛曝光度和影响力大大增加。

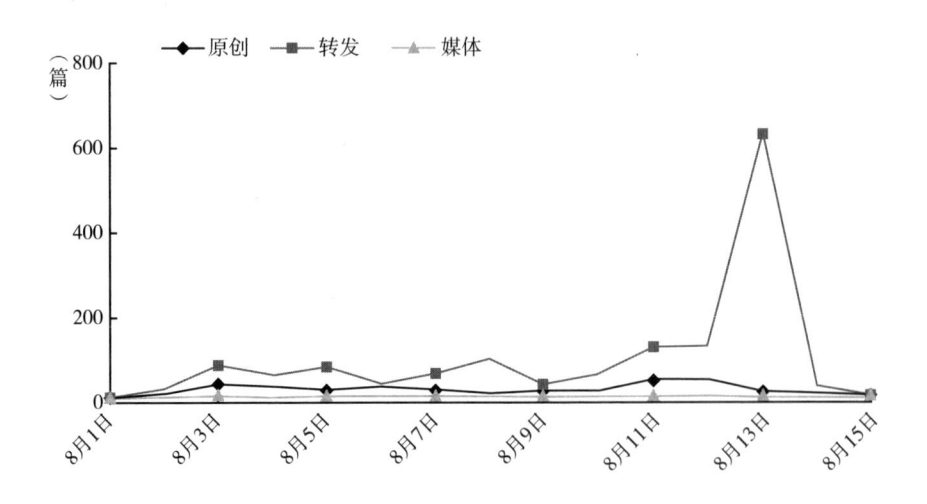

图7 社交媒体转发情况

（三）意见领袖及核心传播者

在所有发布关于本次上海国际芭蕾舞比赛的用户中，本身活跃度高且粉丝数众多的意见领袖包括《新闻晨报》、俄罗斯卫星网（中文）、上海发布、《东方早报》、澎湃新闻等。这些信息源大多为上海本地媒体以及俄罗斯等海外媒体。

从相关内容发布量以及单篇信息被转发的最高次数来看，《芭蕾杂志》、澎湃、《东方早报》、中舞网、《新闻晨报》成为此次事件自媒体平台上的核心传播媒体（见表1）。

表1 媒体账号转发情况

单位：次

媒体名称	转发数	媒体名称	转发数
芭蕾杂志	112	文艺上海	8
澎湃新闻	99	俄罗斯卫星网（中文）	5
东方早报	13	NewStar 潮星	5
中舞网	12	PPTV 音乐	2
新闻晨报	11	东广新闻台	2

其中，《芭蕾杂志》是与芭蕾比赛高度相关的专业媒体，并且承担了此次赛事主要的信息发布工作。除了根据赛事安排发表相应信息之外，《芭蕾杂志》还为即将初赛或表演的主要选手发布以前的表演视频，受到很多粉丝的点赞和转发，开幕 GALA 演出前以及闭幕颁奖礼之前发布的视频单篇最高点赞数分别达到 99 次和 97 次，其他不少视频发布也获得了单篇两位数的点赞量。这在这次赛事传播中是比较少见的（大多数单篇消息都只获得了 10 次以内的点赞数）。

大众媒体中，澎湃新闻对本次比赛进行了网络同步直播，并大量转发相关文章，加之澎湃本身在自媒体平台上属于意见领袖，其发布的比赛相关内容，除了被转发数居高不下，其阅读量最高可以达到 35.5 万次，远超被转发数排名第一的《芭蕾杂志》（4 万次左右的阅读量），因此在传播效果上起到非常积极的作用。

媒体以外的其他账号中，上海生活热门资讯的被转发数相当高，虽然其阅读量平均低于 1 万次，但单篇转发数最高达到 635 次，在扩展影响力方面起到了积极作用。上海国际芭蕾舞比赛的官方账号虽然位居媒体以外账号被转发量的第二位，但相比上海生活热门资讯，其传播效果还是差了很多。根据转发数看，其他网民的传播效果相对有限（见表2）。

表2　媒体以外账号转发情况

单位：次

账号名称	转发数	账号名称	转发数
上海生活热门资讯	635	全球型男帅哥推荐	5
上海国际芭蕾舞比赛	20	梵音777	5
浦新微闻	12	摄舞者	5
超级霹雳qiu	12	芭蕾多多	5
舞蹈中国-尚翻翻	11	戚冰雪	4
高尚爱照相	9	龚黎伟	4
失客所在	7	淡墨青花2014	4
Ballet—ying	6	Ballet_House	3
玛奇朵之舞	6	男柔练功房	2
jm236	5		

（四）传播内容

自媒体平台上，本次上海国际芭蕾舞比赛的相关内容被转发次数最多的如表3所示。从比较受欢迎的转发微博来看，网民普遍对本次颁奖仪式以及世界芭蕾明星和部分明星选手的演出投入大量关注。

表3　自媒体平台转发情况

单位：次

时间	内容	转载数
2016年8月13日	【第5届上海国际芭蕾舞比赛颁奖典礼暨闭幕式精彩瞬间】8月11日晚，第5届上海国际芭蕾舞比赛在闭幕式暨颁奖典礼中圆满落幕。来自11个国家的58名选手角逐出大奖、少年组和成年组的金银铜奖、最佳双人舞奖、最佳编舞奖、评委会特别奖及鼓励奖	635
2016年8月8日	八月八日星期一，早晨@上海国际芭蕾舞比赛如火如荼进行中，据可靠探子回报英国皇家芭蕾舞团首席舞者Lauren Cuthbertson将会现身"8·11"闭幕式！于是今日就带来她拍摄的短片"Portrait of a Dancer"……http://t.cn/Rt9Cghq	112

续表

时间	内容	转载数
2016年8月11日	8月11日晚,第5届上海国际芭蕾舞比赛闭幕演出暨颁奖典礼在上海大剧院举行。由世界芭蕾明星和获奖选手共同加盟的颁奖演出为整个赛事活动画上圆满的句号。http://t.cn/RtOJBol	99
2016年8月10日	星期三,早晨明天就是@上海国际芭蕾舞比赛的闭幕式,探子回报英国皇家芭蕾舞团首席舞者Lauren Cuthbertson已经抵达魔都Enjoy~ http://t.cn/RtpvWvx	62
2016年8月5日	星期五,早安~ 今日@上海国际芭蕾舞比赛正式上线……除了关注舞台上选手们的表现,我们也同样爱看各个角色不同的blingblingTUTU舞裙~那么今天我们就跟随澳大利亚芭蕾舞团的脚步,零距离接近各款梦幻的裙子以及背后的故事。Enjoy~ http://t.cn/RtajSdK	39
2016年8月7日	上海国际芭蕾舞比赛正在如火如荼地进行中,每日的早功课对于选手们说必不可少的,今天为大家送上昨日的早功课图片,看看有没有你们喜欢的选手呢[好爱哦]摄影:陶志军 http://t.cn/z8AY8sI	20
2016年8月11日	第5届上海国际芭蕾舞比赛闭幕式暨颁奖晚会马上开始!比赛结果很快要揭晓啦!	18
2016年8月12日	【芭蕾明星耀浦江!2016第5届上海国际芭蕾舞赛获奖名单公布}#文化资讯#各国芭蕾明星齐聚申城!比赛从8月3日开始,吸引了来自16个国家的芭蕾好手参加,其中58名选手来到上海进入复赛,比赛还穿插了大师班、国际芭蕾发展论坛等活动,给申城带来一场华丽的艺术盛宴!详细获奖名单见长微博	14

续表

时间	内容	转载数
2016年8月12日	【舞蹈是超越国界的语言：上海国际芭蕾舞比赛精彩瞬间回放】8月11日晚，为期9天的第5届上海国际芭蕾舞比赛在上海大剧院举行的颁奖典礼中圆满落幕。来自11个国家的58名选手角逐大奖、少年组和成年组的金银铜奖等奖项。http://t.cn/RtWHfyT	13
2016年8月3日	上海国际芭蕾舞比赛抽签仪式今天中午已经结束，今天下午选手们已经开始走台，让我们期待他们的出色表现！http://t.cn/z8AY8sI	12

通过对网民转发和评论博文的情绪分析可见，大部分使用爱心、喜欢、鼓掌等表情符号，说明大家对本次比赛投入比较积极的态度，也给予了喜爱与赞赏等积极评价。

五　国外社交媒体舆情分析

本报道主要采用Facebook和Twitter上的数据对关于本届上海国际芭蕾舞比赛在国外自媒体上的影响力进行分析。

总体而言，本届上海国际芭蕾舞比赛在国外自媒体上的影响力远远不如在国内自媒体上的影响力，但比赛本身在Facebook和Twitter上还是有一定的关注，且主要发帖用户来自国内外的参赛选手、表演嘉宾以及中国媒体的海外账号，文章发布最多的集中在12号，即临近闭幕式的时间段。

相较国内自媒体上呈现的内容分布而言，本次大赛在Facebook和Twitter上的官方宣传力度更大，比如本次大赛官方组委会账号@sibcchina于今年3月开始宣传，获得470个赞和13次分享，发布的内容主要是对各个参赛选手和比赛介绍宣传。这个官方账号发布的帖子在比赛第一天的帖子中获得了18个赞，半决赛当天获得12个赞，而比赛闭幕式当天该账号共发了

6条帖子，获得86个赞以及23次分享，连同积极的评价。换言之，该账号获得的点赞数和关注度在稳定中有所提升，也体现本次大赛的国际关注度和影响力在稳步地提升和扩大。

除了本次上海国际芭蕾舞比赛的官方账号以外，国内媒体的海外账号传播参与度也比较高，主流媒体如SMG的ICS推特账号ShanghaiEye就发布了比赛信息，并同步转发ICS的视频新闻。

China Forum、Shanghai Big City等国内自媒体以及China Ballet Magazine（《芭蕾杂志》）等文娱艺术杂志也参与宣传。自媒体大多采取转发Shanghai Daily的网络新闻形式参与报道传播，与芭蕾舞息息相关的杂志媒体大多使用高清摄影的形式发布传播，后者在国外自媒体上的传播形式与在国内相似，但传播效果较国内要逊色不少。

与国外传统媒体所呈现的态度类似，国外主流媒体对本次上海国际芭蕾舞比赛的报道也较少，但自媒体上的确有一些源自海外的账号关注本次比赛，其中不少来自俄罗斯、乌克兰等国。另外有一些相关文化艺术媒体，包括与芭蕾相关的文娱杂志社交账号以及外国演出嘉宾选手选择发声支持，也拥有一定量的大量转发、分享和评论，在海外收到相当不错的传播效果。比如Cincinnati Ballet（辛辛那提芭蕾团，一家美国非营利舞蹈团）就高度关注本次大赛，其中本次大赛的银奖获得者就在该团培训过。它的报道无疑帮助大赛获得更高的海外关注度，其Facebook主页拥有3.8万粉丝，几篇相关推文高达560多个赞和40多次分享，其在海外的影响力远远大于本次赛事官方账号以及国内主流媒体。

六　受众调查

针对第5届上海国际芭蕾舞比赛进行的受众调查主要分为两种：问卷调查以及现场访谈。其中现场访谈又分为普通观众访谈和参赛演员访谈两种。总的来说，两种调查得出的数据和结论不尽相同，且观众的喜好与媒体关注的主要内容也有出入。

（一）观众结构

本次共有4579人参与问卷调查，其中绝大部分为中国观众，只有8名外国观众参与了问卷调查。另外我们从开幕演出到总决赛，对现场观众和部分参赛选手进行了抽样访谈。一共有46位观众或选手接受了访谈，其中8位为参赛选手，38位为普通观众。

从问卷调查和访谈的情况来看，本次赛事到现场观看的主要观众为女性，约占观众总数的2/3。这些观众中，将近一半为25~45岁，且无论是中国观众还是外国观众，其中80%的为芭蕾爱好者，而非专业芭蕾演员。85%的观众现居上海，只有大约7%的观众明确表示特意从外地赶来观看比赛。在现场的随机抽样访谈中，也有一位宁波某芭蕾舞学校的校长表示自己是"特地从宁波赶来看比赛的"，另有一位学生"专门从深圳来看比赛的"。另外，有大约72位国内外观众表示，他们是从国外赶来观看比赛的。可见此项赛事在上海以外地区还是有一定的影响力的。

调查显示，前来观看比赛的观众的个人月收入多为3001~10000元，其中36%的观众收入为6001~10000元，33%的观众收入为3001~6000元。选择收入在3000元以下或者20000元以上的观众数量最少，分别占观众总数的7%。可见本次比赛吸引的观众大多还是中等偏上收入的人群。但是现场访谈的数据也显示，很多观众并非是自己购票前来观看比赛的。

而这些观众当中，85%的人是第一次观看国际性芭蕾舞比赛。

访谈数据还显示，"第一次观看国际芭蕾舞赛事"以及"并非自己购票前来"并不表示这些观众本身并不特别爱好芭蕾舞表演。事实上，现场抽样访谈显示，现场观众大多是非常爱好芭蕾艺术的。比如现场观众贺女士和潘女士自称"超级粉丝"，甚至九年前看过第四届上海国际芭蕾舞比赛，并直接表示："我们太爱芭蕾了！"另外，现场访谈的随机抽样样本中除了本次比赛的参赛选手和受邀媒体以外，还有不少芭蕾舞老师、学生以及研究者，证明现场观众具有一定的专业性，或者至少非常喜欢芭蕾。

综上可见，本次赛事吸引了一大批爱好芭蕾舞的或业余或专业的观众，他们大多有着稳定的收入，可以负担得起观看比赛和表演的门票，但是没有太多观看国际赛事的经验。

（二）信息来源

据本次上海国际芭蕾舞比赛主要的宣传者《芭蕾杂志》的两位受访记者表示，本次比赛的宣传工作包括了上海主要媒体、户外广告投放、《芭蕾杂志》的微信微博平台以及 Facebook 推送。

调查显示，尽管微博在发挥本届上海国际芭蕾舞比赛的影响力上发挥了更大的作用，但上海本地媒体和微信是观众了解本届上海国际芭蕾舞比赛的主要渠道，有61%的观众表示从上海本地媒体获得消息，这跟上海本地媒体是这次比赛主要信息发布者（64%的消息来自上海本地媒体）有很大关系。只有约10%的观众是从外地媒体获知本次赛事。这跟观众大多生活在上海本地有一定关系，但也从一个侧面表明部分外地媒体在扩大赛事影响力方面的作用比较有限。

另外，54%的中国观众表示微信是获知赛事信息的主要渠道。根据访谈内容来看，微信主要是指朋友圈转发以及一些演出信息的公众服务号。然而从信息发布量来看，如上文所述，微信平台上发布的信息量远不及微博。这可以解释为微信本身的影响力远大于微博，因此尽管发布的信息量比较有限，但影响力却相对比较大。

这次国内宣传还包括了户外广告部分，但只有4%的观众表示通过该渠道得知本次上海国际芭蕾舞比赛。在现场访谈中，也仅有两位受访者提及户外广告，其中一位来自南非的参赛者 Savannah Ircland 表示，到达上海之后"在当地公交车站看到海报宣传"；另一位上海本地的观众吴先生则称"开车经过延安高架都能看到"。可见这类信息传播渠道虽然可能传播面不小，但在吸引参赛选手以及吸引观众前来观看比赛方面作用都比较有限。

而国外的观众，包括部分受访的参赛选手，大多通过网络获取信息，比如 Facebook、Twitter 以及谷歌网站。这跟国外媒体对赛事报道极为有限有关。事实上，不止一位参赛选手在访谈中表示，来参赛之前，很难获得跟比赛相关的信息。比如来自古巴的一位参赛者表示：

> 我是从网上了解到比赛信息的，但很多信息都是中文的，我们很难理解。

而另一位来自波兰的女选手Natalia则在访谈中提道：

> 我是在谷歌搜索上指导的，大概搜了快十页才看到比赛信息。

这也从一个侧面表现出赛前宣传，特别是海外宣传的缺乏。但抱怨宣传力度不够的不仅仅是海外参赛者，还有到比赛现场采访的媒体工作者。记者王先生在复赛前被问及"主办方提供的素材是否有利于开展报道"时表示：

> 还行，赛前给了一些详细的资料，也有一个专门面向媒体的公邮，上传了一些资料。但是目前都只有一封邮件，里面四个文档，就再也没有更新了。而且今晚的复赛，我就只拿到了几个选手过往的获奖情况，其他的都没有了。

也有很多受访者表示，他们是通过朋友和或家人，或者通过关注大剧院的演出信息而得知本次比赛的，而非通过大众媒体。比如有受访者表示：

> 我觉得媒体方面应该加大宣传力度。我是我女儿给我买票的，她是搞文艺方面的，消息比较快。但是其他市民就不一定及时知道这个比赛了。

> 我本来就是舞蹈圈的，所以知道这个消息。但是可能外界人不是很知道这个比赛。在我们自己内部或者舞蹈圈的宣传还可以，但外界对这个可能还是知道得比较局限。

> 好像宣传得很少，我接触到的信息不是很多。我是收到了一个朋友的信息，然后自己上他们官网查的……外面的宣传很少，没怎么看到。好像是第一次在上海举办吧？我觉得宣传还不够普及，很多人会不知道这个事情。

结合之前的媒体报道情况的分析来看，主办方在宣传方面不够积极主动，国内报道缺乏主动性和创造性，以及海外宣传力度不够，这些都在一定程度上削弱了本次上海国际芭蕾舞比赛在国内外的影响力。

（三）观众反应

总体来说，中外观众对此次比赛都比较认可，83%的受访者认为本届比赛办得"好"或者"很好"，只有1%的受访者认为本届比赛办得"不好"或者"很差"。

受访者普遍认为上海国际芭蕾舞比赛有利于提高上海市民的文化素养，选择"非常有利"和"有利"的受访者占了总数的92%。同时，有82%的受访者认为上海国际芭蕾舞比赛"非常有利"或者"有利"提升上海的国际化程度。仅有约1%的受访者表示这类比赛对提高上海市民的文化素养以及提升上海的国际化程度"没有作用"。也仅有4%的受访者表示，上海没有必要举办国际芭蕾舞比赛。总体而言，中外受访者对上海国际芭蕾舞比赛本身接受度很好，且对其在提高上海城市地位、国际化形象以及市民文化素质等方面的作用很有信心。

这与观众访谈的结果不谋而合。事实上，无论是接受访谈的国内外参赛者、普通观众，还是媒体工作人员，都表示本次上海国际芭蕾舞比赛有一定的国际影响力。还有不少受访者指出，这次比赛来了不少外国选手，表明本次赛事具有相当的国际影响力。同时也有不少受访者提到本次赛事评委阵容强大。比如上海芭蕾舞团首席演员，开幕演出表演嘉宾吴虎生在访谈中说：

> 我觉得（本次上海国际芭蕾舞比赛）和最好的国际赛事相比也是

不相上下，无论从评委水平还是国内外参加选手的水平都是很高的。

绝大多数受访者还表示，上海很有必要举办类似比赛，因为这样的比赛能有效帮助上海提升其本身的国际影响力，同时也能让市民更多地了解芭蕾这种艺术形式。比如来自拉脱维亚的 Karlis Cirulis 说：

> 它对上海起到一个很好的推进作用……举办国际性赛事会不断扩大这座城市的国际影响力和知名度。

观众徐女士也表示：

> 我认为此次赛事对上海国际化程度的增加、艺术节的发展、对外文化的交流等都是有积极推动作用的，起到了积极正面的效果。

另外一些观众在访谈中表达了类似的观点：

> 我觉得这对上海的城市形象是有提升作用的，因为芭蕾本身就是一门很高雅的艺术，多半这种比赛是有好处的。
>
> 我蛮看好这个比赛。首先是城市的发展，也需要文化的铺垫作用作为内涵。
>
> 我觉得（在上海举办国际芭蕾舞比赛）可以让大家多了解这种艺术形式。
>
> 这次比赛也能让世界上更多人知道中国芭蕾舞，让普通观众了解芭蕾舞。
>
> 这也是一个很好的把中国舞者推向世界的平台。

也有受访者表示，上海本身作为一个国际化大都市，很适合举办和推广这样的国际艺术赛事。比如观众余先生在访谈中表示：

> 首先上海就是一个国际型的大都市，比较洋气。芭蕾舞要在我们国家推广的话，上海是首选，放在上海是很有意义的。

也有观众称：

> 上海本身就已经是国际化大都市，外国人比较多，能更好地推广芭蕾舞以及其他舞蹈，有更好的推广宣传作用。

当然也有观众，特别是从事跟芭蕾舞相关职业的一些受访者，直白地表示本届赛事的国际化程度和水准都还没有达到国际最高水平：

> 上海国际芭蕾舞比赛在参赛选手这方面还要加强……要吸引更多国家的选手来参加。
>
> 从国际化和宣传性的角度来看的话，本次大赛跟国际 A 类赛事相比还是有差距的。本次大赛并不能代表中国和其他参赛国家的最高水准，水平不到 A 级赛事的一半。另外毕竟参赛人数不多，参与国家数目也不多。
>
> 国外的舞者基本不会把这样一个比赛作为自己职业生涯的一个跳板，它的影响力还是远远不够的。虽然上海国际芭蕾舞比赛有国际上的认可，但比起其他老牌的国际赛事还是有很大差距的。
>
> 就跳舞的状态来讲，国内的选手还是不太享受。中国选手的编舞有些千篇一律，昨天甚至有些评委都睡着了。参赛作品缺乏新意、缺乏流派是一个很大的问题。

54%的观众表示，最吸引他们注意的活动是开幕演出，其次为比赛本身（38%的观众选择这一选项）。芭蕾舞大师班和颁奖仪式暨获奖选手 GALA 演出并列第三，分别有 28%的观众选择了这一项。最受观众喜爱的活动基本也是这个顺序，50%的观众选择了开幕演出，39%选择了比赛本身，34%

的观众更偏爱颁奖仪式暨获奖选手 GALA 演出，并有 29% 的观众表示最喜欢芭蕾舞大师班。

这与访谈的结果也很一致。比如观众童女士表示最想看开幕演出，"因为这场演出汇集了众多有名的表演者"。

由此可见，来现场观看第 5 届上海国际芭蕾舞比赛的观众大多更关注比赛本身以及相关演出，而非周边活动。比如，尽管媒体对芭蕾大师进校园活动给予了比较多的关注和报道，实际只有 9% 的观众表示这一活动最吸引他们的注意力，也只有 14% 的观众表示最喜欢这一活动。

当被问及本次上海国际芭蕾舞比赛需要改进的主要问题，43% 的受访者表示"开放场次太少"，23% 的观众表示"买不到票"。可见大多数受访者希望更多地参与到国际芭蕾舞比赛中来。访谈中也有不少观众提到参与度的问题。比如曾供职于《芭蕾杂志》的徐女士认为：

> 票价应该更平民化一点，因为它本身是一个比赛而不是一个节目，价格控制在 100 块以内会更好。

73 岁的观众孙先生则表示：

> 这次比赛票务没做好，应该让更多人买到票。主办方要把目光放长远些，不仅要培养演员，也要培养观众。而且这次没有对老年人开放的绿色通道或者优惠购票，这点有待改进。

另外也有老年观众说：

> 票价可以再低一些，这样更多的人可以来看比赛。

观众方女士和潘女士则认为本次上海国际芭蕾舞比赛更偏向专业性：

我的感受是上海国际芭蕾舞比赛更偏向于专业性……但是芭蕾的科普和推广功能相对较弱。

感觉比赛和我们业余爱好者之间的互动不够多，主办方如果能够提供一些平台，让我们这些爱好芭蕾的人能够有个桥梁，多跟这些选手和演员之间有些交流就好了。

中外受访者的主要意见分歧在于本届比赛的管理是否有问题。尽管只有6%的观众选择"管理有问题"作为本次上海国际芭蕾舞比赛需要改进的主要问题，50%的外国受访者认为活动管理是本届大赛存在的主要问题。比如有受访的海外参赛者提到语言是一个问题，有时候不清楚具体安排，也有受访者称，出行和吃饭也是困扰他们的因素之一。

七　总结

总的来说，无论是传统媒体、自媒体，还是现场观众，对本次上海国际芭蕾舞比赛都给予了积极肯定的评价，并认为该赛事有力地提升了上海的国际城市形象。本次比赛安排的开场演出、颁奖礼暨闭幕演出受到很多媒体、自媒体用户以及观众的关注和喜爱，对提升大赛在国内外的影响力非常有帮助。

国内媒体对本次上海国际芭蕾舞比赛的总体报道量并不小，但报道大多缺乏新意，且内容重复性较大。此类报道在传播信息方面虽然有一定成效，但在扩大赛事影响力和吸引更多人关注比赛方面效果可能相对较弱。

外媒报道不多，海外自媒体上的信息也大多来自参赛选手本身以及国内媒体的海外账号，虽然也能在海外造成一定的影响力，但总体而言本次赛事的海外影响力较弱。

相比之下，新媒体平台，特别是自媒体上的传播情况比较乐观，不但内容丰富，形式多样，更新及时，而且从评论、转发以及点赞的情况来看，内容本身受到用户肯定，传播效果显著。专业媒体《芭蕾杂志》是本次上海国际芭蕾舞比赛在新媒体平台上最有力的传播者之一。大众媒体中，澎湃新闻的传播效果相对比较突出。

现场观众对本次上海国际芭蕾舞比赛也多持肯定的态度，结合自媒体上的原创消息发布内容和反馈来看，尽管也有部分受访者指出大赛本身存在的不足，但大多认可本届比赛的国际影响力，并且满怀热忱希望上海能继续举办这样的高水准的、国际化的赛事，进一步提升上海的国际城市形象和文化素养。

Abstract

China's economy has been developing very fast. To increase the influences of the country's soft power and to improve its capability in international communication are important goals of the country in 21st century. Being a metropolitan of the world, the cultural influences of Shanghai are important part of the international influences of China. And one main goal of Shanghai is to become a major cultural center of the world.

Every year, dozens of cultural activities are held in Shanghai. Some activities are very influential, such as Shanghai Film Festival, the only A-class international film festival in China, while some are large-scale activities, such as Shanghai International Arts Festival. These cultural activities have already had some international impacts, exerting influences not only in Shanghai but also in other parts of the country and the world.

This book is designed and edited by the Center for Global Public Opinion of China, Shanghai International Studies University. *Report on International Influences of Cultural Events in Shanghai* (2017) is focusing on the evaluation of international influences of the major cultural events of Shanghai. The report has evaluated the international influences of six major international cultural activities of 2016 based in Shanghai, which include Shanghai TV Festival, Shanghai International Film Festival, Shanghai Music In the Summer, Shanghai International Ballet Competition, the First Shanghai Isaac Stern International Violin Competition and Shanghai International Arts Festival by media content analysis, survey and in-depth interviews.

This book consists of four parts: General Report, TV and Film, Music and Arts, and Music and Dancing Competitions. The General Report gives an overview of the six major cultural events and analyzes the differences among these events in terms of influences and goals. TV and Film section evaluates the influences of Shanghai TV and Film Festivals, while Music and Arts section focuses on the two popular arts and music festivals. Music and Dancing Competitions section focuses on two major professional competitions in Shanghai.

This report explores the overall media coverage, analyzes subjects and frames of media coverage of activities including opening and closing ceremony, prizes, major organizations and people. Surveys were done both in Chinese and English through a social media platform, and 38183 Chinese and 184 English survey questionnaires are collected. The questionnaires are designed for each activity and in-depth interviews were done on the spot. About 200 participants and experts were interviewed.

This report shows that the Internet and social media have played a very important role in the dissemination of information related with the activities. The major cultural activities in Shanghai have helped to build a positive image of Shanghai as a global metropolitan, and made the city more competitive in its soft power. Shanghai TV and Film Festivals are already among the top in Asia and have attracted much attention from the world.

Keywords: Shanghai; City Culture; Cultural Activities; International Influences

Contents

I   General Report

An Evaluation of International Influences of 2016 Major
Cultural Events in Shanghai

Chen Peiqin, Guo Ke, and Wu Ying / 1

Abstract: The report evaluates the international influences of six major international cultural activities of 2016 based in Shanghai, which include the 22th Shanghai TV Festival, the 19th Shanghai International Film Festival, the 7th Shanghai Music In the Summer, the 5th Shanghai International Ballet Competition, the First Shanghai Isaac Stern International Violin Competition and the 18th Shanghai International Arts Festival by analyzing the coverage of international media, surveying about 23000 participants and interviewing more than 200 experts, organizers and participants.

Keywords: Cultural Activities; International Influences; Shanghai

II   TV and Film

A Report of International Influences of the 22nd
Shanghai TV Festival in 2016   Chen Peiqin / 14

Abstract: This report analyzes the international influences of 2016 Shanghai TV Festival by a content analysis of the media coverage, a survey of the participants and in-depth interviews. The findings are as follows: Shanghai TV Festival has already been recognized as the most influential TV festival in China in the eyes of Chinese professionals. Chinese TV market has attracted much attention from the world, and Shanghai TV Festival does have some international influences, but it still could not compete with the top TV festivals in the world.

Keywords: Shanghai TV Festival; International Influences; The Magnolia Award

A Report of International Influences of the 19th Shanghai International Film Festival in 2016 *Wu Ying* / 40

Abstract: As a major event throughout China and the world, the 19th Shanghai International Film Festival (SIFF) has attracted worldwide media attention. The report data for this report is collected in the following ways: (1) More than 1000 mainstream media news stories at home and abroad are analyzed. Social media such as Microblog, We Chat, Twitter and Facebook; (2) Both Chinese and English surveys have been conducted through the internet and we have got 7731 questionnaires. Meanwhile, we have interviewed journalists, directors, actors and investors and the participants. The study found that 15 countries covered this event with 8 languages. The status of SIFF as China's only A-class international film festival was manifested. Media coverage and views at home and abroad have shown consensus on its colorful activities, good organization and management of the sponsor, and efforts in promoting the development of film industry for China and the world. Participants criticized the management problems such as being too commercial and its lack of enough artistic atmospheres. Shanghai, the global city, was under the spotlight. Shanghai landmarks such as the Oriental Pearl TV Tower, the People's Park and the Bund together with SIFF have enhanced their international influences through reports of media both at home and abroad.

Keywords: Shanghai International Film Festival; Communication; International Influences

III Music and Arts

A Report of International Influences of 2016 Music
In the Summer Air in Shanghai　　　　　　　　Yan Yining / 89

Abstract: The report studies the influence of Music in the Summer Air (MISA) 2016, held between July 2 and July 15, 2016. The study not only analyzes the main stream media reporting and new media opinion home and abroad, but also surveys about audience through questionaire and interviews, which tries to perceive the international influence of MISA in an all-round way. The major finings include: audience like the mixture of styles of MISA; wellknown musicians and music groups add to the influence of MISA; online media play an important role in the promotion of MISA; the arrangements give audience surprises but there are still some unsatisfactory aspects; MISA shows limited influence in foreign countries. Based on the findings, the report gives some suggestions for future improvements, including inviting more internationally wellknown musicians and music groups, further exploration of mixture of different music styles, creation of IP of MISA with internet-plus promotion, and improvement in details of management.

Keywords: MISA; International Influences; Media Public Opinion

A Report of Media Influences of the 18th
China Shanghai International Arts Festival in 2016
　　　　　　　　　　　　　　　　Xiang Debao and Liu Yuyao / 127

Abstract: The 18th China Shanghai International Arts Festival, which attracted wide public attention both at home and abroad, was held in Shanghai, China, from October 12th to November 15th, 2016. This report evaluates the international impact of the art festival through in-depth interview, questionnaire survey and analysis of news reporting. The main findings are as follows: (1) The art festival aroused heated discussion among international social network, but it failed to draw much attention in international mainstream media; (2) The domestic traditional mainstream media and online media focused on in-depth coverage of the art festival, highlighting city characteristics of cultural integration and absorption in Shanghai; (3) The art festival gets high satisfaction and cultivates the residential spirit and culture in Shanghai; (4) Local, educated and middle-income young women are main audiences of the art festival; (5) Local media in Shanghai becomes a principal force of reporting on the art festival; (6) The official WeChat account of the art festival posted large amounts of news and gained much attention; (7) The content about art festival from WeChat focused on the theme of tourism, culture and entertainment; (8) The suggestions from audiences are related to festival targeting, public participation, content arrangement and management details.

Keywords: China Shanghai International Arts Festival; International Influences; Mainstream Media; Social Media; Cultural Communication

Ⅳ Music and Dancing Competitions

A Report of International Influences of the First Shanghai Isaac Stern International Violin Competition in Shanghai

Zhu Lian / 176

Abstract: The first Shanghai Isaac Stern International Violin Competition is from 16 August to 2 September 2016 in Shanghai Symphony Orchestra, Which has gained much media attention internationally. This report assesses the international influences of the competition by analyzing media coverage by both Chinese and foreign media, online and offline, and by social media accounts. It also conducts a questionnaire survey and in-depth interviews with the contestants, audience, and media professionals on the scene. The main findings are: (1) The competition has gained much attention from international media and social media accounts. It managed to influence, especially within the professional circle; (2) mainstream media, both online and offline, covered the competition with much depth from various angles; (3) led by New York Times, foreign media focuses more on the participants; (4) interactivity could have been better on social media platform; (5) overall, the audience were satisfied with the competition, though some suggestions are made about the targeting and management.

Keywords: Shanghai Isaac Stern International Violin Competition; International Influences; Cultural Communication

A Report of International Influences of the Fifth Shanghai International Ballet Competition in 2016

Zhu Lian / 199

Abstract: The fifth Shanghai International Ballet Competition is from 3 to 11 August in 2016. This report assesses the international influences of the competition, by analyzing media coverage by both Chinese and foreign media, online and offline, and by social media accounts. It also conducts a questionnaire survey and in-depth interviews with contestants, audience, and media professionals on the scene. The main findings are: (1) The competition get high satisfaction from both the media and the audience, and was considered useful in lifting the international image of Shanghai; (2) the competition was widely covered by the traditional Chinese media, but the actual reporting was often repetitive, and therefore with limited impact; (3) the coverage of the competition on the internet was much more original and interactive, which acted as an important force in spreading the influence of the competition; (4) the competition failed to gain much attention from the foreign media, and therefore had little international impact; (5) the international influence of the competition mainly depended on the official accounts of the competition itself, and of some mainstream Chinese media on the international social networks.

Keywords: Shanghai International Ballet Competition; International Influences; Cultural Communication